2024
山东区域统计摘要

SHANDONG QUYU TONGJI ZHAIYAO

山东省统计局 编

中国统计出版社
China Statistics Press

图书在版编目（CIP）数据

山东区域统计摘要. 2024 = SHANDONG QUYU TONGJI ZHAIYAO / 山东省统计局编. -- 北京：中国统计出版社, 2024.12. -- ISBN 978-7-5230-0686-3

Ⅰ. C832.52-54

中国国家版本馆CIP数据核字第2024EK4461号

山东区域统计摘要 2024

作　　者/	山东省统计局
责任编辑/	周小睿
执行编辑/	周小睿　刘　琛
装帧设计/	程潇濛
出版发行/	中国统计出版社有限公司
通信地址/	北京市丰台区西三环南路甲6号　邮政编码/100073
发行电话/	邮购（010）63376909　书店（010）68783171
网　　址/	http://www.zgtjcbs.com
印　　刷/	济南百思特印业有限公司
经　　销/	新华书店
开　　本/	152mm×227mm
字　　数/	256千字
印　　张/	16
版　　别/	2024年12月第1版
版　　次/	2024年12月第1次印刷
定　　价/	126.00元

版权所有，侵权必究。
如有印装差错，请与发行部联系退换。

《山东区域统计摘要 2024》
编 委 会

主　　任： 马金栋

副 主 任： 李　涛　马　伟　程连德　傅相国

专家委员： 宫照华　董晓青　彭丽芳

委　　员： （按处室排序）

　　　　　　任　宁　刘东华　焦建顺　刘　婧　王莎莎　周颖颖
　　　　　　杨志刚　王　晓　张中华　袁　锋　胡世广　袁晓勇
　　　　　　曹　亮　侯昭民　李云龙

主　　编： 傅相国

执行主编： 刘鲁嘉

副 主 编： 张圣红　董　侠　梁　逊　邱　聪

编辑人员： （按处室排序）

　　　　　　郑　臻　赵　萌　刘　钢　赵善胜　张　静　苏　莉
　　　　　　曹丽新　李晓晴　梁晓栋　孙伟帅　苏秋燕　张　勇
　　　　　　李　帆　孙　玮　李兰芝　杨志鹏　高　韵　贾　晔
　　　　　　陈晓虹　朱艳阳　姜卫国　燕守勇　薛　艳　潘　峰
　　　　　　王一帆　黄兆楼　张　强　杜　鹃　张秋菊　王金荣
　　　　　　郑淑花　姜　珊　郝仲博　夏　文　魏　越　王雪苈
　　　　　　杨伟萍　吕　卿　郑焕昶　姚鲁娟　于　帆　王翠玉
　　　　　　李筱宇　郭仁静

编 者 说 明

一、为了充分反映全省、各市及各县（市、区）经济社会发展概貌和趋势，便于各级各部门、社会各界及时了解情况，我们编辑出版了《山东区域统计摘要2024》。

二、《山东区域统计摘要2024》是一本综合性简明统计资料年刊。全书共包括全省统计资料、各市统计资料、各县（市、区）统计资料和附录四个部分。全省统计资料包括各行业法人单位数、各行业生产总值及指数和构成、1978年以来和2013—2023年主要统计资料；各市统计资料包括全省及各市2010年以来主要年份经济社会发展统计资料；各县（市、区）统计资料包括2015年以来主要年份经济社会发展统计资料；附录包括十五个副省级城市2023年统计资料。

三、2011年开始，规模以上工业企业划分标准，由年主营业务收入500万元及以上提高到2000万元及以上；固定资产投资项目统计的起点标准，从计划总投资额50万元提高至500万元，指标名称为"固定资产投资"，其中包括城镇、非农户500万元及以上项目投资、房地产开发投资。其他指标的口径范围和计算方法在表末加有注解。

四、全省自2013年开始实施城乡住户调查一体化改革，居民收支指标使用"居民人均可支配收入"和"居民人均消费支出"。与农村居民纯收入相比，农村居民可支配收入扣除了赠送农村以外亲友支出和购买住房、汽车等生活性贷款的利息支出，以及个人交纳的养老、医疗等社会保障支出。同时，改用农村常住人口计算农村居民人均收入，外出农民工寄带回收入由工资性收入调整为转移净收入。

五、根据第四次全国经济普查结果，修订了生产总值及相关统计指标历史数据，详情见相关表格注解。

六、根据第七次全国人口普查结果，修订了人口、就业及相关指标历史数据，详情见相关表格注解。

七、本书数据资料主要来源于《山东统计年鉴》，部分数据由各市提供，附录部分数据根据相关公开资料整理。

八、本书价值量指标绝对数按当年价格计算，增加值、产值指标的指数按可比价格计算，其他指标指数按可比口径计算。

九、本书中使用的符号含义如下："#"表示其中主要项；"空格"表示数据不详或无该项数据；"…"表示数据不足本表最小单位。

十、本书中部分数据合计数或相对数由于单位取舍不同及计算机自动进位而产生的误差均未做机械调整。

目　录

一、全省经济社会发展主要统计指标

1-1　全省分行业法人单位数 ……………………………………………(3)
1-2　全省生产总值(GDP) ……………………………………………(4)
1-3　全省生产总值指数和构成 ……………………………………………(5)
1-4　1978年以来全省经济社会发展主要统计指标 ………………………(6)
1-5　2013-2023年全省经济社会发展主要统计指标 ……………………(14)

二、各市经济社会发展主要统计指标

2-1　各市法人单位数 ……………………………………………………(41)
2-2　各市年末总人口 ……………………………………………………(42)
2-3　各市就业人员 ………………………………………………………(43)
2-4　各市城镇非私营单位就业人员 ……………………………………(44)
2-5　各市城镇登记失业率 ………………………………………………(45)
2-6　各市年末城镇非私营单位在岗职工人数 …………………………(46)
2-7　各市城镇非私营单位在岗职工平均工资 …………………………(47)
2-8　各市地区生产总值 …………………………………………………(48)
2-9　各市第一产业增加值 ………………………………………………(49)
2-10　各市第二产业增加值 ……………………………………………(50)
2-11　各市工业增加值 …………………………………………………(51)
2-12　各市第三产业增加值 ……………………………………………(52)
2-13　各市人均地区生产总值 …………………………………………(53)
2-14　各市地区生产总值指数 …………………………………………(54)
2-15　各市第一产业增加值指数 ………………………………………(55)
2-16　各市第二产业增加值指数 ………………………………………(56)
2-17　各市工业增加值指数 ……………………………………………(57)
2-18　各市第三产业增加值指数 ………………………………………(58)
2-19　各市人均地区生产总值指数 ……………………………………(59)
2-20　各市第一产业增加值构成 ………………………………………(60)
2-21　各市第二产业增加值构成 ………………………………………(61)
2-22　各市第三产业增加值构成 ………………………………………(62)
2-23　各市固定资产投资增速 …………………………………………(63)
2-24　各市房地产开发投资 ……………………………………………(64)

编号	名称	页码
2-25	各市商品房销售面积	(65)
2-26	各市住宅销售面积	(66)
2-27	各市一般公共预算收入	(67)
2-28	各市一般公共预算收入指数	(68)
2-29	各市增值税	(69)
2-30	各市营业税	(70)
2-31	各市企业所得税	(71)
2-32	各市个人所得税	(72)
2-33	各市一般公共预算支出	(73)
2-34	各市金融机构人民币存款余额	(74)
2-35	各市金融机构住户人民币存款余额	(75)
2-36	各市金融机构人民币贷款余额	(76)
2-37	各市全体居民人均可支配收入	(77)
2-38	各市全体居民人均可支配收入指数	(78)
2-39	各市全体居民人均消费支出	(79)
2-40	各市全体居民人均食品烟酒消费支出	(80)
2-41	各市农村居民人均可支配收入	(81)
2-42	各市农村居民人均可支配收入指数	(82)
2-43	各市农村居民人均消费支出	(83)
2-44	各市农村居民人均食品烟酒消费支出	(84)
2-45	各市城镇居民人均可支配收入	(85)
2-46	各市城镇居民人均可支配收入指数	(86)
2-47	各市城镇居民人均消费支出	(87)
2-48	各市城镇居民人均食品烟酒消费支出	(88)
2-49	各市农林牧渔业总产值	(89)
2-50	各市农林牧渔业总产值指数	(90)
2-51	各市农业机械总动力	(91)
2-52	各市化肥使用量(折纯量)	(92)
2-53	各市农村用电量	(93)
2-54	各市农作物总播种面积	(94)
2-55	各市粮食作物播种面积	(95)
2-56	各市粮食产量	(96)
2-57	各市棉花产量	(97)
2-58	各市油料产量	(98)
2-59	各市园林水果产量	(99)
2-60	各市肉类产量	(100)
2-61	各市猪牛羊肉产量	(101)

编号	标题	页码
2-62	各市奶类产量	(102)
2-63	各市牛奶产量	(103)
2-64	各市水产品产量	(104)
2-65	各市规模以上工业增加值指数	(105)
2-66	各市高新技术产业产值占规模以上工业比重	(106)
2-67	各市建筑业企业单位数	(107)
2-68	各市建筑业从业人员	(108)
2-69	各市建筑业总产值	(109)
2-70	各市房屋建筑施工面积	(110)
2-71	各市房屋建筑竣工面积	(111)
2-72	各市公路里程	(112)
2-73	各市高速公路里程	(113)
2-74	各市民用汽车数	(114)
2-75	各市邮电业务总量	(115)
2-76	各市本地固定电话用户数	(116)
2-77	各市移动电话用户数	(117)
2-78	各市社会消费品零售总额	(118)
2-79	各市社会消费品零售总额指数	(119)
2-80	各市进出口总值	(120)
2-81	各市出口总值	(121)
2-82	各市进口总值	(122)
2-83	各市实际使用外资金额	(123)
2-84	各市接待入境游客人数	(124)
2-85	各市接待入境游客人数—外国人	(125)
2-86	各市入境旅游外汇收入	(126)
2-87	各市国内旅游收入	(127)
2-88	各市小学学校数	(128)
2-89	各市小学专任教师数	(129)
2-90	各市小学在校学生数	(130)
2-91	各市普通中学学校数	(131)
2-92	各市普通中学专任教师数	(132)
2-93	各市普通中学在校学生数	(133)
2-94	各市国内专利授权量	(134)
2-95	各市国内发明专利授权量	(135)
2-96	各市R&D经费内部支出与人员	(136)
2-97	各市公共图书馆数	(137)
2-98	各市公共图书馆藏书量	(138)
2-99	各市卫生机构数	(139)

2-100 各市医院数	(140)
2-101 各市疾病预防控制机构数	(141)
2-102 各市妇幼保健机构数	(142)
2-103 各市卫生机构床位数	(143)
2-104 各市医院床位数	(144)
2-105 各市卫生机构人员数	(145)
2-106 各市卫生技术人员数	(146)
2-107 各市二氧化硫排放量	(147)
2-108 各市废水排放量	(148)
2-109 各市化学需氧量排放量	(149)

三、各县(市、区)经济社会发展主要统计指标

3-1 各县(市、区)地区生产总值	(153)
3-2 各县(市、区)第一产业增加值	(157)
3-3 各县(市、区)第二产业增加值	(161)
3-4 各县(市、区)第三产业增加值	(165)
3-5 各县(市、区)人均地区生产总值	(169)
3-6 各县(市、区)地区生产总值指数	(173)
3-7 各县(市、区)第一产业增加值指数	(177)
3-8 各县(市、区)第二产业增加值指数	(181)
3-9 各县(市、区)第三产业增加值指数	(185)
3-10 各县(市、区)人均地区生产总值指数	(189)
3-11 各县(市、区)金融机构人民币存款余额	(193)
3-12 各县(市、区)金融机构人民币住户存款余额	(197)
3-13 各县(市、区)金融机构人民币贷款余额	(201)
3-14 各县(市、区)农村居民人均可支配收入	(205)
3-15 各县(市、区)城镇居民人均可支配收入	(209)
3-16 各县(市、区)粮食总产量	(213)
3-17 各县(市、区)油料产量	(217)
3-18 各县(市、区)肉类产量	(221)
3-19 各县(市、区)普通中学专任教师数	(225)
3-20 各县(市、区)普通中学在校学生数	(229)
3-21 各县(市、区)小学专任教师数	(233)
3-22 各县(市、区)小学在校学生数	(237)

附录

十五个副省级城市主要经济指标	(243)

一、全省经济社会发展主要统计指标

1-1 全省分行业法人单位数

单位：个

类别	2015	2018	2019	2020	2021	2022
总计	1269917	1801301	2309350	2842426	3261425	3546905
农林牧渔业	69181	24243	125306	160524	176239	186582
采矿业	3726	2358	2558	2795	2759	2817
制造业	235765	310428	354724	416009	454353	473971
电力、热力、燃气及水的生产和供应业	3734	6280	6939	7884	9284	10700
建筑业	58288	124512	185126	245179	299765	337283
批发和零售业	403975	598403	728791	906404	1063075	1168922
交通运输、仓储和邮政业	33781	52848	66140	82583	94666	101311
住宿和餐饮业	17774	28234	34177	41439	49281	54539
信息传输、软件和信息技术服务业	25611	58722	81022	105443	130317	146362
金融业	6953	5783	8144	9842	11655	13055
房地产业	32596	51380	62011	73834	84202	87970
租赁和商务服务业	101011	171491	232003	297319	356897	391014
科学研究和技术服务业	59213	93529	119160	153680	188504	214342
水利、环境和公共设施管理业	6534	10758	14663	20713	26329	29965
居民服务、修理和其他服务业	22923	33873	39141	47685	54892	58525
教育	25908	43057	52077	63276	65006	68579
卫生和社会工作	18964	18784	20243	22428	20417	23184
文化、体育和娱乐业	15590	37583	43350	50216	55878	58476
公共管理、社会保障和社会组织	128390	129035	133775	135173	117906	119308
国际组织						

1-2　全省生产总值(GDP)

指　　标	单位	2021	2022	2023
全省生产总值(GDP)	亿元	82875.17	87576.93	92068.70
第一产业	亿元	6029.03	6296.50	6506.19
第二产业	亿元	32834.49	34562.34	35987.92
第三产业	亿元	44011.65	46718.09	49574.59
农林牧渔业	亿元	6449.47	6775.25	7026.85
工　　业	亿元	26894.08	28296.99	29191.15
建筑业	亿元	6068.10	6391.34	6961.09
批发和零售业	亿元	11537.11	12097.70	12868.25
交通运输、仓储和邮政业	亿元	4344.65	4721.47	5190.20
住宿和餐饮业	亿元	1283.02	1283.86	1518.19
信息传输、软件和信息技术服务业	亿元	2005.33	2243.08	2459.34
金融业	亿元	4857.27	5227.33	5500.65
房地产业	亿元	4588.15	4557.52	4581.50
租赁和商务服务业	亿元	2255.04	2359.37	2618.20
科学研究和技术服务业	亿元	1654.75	1835.01	1994.76
水利、环境和公共设施管理业	亿元	365.17	402.10	418.06
居民服务、修理和其他服务业	亿元	1388.45	1433.91	1533.26
教　　育	亿元	2911.66	3294.97	3334.26
卫生和社会工作	亿元	1762.75	2067.34	2218.88
文化、体育和娱乐业	亿元	510.68	555.43	609.58
公共管理、社会保障和社会组织	亿元	3999.49	4034.26	4044.48
人均地区生产总值	元	81510	86143	90771

注：2023年数据为初步核算数。

1-3　全省生产总值指数和构成

单位：%

指　　标	指数(上年=100)		构成(GDP=100)	
	2022	2023	2022	2023
全省生产总值(GDP)	103.9	106.0	100.0	100.0
第一产业	104.1	104.5	7.2	7.1
第二产业	103.9	106.5	39.5	39.1
第三产业	103.9	105.8	53.3	53.8
农林牧渔业	104.8	104.8	7.7	7.6
工　业	104.2	106.3	32.3	31.7
建筑业	102.9	108.0	7.3	7.6
批发和零售业	103.7	107.0	13.8	14.0
交通运输、仓储和邮政业	105.9	105.9	5.4	5.6
住宿和餐饮业	101.2	115.6	1.5	1.6
信息传输、软件和信息技术服务业	114.2	112.8	2.6	2.7
金融业	106.0	107.0	6.0	6.0
房地产业	96.2	99.5	5.2	5.0
租赁和商务服务业	100.3	110.2	2.7	2.8
科学研究和技术服务业	101.8	107.7	2.1	2.2
水利、环境和公共设施管理业	104.2	102.7	0.5	0.5
居民服务、修理和其他服务业	103.2	107.7	1.6	1.7
教　育	106.2	99.1	3.8	3.6
卫生和社会工作	108.9	105.7	2.4	2.4
文化、体育和娱乐业	100.5	109.0	0.6	0.7
公共管理、社会保障和社会组织	102.8	100.5	4.6	4.4
人均地区生产总值	103.9	106.2		

注：表中构成按当年价格计算，指数按可比价格计算。2023年数据为初步核算数。

1-4 1978年以来全省经济社会发展主要统计指标

年份	地区生产总值(亿元)	第一产业	第二产业	第三产业	工业	人均地区生产总值(元)
1978	225.45	75.06	119.35	31.04	108.53	316
1980	292.13	106.43	146.11	39.59	130.55	402
1985	680.46	235.96	293.07	151.43	259.42	887
1990	1511.19	425.29	635.98	449.92	568.25	1815
1995	4953.35	1010.13	2355.78	1587.44	2098.06	5701
1996	5883.80	1200.17	2784.09	1899.54	2475.99	6746
1997	6537.07	1195.00	3147.37	2194.70	2796.02	7461
1998	7021.35	1215.81	3408.06	2397.49	3008.45	7968
1999	7493.84	1221.00	3644.32	2628.52	3197.16	8483
2000	8278.06	1252.08	4120.19	2905.79	3620.06	9260
2001	9076.22	1340.46	4466.74	3269.02	3911.03	10063
2002	10076.52	1369.15	5037.63	3669.74	4364.37	11120
2003	10903.23	1456.98	5720.01	3726.24	4995.68	11977
2004	13308.08	1748.22	7327.61	4232.25	6497.70	14540
2005	15947.51	1928.17	8841.13	5178.21	7875.58	17308
2006	18967.80	2098.26	10568.49	6301.05	9467.48	20443
2007	22718.06	2451.01	12529.41	7737.64	11233.13	24329
2008	27106.22	2876.20	14911.50	9318.52	13310.80	28861
2009	29540.80	3076.19	15919.67	10544.94	13998.52	31282
2010	33922.49	3411.34	17733.08	12778.07	15449.95	35599
2011	39064.93	3768.55	19926.11	15370.27	17280.78	40581
2012	42957.31	4047.06	21275.89	17634.36	18421.90	44348
2013	47344.33	4454.11	22615.89	20274.33	19475.30	48673
2014	50774.84	4662.81	23588.02	22524.01	20178.23	51933
2015	55288.79	4902.82	24814.88	25571.09	21156.50	56205
2016	58762.46	4830.25	25565.04	28367.17	21695.98	59239
2017	63012.10	4832.71	26925.59	31253.80	22515.81	62993
2018	66648.87	4950.52	27523.67	34174.68	22613.01	66284
2019	70540.48	5116.99	28171.78	37251.71	22755.13	69901
2020	72798.17	5364.35	28456.66	38977.16	22986.45	71825
2021	82875.17	6029.03	32834.49	44011.65	26894.08	81510
2022	87576.93	6296.50	34562.34	46718.09	28296.99	86143
2023	92068.70	6506.19	35987.92	49574.59	29191.15	90771
"六五"时期	2463.80	929.94	1032.55	501.31	917.96	
"七五"时期	5557.13	1656.41	2410.51	1490.21	2133.84	
"八五"时期	15575.29	3438.26	7347.93	4789.10	6545.32	
"九五"时期	35214.13	6084.06	17104.03	12026.04	15097.68	
"十五"时期	59311.56	7842.97	31393.12	20075.47	27644.36	
"十一五"时期	132255.37	13912.99	71662.15	46680.23	63459.88	
"十二五"时期	235430.20	21835.35	112220.79	101374.06	96512.71	
"十三五"时期	331762.08	25094.82	136642.74	170024.52	112566.38	
年平均增长(%)						
"六五"时期	11.9	10.6	10.3	18.4	10.1	10.7
"七五"时期	8.3	2.2	12.8	7.6	13.7	6.5
"八五"时期	16.4	7.2	20.2	18.0	20.7	15.4
"九五"时期	10.7	3.9	12.3	11.6	12.3	10.0
"十五"时期	11.3	4.6	13.6	10.4	14.0	10.6
"十一五"时期	10.8	4.1	11.8	11.3	11.8	10.1
"十二五"时期	9.2	3.9	9.5	10.1	9.7	8.6
"十三五"时期	5.9	2.8	4.4	7.9	4.4	5.3

注：表中绝对数按当年价格计算，增长速度按可比价格计算；根据第四次全国经济普查结果，对2000—2018年生产总值进行了修订；根据第七次全国人口普查结果，对2011—2019年人均生产总值进行了修订。2023年数据为初步核算数。

1-4 续表1

年份	年末总人口(万人)	全社会就业人员(万人)	第一产业	第二产业	第三产业	在岗职工平均工资(元)
1978	7160	2969.8	2350.9	366.6	252.3	566
1980	7296	3117.5	2458.1	382.5	276.9	745
1985	7711	3561.1	2438.6	705.3	417.2	1110
1990	8493	4043.2	2585.7	922.5	535.0	2150
1995	8705	5207.4	2832.3	1305.5	1069.6	5145
1996	8738	5227.4	2788.0	1286.1	1153.3	5809
1997	8785	5256.0	2812.5	1311.9	1131.6	6241
1998	8838	5287.6	2837.3	1245.8	1204.5	6854
1999	8883	5314.7	2811.7	1245.7	1257.3	7656
2000	8997	5386.7	2806.5	1292.8	1287.4	8772
2001	9041	5430.9	2791.5	1336.0	1303.4	10007
2002	9082	5510.2	2755.1	1394.1	1361.0	11374
2003	9125	5541.0	2687.4	1446.2	1407.4	12567
2004	9180	5622.4	2642.5	1529.3	1450.6	14332
2005	9248	5689.2	2582.9	1587.3	1519.0	16614
2006	9309	5756.3	2527.0	1640.5	1588.7	19228
2007	9367	5803.6	2460.7	1688.9	1654.0	22844
2008	9417	5815.1	2378.4	1732.9	1703.8	26404
2009	9470	5844.7	2302.8	1782.6	1759.3	29688
2010	9579	5940.0	2257.2	1853.3	1829.5	33729
2011	9665	5915.0	2164.9	1881.0	1869.1	37992
2012	9708	5892.0	2068.1	1914.9	1909.0	42572
2013	9746	5840.0	1973.9	1915.5	1950.6	47652
2014	9808	5798.0	1878.6	1919.1	2000.3	52460
2015	9866	5773.0	1795.4	1922.4	2055.2	58197
2016	9973	5728.0	1706.9	1907.4	2113.6	63562
2017	10033	5693.0	1622.5	1907.2	2163.3	69305
2018	10077	5621.0	1534.5	1877.4	2209.1	75125
2019	10106	5561.0	1445.9	1851.8	2263.3	84089
2020	10165	5510.0	1372.0	1840.3	2297.7	90661
2021	10170	5475.0	1316.0	1850.0	2309.0	98094
2022	10163	5338.0	1284.0	1804.0	2250.0	105264
2023	10123	5370.0	1267.0	1818.0	2285.0	109805
年平均增长(%)						
“六五”时期	1.1	2.7	-0.2	13.0	8.5	8.3
“七五”时期	2.0	2.6	1.2	5.5	5.1	14.1
“八五”时期	0.5	5.2	1.8	7.2	14.9	19.1
“九五”时期	0.7	0.7	-0.2	-0.2	3.8	11.3
“十五”时期	0.6	1.1	-1.6	4.2	3.4	13.6
“十一五”时期	0.7	0.9	-2.7	3.1	3.8	15.2
“十二五”时期	0.6	-0.6	-4.5	0.7	2.4	11.5
“十三五”时期	0.6	-0.9	-5.2	-0.9	2.3	9.3

注：1.1978、1980年总人口为公安部门户籍人口数，1990、2000和2010年为人口普查数，2020年为根据第七次全国人口普查数据推算年末人口数，其他年份为根据人口抽样调查数据推算。
2.根据第七次全国人口普查结果，对全省2011—2019年年末总人口进行了修订。
3.根据第七次全国人口普查结果，对全省2000—2019年就业人员相关数据进行了修订。
4.自2013年开始，劳动工资统计范围包含原属于乡镇企业的规模以上法人单位。

1-4 续表2

年份	全社会固定资产投资（亿元）	#房地产开发投资
1978	41.9	
1980	70.0	
1985	194.3	
1990	335.7	9.2
1995	1321.0	121.1
1996	1558.0	103.3
1997	1792.2	107.8
1998	2057.0	131.9
1999	2222.2	173.6
2000	2542.7	223.3
2001	2807.8	297.4
2002	3509.3	391.2
2003	5328.4	581.9
2004	7629.0	764.8
2005	10541.9	977.7
2006	11136.1	1185.2
2007	12537.0	1521.0
2008	15435.9	2038.5
2009	19031.0	2428.7
2010	23276.7	3249.4
2011	26769.7	4106.8
2012	31256.0	4708.3
2013	36789.1	5444.5
2014	42495.5	5818.0
2015	48312.5	5892.2
2016	53322.5	6323.4
2017	55202.7	6637.2
2018		7553.0
2019		8614.9
2020		9450.5
2021		9819.7
2022		9225.9
2023		8541.2
"六五"时期	595.5	
"七五"时期	1531.9	
"八五"时期	4362.8	338.3
"九五"时期	10172.0	739.9
"十五"时期	29816.4	3012.9
"十一五"时期	81416.7	10422.8
"十二五"时期	185622.8	25969.7
"十三五"时期		38579.0
年平均增长(%)		
"六五"时期	22.7	
"七五"时期	11.6	
"八五"时期	31.5	67.4
"九五"时期	14.0	13.0
"十五"时期	32.9	34.4
"十一五"时期	22.5	27.2
"十二五"时期	17.7	12.6
"十三五"时期	3.1	9.9

1-4 续表3

年份	社会消费品零售额（亿元）	按消费形态分		按经营地分	
		商品零售	餐饮收入	城镇	乡村
1978	79.7				
1980	114.0				
1985	227.0				
1990	460.1				
1995	1532.4				
1996	1833.8				
1997	2117.7				
1998	2400.3				
1999	2659.3				
2000	2988.3				
2001	3291.0				
2002	3652.0				
2003	4114.0				
2004	4653.8				
2005	5366.7				
2006	6212.3				
2007	7328.4				
2008	8977.2				
2009	10293.8				
2010	12028.3	10829.2	1199.2	9705.6	2322.7
2011	13939.8	12506.4	1433.4	11257.9	2681.9
2012	15785.2	14181.9	1603.4	12755.2	3030.0
2013	17703.8	15926.5	1777.3	14232.8	3471.0
2014	19706.4	17745.0	1961.4	15773.5	3932.9
2015	21550.9	19346.2	2204.8	17217.7	4333.2
2016	23482.1	20996.4	2485.7	18733.0	4749.1
2017	25527.9	22794.8	2733.1	20342.9	5185.0
2018	27480.3	24421.0	3059.3	21849.9	5630.4
2019	29251.2	25895.2	3356.0	23215.4	6035.8
2020	29248.1	26118.9	3129.1	24052.0	5196.0
2021	33714.5	29886.3	3828.2	28081.0	5633.6
2022	33236.2	29608.5	3627.7	27957.5	5278.7
2023	36141.8	31796.3	4345.5	30362.0	5779.9
"六五"时期	851.2				
"七五"时期	1845.6				
"八五"时期	4780.3				
"九五"时期	11999.4				
"十五"时期	21077.6				
"十一五"时期	44840.0				
"十二五"时期	88686.2	79706.0	8980.2	71237.1	17449.0
"十三五"时期	134989.5	120226.2	14763.3	108193.2	26796.3
年平均增长(%)					
"六五"时期	14.8				
"七五"时期	15.2				
"八五"时期	27.2				
"九五"时期	14.3				
"十五"时期	12.4				
"十一五"时期	17.5				
"十二五"时期	12.4	12.3	13.0	12.1	13.3
"十三五"时期	6.3	6.2	7.3	6.9	3.7

注：自2010年起，社会消费品零售总额分组调整。1993—2018年社会消费品零售总额及分组数据根据第四次全国经济普查数据进行了修订。

1-4 续表4

年份	进出口总值(亿美元)	出口总值	进口总值	实际利用外资(亿美元)	#外商直接投资
1978					
1980				0.1	
1985	41.4	23.5	18.0	0.6	0.1
1990	42.9	34.2	8.7	3.1	1.5
1995	139.5	81.6	57.9	32.7	26.1
1996	161.6	91.8	69.8	33.9	25.9
1997	175.4	108.6	66.8	35.8	25.0
1998	166.2	103.5	62.7	36.1	22.2
1999	182.7	115.8	66.9	37.4	24.7
2000	249.9	155.3	94.6	38.1	29.7
2001	289.6	181.3	108.3	42.5	36.2
2002	339.4	211.2	128.3	65.2	55.9
2003	446.6	265.7	180.8	112.6	70.9
2004	607.8	358.7	249.1	98.2	87.0
2005	768.9	462.5	306.4	110.1	89.7
2006	952.9	586.5	366.4	102.1	100.0
2007	1226.2	752.4	473.7		110.1
2008	1581.4	931.7	649.7		82.0
2009	1386.0	795.7	590.4		80.1
2010	1889.5	1042.5	847.0		91.7
2011	2359.9	1257.9	1102.0		111.6
2012	2455.4	1287.3	1168.1		123.5
2013	2671.6	1345.1	1326.5		140.5
2014	2771.2	1447.5	1323.7		152.0
2015	2417.5	1440.6	976.9		163.0
2016	2342.1	1371.6	970.5		168.3
2017	2630.6	1471.0	1159.5		178.6
2018	2923.9	1601.4	1322.5		205.2
2019	2962.8	1614.4	1348.4		146.9
2020	3184.5	1890.4	1294.1		176.5
2021	4538.7	2718.4	1820.3		215.2
2022	4812.4	2880.8	1931.7		228.7
2023	4643.8	2761.6	1882.2		175.3
"六五"时期	76.6	44.2	32.4	1.2	
"七五"时期	235.7	146.0	89.6	9.9	3.6
"八五"时期	434.8	263.2	171.5	107.7	81.4
"九五"时期	935.8	575.0	360.8	181.5	127.5
"十五"时期	2452.3	1479.4	972.9	428.7	339.7
"十一五"时期	7036.1	4108.8	2927.3		463.9
"十二五"时期	12675.6	6778.4	5897.2		690.6
"十三五"时期	14043.9	7948.8	6095.1		875.4
年平均增长(%)					
"六五"时期				38.6	
"七五"时期	0.7	7.8	-13.6	37.3	93.3
"八五"时期	26.6	19.0	46.2	60.0	76.8
"九五"时期	12.4	13.7	10.3	3.1	2.6
"十五"时期	25.2	24.4	26.5		
"十一五"时期	19.7	17.6	22.6		
"十二五"时期	5.1	6.7	2.9		
"十三五"时期	5.7	5.6	5.8		

注:2003年实际利用外资金额是全口径数据包括对外借款,合同外资个数和合同外资金额不包括对外借款部分。2004年起实行新的外商投资统计制度取消对外借款部分,外商直接投资数据为商务部反馈数。2008年实际使用外资采用全口径统计方式。2019年起,实际使用外资采用商务部通报口径,不包含股东贷款、投资性公司投资,合同外资不再统计。

1-4 续表5

单位：亿元

年份	一般公共预算收入	一般公共预算支出	金融机构人民币存款余额	#住户存款余额	金融机构人民币贷款余额
1978	64.1	31.9	90.0	14.4	133.7
1980	48.1	30.1	87.9	29.8	180.2
1985	67.5	51.3	278.8	130.2	446.5
1990	109.1	123.9	934.1	575.5	1166.8
1995	179.0	275.9	3424.4	2197.2	3128.9
1996	241.7	359.0	4293.8	2817.7	3680.2
1997	304.4	423.3	4969.8	3265.7	4456.7
1998	352.4	487.8	5755.5	3735.4	5106.8
1999	404.5	550.0	6563.0	4109.8	5679.9
2000	463.7	613.1	7471.2	4466.7	6209.0
2001	573.2	753.8	8501.7	5063.8	7017.7
2002	610.2	860.6	10247.8	5805.7	8536.6
2003	713.8	1010.6	12438.2	6768.3	10467.1
2004	828.3	1189.4	14514.3	7721.5	11782.8
2005	1073.1	1466.2	17103.5	9035.1	13381.7
2006	1356.3	1833.4	19634.0	10358.0	15709.6
2007	1675.4	2261.9	22072.2	11438.1	17545.1
2008	1957.1	2704.7	26930.2	14382.2	20053.9
2009	2198.6	3267.7	34697.8	17082.8	25961.3
2010	2749.4	4145.0	41105.0	19648.2	30722.6
2011	3455.9	5002.1	46345.4	22173.3	35179.0
2012	4059.4	5904.5	54301.5	26343.3	40021.5
2013	4559.9	6688.8	62077.9	29796.1	44761.3
2014	5026.8	7177.3	67498.3	33178.6	50058.6
2015	5529.3	8250.0	74524.2	37320.0	55437.0
2016	5860.2	8755.2	83414.9	41350.9	61726.9
2017	6098.6	9258.4	88531.7	44035.8	67576.0
2018	6485.4	10101.0	94298.2	48435.0	74879.4
2019	6526.7	10739.8	102676.4	55232.1	83703.0
2020	6559.9	11233.5	116155.4	64258.4	95411.6
2021	7284.5	11713.2	127871.8	72255.3	108436.8
2022	7104.1	12128.6	143590.5	84665.3	121533.3
2023	7464.8	12581.7	157789.8	96869.1	136576.9
“六五”时期	272.0	177.7			
“七五”时期	427.7	474.8			
“八五”时期	775.9	960.8			
“九五”时期	1766.7	2433.2			
“十五”时期	3798.6	5280.7			
“十一五”时期	9936.7	14212.7			
“十二五”时期	22631.5	33022.7			
“十三五”时期	31530.9	50087.8			
年平均增长(%)					
“六五”时期	7.0	11.3	26.0	34.3	19.9
“七五”时期	10.1	19.3	27.4	34.6	21.2
“八五”时期	25.9	17.4	29.7	30.7	21.8
“九五”时期	21.0	17.3	16.9	15.2	14.7
“十五”时期	18.3	19.1	18.0	15.1	16.6
“十一五”时期	20.7	23.1	19.2	16.8	18.1
“十二五”时期	15.0	14.8	12.6		12.5
“十三五”时期	3.5	6.4	12.4	11.5	11.5

注：1.1994年以来财政收入系新口径数，与往年不可比，“八五”时期年均增速按可比口径计算。

2.1978—2014年住户存款余额为原“居民储蓄存款余额”。

1-4 续表6

单位：元

年份	城镇居民人均可支配收入	城镇居民人均消费支出	农村居民人均可支配收入	农村居民人均消费支出
1978	391	340	115	94
1980	448	396	210	165
1985	748	670	408	322
1990	1466	1229	680	547
1995	4264	3285	1715	1338
1996	4890	3771	2086	1653
1997	5191	4041	2292	1626
1998	5361	4136	2454	1587
1999	5766	4497	2552	1662
2000	6417	4991	2663	1743
2001	6995	5209	2810	1865
2002	7473	5539	2955	1945
2003	8212	5994	3159	2066
2004	9191	6577	3519	2301
2005	10422	7333	3946	2619
2006	11780	8309	4387	2992
2007	13726	9464	5009	3426
2008	15628	10752	5671	3835
2009	17006	11711	6154	4132
2010	18971	12761	7034	4472
2011	21678	14164	8395	5489
2012	24496	15349	9506	6304
2013	26882	16646	10687	6877
2014	29222	18323	11882	7962
2015	31545	19854	12930	8748
2016	34012	21495	13954	9519
2017	36789	23072	15118	10342
2018	39549	24798	16297	11270
2019	42329	26731	17775	12309
2020	43726	27291	18753	12660
2021	47066	29314	20794	14299
2022	49050	28555	22110	14687
2023	51571	30251	23776	16075
年平均增长(%)				
"六五"时期	10.8	11.1	14.2	14.3
"七五"时期	14.4	12.9	10.8	11.2
"八五"时期	23.8	21.7	20.3	19.6
"九五"时期	8.5	8.7	9.2	5.4
"十五"时期	10.2	8.0	8.2	8.5
"十一五"时期	12.7	11.7	12.3	11.3
"十二五"时期	10.7	9.2	12.9	14.4
"十三五"时期	6.7	6.6	7.7	7.7

注：表中数据系按城乡住户调查一体化改革新口径数据。

1-4　续表7

(上年=100)

年份	居民消费价格指数	商品零售价格指数	工业生产者出厂价格指数	工业生产者购进价格指数	农业生产资料价格指数	固定资产投资价格指数
1978	100.3	100.4			99.1	
1980	105.0	103.0			100.0	
1985	108.7	108.5			104.1	
1990	103.4	101.6	104.7	105.4	103.2	113.1
1995	117.6	114.2	117.0	113.2	133.3	106.6
1996	109.6	107.0	104.1	105.7	105.5	103.1
1997	102.8	100.8	101.2	100.6	96.6	100.4
1998	99.4	97.1	96.0	94.6	96.2	99.2
1999	99.3	97.1	97.2	93.4	95.1	99.6
2000	100.2	98.6	105.9	104.7	98.7	102.4
2001	101.8	100.0	99.1	100.0	101.8	101.4
2002	99.3	98.8	98.8	98.7	100.3	101.1
2003	101.1	100.2	103.5	105.7	102.4	102.9
2004	103.6	102.8	106.4	113.8	110.2	107.4
2005	101.7	100.6	103.7	105.9	106.2	102.9
2006	101.0	100.6	102.3	104.3	103.0	101.8
2007	104.4	103.6	103.3	104.8	107.1	104.0
2008	105.3	104.9	108.6	113.1	119.3	107.7
2009	100.0	99.4	94.1	95.5	96.3	96.9
2010	102.9	102.7	107.2	109.3	103.0	103.6
2011	105.0	104.7	106.0	109.2	111.1	106.8
2012	102.1	101.6	98.4	99.2	105.9	100.8
2013	102.2	101.4	98.4	98.4	101.2	100.4
2014	101.9	101.0	98.4	98.2	99.5	100.3
2015	101.2	100.2	95.2	95.0	99.3	97.7
2016	102.1	101.3	98.5	98.0	98.9	99.1
2017	101.5	100.8	105.5	107.3	100.9	105.8
2018	102.5	102.2	103.7	103.6	106.9	106.1
2019	103.2	102.2	99.7	99.2	107.6	102.8
2020	102.8	102.0	98.1	97.5	105.6	
2021	101.2	101.4	110.3	109.5		
2022	101.7	102.3	105.1	105.8		
2023	100.1		96.5	97.0		
年平均增长(%)						
"六五"时期	3.0	2.1			3.3	
"七五"时期	10.2	9.9			8.6	
"八五"时期	12.9	11.0	15.1	17.0	13.8	15.1
"九五"时期	2.2	0.1	0.8	-0.3	-1.6	0.9
"十五"时期	1.5	0.5	2.3	4.5	4.1	3.1
"十一五"时期	2.7	2.2	3.0	5.2	5.5	2.7
"十二五"时期	2.5	1.8	-0.8	-0.1	3.3	1.2
"十三五"时期	2.4	1.7	1.1	1.1	3.9	

注：自2020年起，不再统计固定资产投资价格指数；自2021年起，不再统计农业生产资料价格指数。自2022年起，不再统计商品零售价格指数。

1-5　2013-2023年全省经济社会

指　　标	单　位	2013	2014	2015
一、人　口				
年末总人口	万人	9746	9808	9866
男	万人	(4883)	(4960)	(4999)
女	万人	(4729)	(4787)	(4823)
人口自然增长率	‰	5.01	7.39	5.88
人口密度	人/平方公里	619	620	624
城镇化率	%	53.46	54.77	56.97
二、就业人员和劳动工资				
年末就业人员	万人	5840.0	5798.0	5773.0
第一产业	万人	1973.9	1878.6	1795.4
第二产业	万人	1915.5	1919.1	1922.4
第三产业	万人	1950.6	2000.3	2055.2
三次产业就业人员构成				
第一产业	%	33.8	32.4	31.1
第二产业	%	32.8	33.1	33.3
第三产业	%	33.4	34.5	35.6
乡村就业人员	万人	2873.3	2771.4	2655.6
城镇就业人员	万人	2966.7	3026.6	3117.4
城镇新增就业人员	万人	120.0	118.5	116.8
城镇登记失业率	%	3.24	3.30	3.35
在岗职工年末人数	万人	1237.6	1210.0	1178.0
在岗职工平均工资	元	47652	52460	58197
三、国民经济核算				
地区生产总值	亿元	**47344.3**	**50774.8**	**55288.8**
第一产业	亿元	4454.1	4662.8	4902.8
第二产业	亿元	22615.9	23588.0	24814.9
第三产业	亿元	20274.3	22524.0	25571.1
工　业	亿元	19475.3	20178.2	21156.5

注：1.根据第七次全国人口普查结果，对表中全省2013-2019年人口数据进行了修订，2020年为根据第七次全国人口普查数据推算年末人口数。括号内为公安部门户籍登记人口数。

　　2.根据第七次全国人口普查结果，对表中全省2013-2019年就业人员相关数据进行了修订。

发展主要统计指标

2016	2017	2018	2019	2020	2021	2022	2023
9973	10033	10077	10106	10165	10170	10163	10123
(5049)	(5089)	(5130)	(5153)	(5162)	(5169)	(5160)	(5142)
(4872)	(4919)	(4966)	(4995)	(5011)	(5023)	(5019)	(5005)
10.84	10.14	6.08	4.27	1.31	0.02	-0.93	-2.18
630	634	636	637	643	644	643	641
59.13	60.79	61.46	61.86	63.05	63.94	64.54	65.53
5728.0	5693.0	5621.0	5561.0	5510.0	5475.0	5338.0	5370.0
1706.9	1622.5	1534.5	1445.9	1372.0	1316.0	1284.0	1267.0
1907.4	1907.2	1877.4	1851.8	1840.3	1850.0	1804.0	1818.0
2113.6	2163.3	2209.1	2263.3	2297.7	2309.0	2250.0	2285.0
29.8	28.5	27.3	26.0	24.9	24.0	24.1	23.6
33.3	33.5	33.4	33.3	33.4	33.8	33.8	33.9
36.9	38.0	39.3	40.7	41.7	42.2	42.2	42.6
2537.5	2436.6	2338.3	2257.8	2165.4	2089.0	2041.0	2018.0
3190.5	3256.4	3282.7	3303.2	3344.6	3386.0	3297.0	3352.0
121.0	128.3	136.8	138.3	122.7	124.2	120.2	124.5
3.46	3.40	3.35	3.29	3.10	2.94		
1155.5	1130.3	1065.4	1000.1	1027.8	1039.1	1022.7	1018.5
63562	69305	75125	84089	90661	98094	105264	109805
58762.5	**63012.1**	**66648.9**	**70540.5**	**72798.2**	**82875.2**	**87576.9**	**92068.7**
4830.2	4832.7	4950.5	5117.0	5364.4	6029.0	6296.5	6506.2
25565.0	26925.6	27523.7	28171.8	28456.7	32834.5	34562.3	35987.9
28367.2	31253.8	34174.7	37251.7	38977.2	44011.7	46718.1	49574.6
21696.0	22515.8	22613.0	22755.1	22986.5	26894.1	28297.0	29191.2

3.表中2013-2018年生产总值数据根据第四次全国经济普查结果进行了修订，2023年数据为初步核算数。以下相关表同。

4.2022年起，不再统计城镇登记失业率。

1-5 2013-2023年全省经济社会

指　标	单位	2013	2014	2015
建筑业	亿元	3188.6	3476.1	3731.6
人均地区生产总值	元	48673	51933	56205
地区生产总值指数	上年=100	109.4	108.5	107.8
第一产业	上年=100	103.5	103.8	104.2
第二产业	上年=100	109.8	108.8	107.1
第三产业	上年=100	110.3	109.2	109.6
工　业	上年=100	110.1	108.8	106.9
建筑业	上年=100	109.6	109.2	108.1
人均地区生产总值指数	上年=100	108.9	107.9	107.1
三次产业构成				
第一产业	%	9.4	9.2	8.9
第二产业	%	47.8	46.4	44.9
第三产业	%	42.8	44.4	46.2
三次产业拉动经济增长百分点				
第一产业	个	0.3	0.3	0.3
第二产业	个	5.2	4.7	3.8
第三产业	个	3.9	3.5	3.7
三次产业对经济增长的贡献率				
第一产业	%	3.3	3.8	4.3
第二产业	%	55.0	54.8	48.3
第三产业	%	41.7	41.4	47.4
重要指标比例关系				
工业增加值占GDP比重	%	41.1	39.7	38.3
一般公共预算收入占GDP比重	%	9.6	9.9	10.0
进出口总值占GDP比重	%	34.9	33.5	27.0
出口总值占GDP比重	%	17.6	17.5	16.2
全员劳动生产率	万元/人	8.1	8.7	9.6
新旧动能转换				
四新经济增加值增速	%			
四新经济增加值占GDP比重	%			
四新经济投资增速	%			
四新经济投资占全部投资比重	%			

注：1.2013-2014年进出口总值占GDP比重、出口总值占GDP比重由按年平均汇率折算的人民币计价的进出口总值、出口总值计算，2015起，按海关部门提供的人民币计价的进出口总值、出口总值计算。

发展主要统计指标(续表1)

2016	2017	2018	2019	2020	2021	2022	2023
3909.4	4441.0	5024.9	5532.8	5574.2	6068.1	6391.3	6961.1
59239	**62993**	**66284**	**69901**	**71825**	**81510**	**86143**	**90771**
107.4	**107.3**	**106.3**	**105.3**	**103.5**	**108.3**	**103.9**	**106.0**
103.8	103.6	102.7	101.1	102.7	107.5	104.1	104.5
106.2	106.0	104.1	102.6	103.2	106.3	103.9	106.5
109.3	109.3	108.9	108.2	103.8	109.8	103.9	105.8
106.1	106.2	104.5	102.0	103.4	107.5	104.2	106.3
106.0	104.4	104.2	106.5	101.5	101.4	102.9	108.0
106.5	106.4	105.8	104.9	103.0	107.9	103.9	106.2
8.2	7.7	7.4	7.3	7.4	7.3	7.2	7.1
43.5	42.7	41.3	39.9	39.1	39.6	39.5	39.1
48.3	49.6	51.3	52.8	53.5	53.1	53.3	53.8
0.3	0.3	0.2	0.1	0.2	0.5	0.3	0.3
2.8	2.7	1.8	1.1	1.3	2.6	1.5	2.5
4.3	4.3	4.3	4.1	2.0	5.2	2.1	3.2
4.6	4.2	3.5	1.6	5.9	6.7	7.7	5.5
37.5	36.2	28.7	21.5	38.4	29.7	38.0	41.6
57.9	59.6	67.8	76.9	55.7	63.6	54.3	52.9
36.9	35.7	33.9	32.3	31.6	32.5	32.3	31.7
10.0	9.7	9.7	9.3	9.0	8.8	8.1	8.1
26.3	28.4	29.0	29.0	30.4	34.1	36.6	35.5
15.4	15.8	15.9	15.8	17.9	20.1	21.9	21.1
10.2	11.0	11.8	12.6	13.2	15.1	16.2	17.2
		16.9	24.8	10.7	19.8	9.7	8.6
	21.7	24.0	28.2	30.2	31.7	32.9	34.0
		4.5	-6.5	18.7	5.8	12.7	11.1
		43.9	44.8	51.3	51.2	54.4	57.1

2．"四新"经济增加值增速为现价增速。

1—5　2013-2023年全省经济社会

指　　　　标	单　位	2013	2014	2015
四、固定资产投资				
全社会固定资产投资额	亿元	36789.1	42495.5	48312.5
#房地产开发投资	亿元	5444.5	5818.0	5892.2
全社会固定资产投资指数	上年=100	117.7	115.5	113.7
五、能　　源				
能源生产总量	万吨标煤	15165.1	15220.4	14693.1
原　煤	万吨标煤	10722.6	10699.8	10277.4
原　油	万吨标煤	3894.9	3876.1	3751.9
天燃气	万吨标煤	65.1	62.9	57.7
一次电力	万吨标煤	116.2	133.1	161.9
绿色能源转型				
万元GDP能耗下降率	%	-4.48	-5.00	-3.72
万元规模以上工业增加值能耗下降率	%	-7.79	-7.22	-7.88
新能源和可再生能源装机容量	万千瓦			1115.0
新能源和可再生能源发电量	亿千瓦时			212.3
新能源和可再生能源装机容量占总装机容量比重	%			11.5
新能源和可再生能源发电量占全部发电总量比重	%			4.6
六、财　　政				
一般公共预算收入	亿元	4559.9	5026.8	5529.3
一般公共预算收入指数	上年=100	112.3	110.2	110.0
#税收收入	亿元	3533.5	3965.8	4203.1
#增值税	亿元	489.6	597.0	595.0
企业所得税	亿元	1068.3	1135.9	1252.4
企业所得税指数	上年=100	104.6	115.2	143.1
个人所得税	亿元	110.0	110.1	124.3
个人所得税指数	上年=100	92.6	119.6	103.8
资源税	亿元	217.8	231.3	243.7
城市维护建设税	亿元	111.7	122.5	133.9
房产税	亿元	229.2	264.7	358.8
城镇土地使用税	亿元	205.9	257.7	259.5
土地增值税	亿元	40.3	46.6	53.3
车船税	亿元	446.0	483.0	498.7
非税收入	亿元	101.0	108.3	103.3
#行政事业性收费收入	亿元	284.1	302.2	296.7

注：1.表中能源生产总量使用当量折标系数折算标准煤；一次电力包含水电、风电、核电、生物质发电和太阳能光伏发电。

2.按照《"十四五"节能减排综合工作方案》等文件通知要求，自2021年，计算万元GDP能耗下降率时扣除原料用能、可再生能源、单列项目能耗数据；2021年数据已修订。

发展主要统计指标(续表2)

2016	2017	2018	2019	2020	2021	2022	2023
53322.5	**55202.7**						
6323.4	6637.2	7553.0	8614.9	9450.5	9819.7	9225.9	8541.2
110.4	**107.2**	**104.1**	**91.7**	**103.3**	**105.1**	**105.5**	**104.6**
13616.8	**13710.3**	**13102.0**	**12539.1**	**12205.7**	**11543.7**	**11804.5**	**12935.3**
9405.0	9623.3	8827.5	7820.7	7422.8	6322.8	6026.3	6191.2
3302.0	3192.8	3203.2	3177.7	3170.3	3158.2	3143.3	3163.0
56.2	49.7	52.8	56.1	63.4	68.4	87.7	96.9
229.1	305.9	484.1	742.7	817.1	1142.1	1366.7	1701.0
-5.00	-6.91	-4.80	-3.09	-2.41	-6.20	-3.79	-6.69
-3.84	-9.89	-5.35	-1.16	-6.86	-8.30	-7.80	-5.25
1580	2437.3	3002.9	3624.3	4791.2	6130.5	7616.0	9794.1
280	352.2	528.7	745.1	823.8	1108.5	1299.9	1584.7
14	19.4	22.9	25.8	30.1	35.4	40.2	46.3
6	7.2	10.1	14.1	14.3	17.9	20.8	24.4
5860.2	**6098.6**	**6485.4**	**6526.7**	**6559.9**	**7284.5**	**7104.1**	**7464.8**
108.5	106.6	106.3	100.6	100.5	111.0	97.5	105.1
4212.6	4419.4	4897.9	4849.3	4757.6	5476.0	4795.5	5229.7
1129.7	1706.0	1902.1	1958.7	1814.5	2030.3	1436.4	2027.1
503.2	620.3	677.4	696.2	686.6	867.4	839.6	724.9
100.9	123.3	109.2	102.8	98.6	126.3	96.8	86.3
143.2	186.7	215.3	147.5	182.1	243.4	265.5	260.2
100.0	130.4	115.3	68.5	123.5	133.7	109.1	98.0
95.2	99.6	119.7	120.0	108.3	126.2	158.0	160.6
250.8	261.8	306.5	290.1	284.0	324.7	311.0	319.8
143.4	157.8	168.3	166.7	165.6	189.0	213.8	229.6
393.7	398.2	396.8	337.3	299.9	302.5	315.5	315.1
293.1	367.2	390.8	404.3	433.4	487.1	494.6	431.4
61.0	69.4	75.8	78.1	82.3	94.4	99.1	101.6
1647.6	1679.2	1587.5	1677.4	1802.3	1808.5	2308.6	2235.1
328.3	320.3	303.5	307.2	308.3	337.0	337.8	295.7

3.2020年及之前年份，指标计算过程中使用当量折标系数折算标准煤；自2021年起，使用等价折标系数折算标准煤，并扣除原料用能；2021年数据已修订。

1-5　2013-2023年全省经济社会

指　　　标	单　位	2013	2014	2015
一般公共预算支出	亿元	**6688.8**	**7177.3**	**8250.0**
#一般公共服务支出	亿元	750.0	725.3	738.1
公共安全支出	亿元	341.8	380.6	425.7
教育支出	亿元	1399.7	1461.0	1690.6
科学技术支出	亿元	149.1	147.1	159.1
文化旅游体育与传媒支出	亿元	127.5	127.7	137.3
社会保障与就业支出	亿元	682.0	763.5	904.6
卫生健康支出	亿元	485.9	605.7	701.4
城乡社区支出	亿元	618.5	777.9	920.6
农林水支出	亿元	748.1	772.8	964.4
交通运输支出	亿元	371.1	399.1	460.7
收支结构				
税收占一般公共预算收入比重	%	77.5	78.9	76.0
民生支出占一般公共预算支出比重	%			
七、金　融				
金融机构人民币存款余额	亿元	**62077.9**	**67498.3**	**74524.2**
#住户存款	亿元	29796.1	33178.6	37320.0
金融机构人民币贷款余额	亿元	**44761.3**	**50058.6**	**55437.0**
八、价格指数				
居民消费价格总指数	上年=100	102.2	101.9	101.2
商品零售价格总指数	上年=100	101.4	101.0	100.2
工业生产者出厂价格指数	上年=100	98.4	98.4	95.2
工业生产者购进价格指数	上年=100	98.4	98.2	95.0
农产品生产者价格指数	上年=100	105.9	100.5	100.1
九、居民生活				
全体居民生活				
居民人均可支配收入	元	19008	20864	22703
#工资性收入	元	10991	12044	13144
经营净收入	元	4298	4708	5079
财产净收入	元	1216	1315	1455
转移净收入	元	2504	2797	3026
居民人均可支配收入增长	%	11.0	9.8	8.8

注：1.2019年起，文化体育与传媒支出更名为文化旅游体育与传媒支出，医疗卫生与计划生育支出更名为卫生健康支出。

2.2013年起，全省实施城乡住户调查一体化改革，居民收支调查指标有所调整。

发展主要统计指标(续表3)

2016	2017	2018	2019	2020	2021	2022	2023
8755.2	**9258.4**	**10101.0**	**10739.8**	**11233.5**	**11713.2**	**12128.6**	**12581.7**
783.6	857.5	943.3	1062.0	1118.1	1136.1	1209.3	1193.5
521.5	566.1	645.0	633.2	631.7	635.2	632.9	647.2
1826.0	1890.0	2006.5	2156.1	2283.8	2411.1	2626.5	2713.7
167.0	195.8	232.7	305.8	298.6	372.3	313.3	322.7
137.5	141.9	153.5	189.5	170.1	180.4	167.5	157.4
992.7	1132.0	1254.0	1444.6	1657.5	1863.4	1964.4	2181.8
790.2	829.3	885.1	912.1	1045.5	1092.7	1234.1	1254.0
1012.5	1075.9	1109.7	1070.2	1053.9	1087.3	992.3	1200.1
943.4	953.6	998.5	1076.0	1065.3	1026.9	1118.9	1051.7
372.8	367.3	412.8	377.8	375.9	326.3	302.5	302.9
71.9	72.5	75.5	74.3	72.5	75.2	67.5	70.1
	79.0	79.0	79.0	79.4	79.0	79.1	79.3
83414.9	**88531.7**	**94298.2**	**102676.4**	**116155.4**	**127871.8**	**143590.5**	**157789.8**
41350.9	44035.8	48435.0	55232.1	64258.4	72255.3	84665.3	96869.1
61726.9	**67576.0**	**74879.4**	**83703.0**	**95411.6**	**108436.8**	**121533.3**	**136576.9**
102.1	101.5	102.5	103.2	102.8	101.2	101.7	100.1
101.3	100.8	102.2	102.2	102.0	101.4	102.3	
98.5	105.5	103.7	99.7	98.1	110.3	105.1	96.5
98.0	107.3	103.6	99.2	97.5	109.5	105.8	97.0
102.8	98.6	100.5	112.2	108.7	104.2	100.6	101.0
24685	26930	29205	31597	32886	35705	37560	39890
14259	15532	16814	18111	18716	20413	21422	22908
5470	5893	6300	6813	6964	7593	7985	8374
1633	1831	2043	2212	2357	2441	2561	2676
3323	3674	4047	4461	4848	5257	5591	5932
8.7	9.1	8.4	8.2	4.1	8.6	5.2	6.2

3.根据国家统一规定,2018年,按照新指标口径对居民收支调查历史数据进行修正(以下相关表同)。
4.自2023年起不再统计商品零售价格指数。

1-5 2013-2023年全省经济社会

指　　标	单　位	2013	2014	2015
全体居民人均消费支出	元	11897	13329	14578
#全体居民人均教育文化娱乐消费支出	元	1137	1303	1557
全体居民人均食品烟酒消费支出	元	3561	3932	4166
全体居民人均教育文化娱乐消费占消费支出的比重	%	9.6	9.8	10.7
全体居民服务性消费占消费支出的比重	%			
全体居民恩格尔系数	%	29.9	29.5	28.6
全体居民人均住房建筑面积	平方米	37.9	38.7	38.5
全体居民每百户耐用消费品拥有量				
家用汽车	辆	27.3	32.6	37.8
摩托车	辆	41.8	46.8	43.6
电冰箱(柜)	台	87.9	91.9	94.9
洗衣机	台	85.7	89.6	91.9
热水器	台	74.8	79.7	84.0
空调	台	60.7	71.6	77.5
彩色电视机	台	105.3	108.3	108.7
照相机	台	24.6	27.1	26.3
计算机	台	49.0	56.8	59.2
中高档乐器	架	2.6	3.4	3.2
固定电话	线	37.0	49.1	35.2
移动电话	部	189.7	207.8	214.7
健身器材	组		3.4	3.7
空气净化器(含新风系统)	台			
吸尘器	台			
农村居民生活				
农村居民人均可支配收入	元	10687	11882	12930
#工资性收入	元	4189	4713	5139
经营净收入	元	4979	5431	5856
财产净收入	元	242	287	326
转移净收入	元	1276	1451	1608
农村居民人均可支配收入增长	%	12.4	11.2	8.8
农村居民人均消费支出	元	6877	7962	8748
#农村居民人均教育文化娱乐消费支出	元	684	801	912
农村居民人均教育文化娱乐消费占消费支出的比重	%	9.9	10.1	10.4
农村居民服务性消费占消费支出的比重	%			
农村居民恩格尔系数	%	31.8	31.0	30.4
农村居民人均住房建筑面积	平方米	39.6	40.3	40.9

发展主要统计指标(续表4)

2016	2017	2018	2019	2020	2021	2022	2023
15926	17281	18780	20427	20940	22821	22640	24293
1755	1948	2174	2410	2374	2729	2566	2915
4490	4715	5031	5417	5757	6196	6267	6791
11.0	11.3	11.6	11.8	11.3	12.0	11.3	12.0
	37.9	40.1	42.2	40.6	39.6	38.5	39.5
28.2	27.3	26.8	26.5	27.5	27.2	27.7	28.0
39.6	39.9	39.6	39.9	40.0	41.3	41.7	43.7
44.1	47.7	46.7	51.7	52.3	52.4	54.2	63.5
36.4	35.0	28.0	25.3	23.0	21.3	20.8	14.4
98.4	99.8	102.6	104.0	104.1	103.9	104.1	103.3
94.8	96.1	98.1	98.5	99.1	99.5	100.2	99.8
88.7	90.3	95.3	93.7	97.5	96.6	92.6	96.1
90.9	100.3	118.5	125.5	127.6	135.8	140.1	160.2
107.8	108.3	106.5	106.9	106.9	104.8	105.0	101.2
24.1	26.3	18.7	17.1	17.5	9.0	9.1	7.5
61.5	63.3	61.7	63.0	63.7	49.7	50.8	50.2
3.4	4.1	8.0	8.2	8.5	4.8	4.8	7.2
28.4	23.5	17.6	12.2	9.4	5.4	5.1	4.4
220.7	225.7	231.4	234.0	234.4	242.0	240.7	228.1
3.5	4.6	5.5	5.7	6.6	4.5		
		2.0	5.3	5.8	6.3	5.9	
		4.1	9.0	11.8	12.7	11.1	
13954	15118	16297	17775	18753	20794	22110	23776
5569	6069	6550	7165	7591	10430	11046	11872
6267	6730	7194	7799	8095	7066	7505	8110
359	391	429	456	485	499	532	532
1760	1928	2124	2355	2582	2798	3027	3262
7.9	8.3	7.8	9.1	5.5	10.9	6.3	7.5
9519	10342	11270	12309	12660	14299	14687	16075
1013	1141	1266	1429	1291	1499	1536	1774
10.6	11.0	11.2	11.6	10.2	10.5	10.5	11.0
	36.0	36.3	37.6	37.1	35.5	35.0	36.4
29.8	28.6	28.1	27.8	29.4	29.6	29.5	29.5
42.1	42.5	43.2	43.5	43.4	44.0	44.6	48.7

1-5　2013-2023年全省经济社会

指　　标	单　位	2013	2014	2015
农村居民每百户耐用消费品拥有量				
家用汽车	台	17.1	19.3	23.6
摩托车	台	64.5	71.1	68.9
电冰箱(柜)	台	81.6	85.9	90.8
洗衣机	台	79.0	82.9	86.8
热水器	台	59.9	65.5	72.1
空调	台	25.3	32.9	38.8
彩色电视机	台	106.5	108.4	109.5
照相机	架	4.8	4.6	5.1
计算机	台	25.0	31.2	34.8
中高档乐器	架	0.5	0.6	0.6
固定电话	部	32.8	42.7	29.9
移动电话	部	180.6	200.3	207.8
健身器材	组		0.3	0.6
空气净化器(含新风系统)	台			
吸尘器	台			
城镇居民生活				
城镇居民人均可支配收入	元	26882	29222	31545
#工资性收入	元	17427	18866	20386
经营净收入	元	3653	4036	4375
财产净收入	元	2137	2271	2475
转移净收入	元	3666	4049	4309
城镇居民人均可支配收入增长	%	9.7	8.7	8.0
城镇居民人均消费支出	元	16646	18323	19854
#城镇居民人均教育文化娱乐消费支出	元	1565	1770	2141
城镇居民人均教育文化娱乐消费占消费支出的比重	%	9.4	9.7	10.8
城镇居民服务性消费占消费支出的比重	%			
城镇居民恩格尔系数	%	29.2	28.9	27.8
城镇居民人均住房建筑面积	平方米	36.4	37.3	36.4
城镇居民每百户耐用消费品拥有量				
家用汽车	辆	35.8	43.6	49.4
摩托车	辆	22.8	26.6	22.7
电冰箱(柜)	台	93.2	96.9	98.2
洗衣机	台	91.2	95.1	96.1
热水器	台	87.3	91.5	93.9
空调	台	90.4	103.7	109.4
彩色电视机	台	104.4	108.1	108.0
照相机	架	41.1	45.7	43.8

发展主要统计指标(续表5)

2016	2017	2018	2019	2020	2021	2022	2023
29.4	32.4	31.5	39.4	40.0	38.2	40.4	52.4
59.7	58.1	45.9	43.2	38.4	31.6	31.2	25.9
96.2	97.6	99.5	101.5	101.0	102.9	103.0	104.3
91.7	93.6	95.4	96.0	96.7	97.7	98.4	99.3
80.1	82.1	86.1	84.8	90.1	92.7	86.2	90.1
51.8	63.7	83.3	92.8	95.0	107.7	112.1	132.4
109.1	110.2	107.2	107.7	107.6	104.9	104.6	102.9
5.2	6.6	3.6	3.4	3.2	1.5	1.9	1.9
37.5	39.8	37.7	41.7	42.0	31.7	33.2	32.6
0.6	0.9	1.1	1.5	2.1	0.7	0.9	1.7
22.2	17.8	15.0	10.5	7.4	4.3	4.3	4.1
218.6	225.3	229.1	231.4	231.0	239.1	235.2	230.2
0.6	1.3	1.1	1.5	1.7	0.9		
		0.6	0.9	1.1	0.9	0.9	
		1.8	1.6	1.9	1.9	1.4	
34012	36789	39549	42329	43726	47066	49050	51571
21812	23431	25041	26611	27250	28019	29139	30908
4778	5194	5584	6046	6097	7995	8342	8565
2740	3034	3337	3575	3793	3921	4071	4230
4681	5131	5588	6097	6586	7131	7498	7868
7.8	8.2	7.5	7.0	3.3	7.6	4.2	5.1
21495	23072	24798	26731	27291	29314	28555	30251
2399	2622	2903	3171	3204	3666	3332	3742
11.2	11.4	11.7	11.9	11.7	12.5	11.7	12.4
	38.6	41.6	43.9	41.9	41.1	39.9	40.7
27.6	26.8	26.3	26.1	26.8	26.2	27.0	27.4
37.5	37.6	36.8	37.1	37.3	39.3	39.5	40.1
55.6	59.2	58.2	60.7	61.2	63.1	64.4	71.3
18.1	17.4	14.4	12.2	11.8	13.6	13.1	6.2
100.1	101.5	105.0	105.8	106.4	104.6	105.0	102.7
97.1	98.0	100.0	100.4	100.9	100.8	101.6	100.2
95.5	96.6	102.4	100.2	102.9	99.6	97.3	100.4
121.6	128.1	145.3	149.6	151.3	157.1	160.9	179.8
106.7	106.8	106.0	106.3	106.4	104.8	105.3	99.9
38.9	41.3	30.2	27.2	28.0	14.8	14.5	11.5

1-5　2013-2023年全省经济社会

指　　标	单　位	2013	2014	2015
计算机	台	69.1	78.2	79.3
中高档乐器	件	4.3	5.7	5.4
固定电话	部	40.5	54.4	39.6
移动电话	部	197.4	213.9	220.4
健身器材	套		5.9	6.3
空气净化器(含新风系统)	台			
吸尘器	台			
城乡居民生活差距				
城乡居民收入倍差	—	2.52	2.46	2.44
城乡居民消费倍差	—	2.42	2.30	2.27
十、农林牧渔业				
农林牧渔业总产值	亿元	**8577.1**	**8988.2**	**9283.9**
农　　业	亿元	4335.8	4556.1	4662.6
林　　业	亿元	120.3	131.5	139.9
牧　　业	亿元	2410.6	2478.8	2602.1
渔　　业	亿元	1347.0	1420.8	1447.3
农林牧渔专业及辅助性活动	亿元	363.4	400.9	432.0
农林牧渔业总产值指数	上年＝100	**103.8**	**104.0**	**104.3**
农　　业	上年＝100	104.4	104.6	104.7
林　　业	上年＝100	109.0	109.7	108.1
牧　　业	上年＝100	102.1	102.4	103.1
渔　　业	上年＝100	103.3	102.7	103.2
农林牧渔专业及辅助性活动	上年＝100	109.5	109.3	108.5
农业生产情况				
粮食总产量	万吨	4883.4	5038.3	5147.4
粮食单产	千克/公顷	6099	6087	6123
棉花总产量	万吨	43.4	44.2	33.9
棉花单产	千克/公顷	923	1122	1042
油料总产量	万吨	341.6	329.6	318.7
油料单产	千克/公顷	4386	4355	4302
肉类总产量	万吨	838.2	836.8	845.5
禽蛋产量	万吨	396.6	388.4	424.3
奶类产量	万吨	237.7	244.7	240.7
水产品总产量	万吨	808.5	846.5	872.2
海水产品	万吨	665.4	708.6	735.2
海洋捕捞	万吨	208.8	228.7	235.6
海水养殖	万吨	456.6	479.9	499.6

注：表中农业生产情况2013-2017年数据系与第三次全国农业普查衔接数据。

发展主要统计指标(续表6)

2016	2017	2018	2019	2020	2021	2022	2023
80.2	81.1	80.0	78.7	79.4	63.3	63.8	62.7
5.6	6.5	13.2	13.2	13.2	7.8	7.7	11.0
33.2	27.8	19.6	13.4	10.9	6.3	5.7	4.5
222.4	226.0	233.1	236.0	236.8	244.2	244.9	226.6
5.6	7.1	8.9	8.8	10.2	7.2		
	3.0	8.6	9.3	10.2	9.6		
		5.8	14.6	19.1	20.5	18.3	
2.44	2.43	2.43	2.38	2.33	2.26	2.22	2.17
2.26	2.23	2.20	2.17	2.16	2.05	1.94	1.88
9075.6	9140.4	9397.4	9671.7	10190.6	11468.0	12130.7	12531.9
4387.5	4403.2	4678.3	4914.4	5168.4	5814.6	6206.5	6462.4
147.5	165.1	181.6	197.7	214.2	219.9	227.3	244.5
2620.3	2501.4	2432.7	2412.1	2571.9	2904.2	3003.5	2973.7
1409.7	1476.0	1425.9	1397.4	1432.1	1652.6	1729.7	1807.6
510.7	594.7	678.9	750.1	804.1	876.7	963.7	1043.7
104.4	104.0	103.0	100.8	103.0	108.6	104.8	105.1
105.0	104.4	103.9	103.1	103.4	104.3	104.7	104.1
109.5	109.9	109.3	109.2	106.3	101.7	108.5	109.9
102.6	103.7	99.9	95.4	102.3	119.2	103.5	106.4
102.0	99.5	100.8	97.5	101.3	105.9	104.4	104.4
115.8	112.5	113.5	109.3	105.3	108.2	109.1	108.2
5332.3	5374.3	5319.5	5357.0	5446.8	5500.7	5543.8	5655.3
6261	6356	6329	6444	6577	6584	6622	6742
32.9	20.7	21.7	19.6	18.3	14.0	14.5	12.6
1179	1185	1184	1158	1281	1273	1278	1304
317.1	318.3	310.9	289.0	290.9	285.9	274.0	280.7
4310	4389	4370	4236	4366	4420	4390	4472
837.1	866.0	854.7	704.0	728.0	819.3	844.5	910.1
441.1	445.1	447.4	450.6	482.2	456.6	439.3	463.5
233.8	231.3	232.5	234.5	241.6	288.4	304.5	318.3
890.0	868.0	861.4	823.3	828.6	854.4	881.3	913.9
754.2	737.2	736.1	706.2	718.1	740.3	762.2	790.5
241.4	218.1	215.0	209.1	204.0	202.9	206.2	209.5
512.8	519.1	521.1	497.1	514.1	537.4	556.1	581.0

1-5　2013-2023年全省经济社会

指　　标	单　位	2013	2014	2015
淡水产品产量	万吨	143.0	137.9	137.0
捕捞量	万吨	11.5	9.1	8.3
养殖量	万吨	131.5	128.8	128.7
十一、规模以上工业（快报）				
工业增加值指数	上年＝100	**111.3**	**109.6**	**107.5**
轻工业增加值指数	上年＝100	110.2	108.5	107.4
重工业增加值指数	上年＝100	111.8	110.1	107.5
按重点领域分				
装备制造业增加值增速	%	12.5	12.1	7.1
高技术制造业增加值增速	%			8.9
六大高耗能行业增加值增速	%	12.5	9.5	11.0
高技术制造业增加值占比	%			8.4
高新技术产业产值占比	%	30.23	31.39	32.51
工业效益				
营业收入增速	%	12.5	9.8	2.8
利润总额增速	%	12.4	4.6	-1.6
营业收入利润率	%	6.4	6.1	5.9
十二、交通运输邮电				
铁路通车里程	公里	4397	4546	4863
公路通车里程	公里	252785	259514	263447
#高速公路	公里	4994	5108	5348
内河通航里程	公里	1150	1150	1150
沿海主要港口货物吞吐量	万吨	118137	128593	134218
客运量	**万人**	**269391**	**73582**	**59625**
铁　路	万人	8484	9508	10666
公　路	万人	258327	62052	46960
水　路	万人	2580	2022	1999
客运周转量	**百万人公里**	**189285**	**114056**	**112745**
铁　路	百万人公里	54995	61734	64444
公　路	百万人公里	133137	51141	47137
水　路	百万人公里	1153	1181	1164
货运量	**万吨**	**344401**	**260983**	**258444**
铁　路	万吨	19043	16792	15786
公　路	万吨	311812	230018	227934
水　路	万吨	13546	14172	14724

注：1.2013-2016年规模以上工业营业收入数据为主营业务收入。
　　2.交通运输部2014年修订了公路、水运运输量统计试行方案，统计口径发生变化。交通运输部对2019年公路运输数据重新核定，与以往不可比。

发展主要统计指标(续表7)

2016	2017	2018	2019	2020	2021	2022	2023
135.8	130.8	125.3	117.1	110.5	114.1	119.0	123.4
9.4	8.4	8.3	8.9	9.6	9.6	10.0	10.5
126.4	122.5	117.1	108.1	101.0	104.6	109.0	112.9
106.8	**106.9**	**105.2**	**101.2**	**105.0**	**109.6**	**105.1**	**107.1**
105.5	106.9	100.5	95.3	104.2	116.3	110.6	105.3
107.5	106.9	107.4	103.1	105.3	107.4	103.3	107.4
7.6	11.0	7.5	1.4	12.6	10.5	-0.6	9.7
7.8	10.9	9.6	1.7	9.8	18.5	14.4	5.6
10.3	3.6	9.4	4.4	2.8	8.5	5.7	6.9
8.8	9.2	9.5	9.3	9.9	9.7	10.0	9.7
33.75	34.96	36.92	40.14	45.11	46.76	48.26	51.35
3.7	7.2	5.2	-0.1	2.4	18.0	4.2	3.8
1.2	11.5	10.3	-8.9	19.6	20.9	-12.6	24.4
5.8	5.7	5.0	4.3	5.1	5.2	4.1	4.9
4882	5115	5676	5972	6881	7198	7327	7694
265720	270590	275642	280325	286814	288143	291759	293411
5710	5821	6057	6447	7473	7477	8048	8433
1150	1150	1150	1150	1117	1117	1117	1117
142856	151571	161512	161064	168881	178158	189036	197399
62727	**64536**	**66613**	**67317**	**30096**	**28350**	**16386**	**33259**
11904	13388	14525	15722	9797	12164	7321	18265
48823	49111	50044	49581	19475	15139	8247	12442
2000	2037	2044	2014	824	1047	818	2552
116882	122676	126935	127981	59517	70560	41481	97968
68442	73365	76302	77287	43191	52392	31333	80918
47240	48104	49357	49256	15931	17783	9829	16213
1200	1207	1276	1439	395	385	319	837
281557	322564	349481	304732	308627	333420	322708	336140
16745	17853	18710	20850	23189	22895	24717	25349
249752	288052	312807	266124	267230	291196	276906	285567
15060	16659	17964	17758	18208	19329	21085	25224

3.2020年起，铁路客货运量、周转量为济南局、北京局、郑州局在山东省内数据，口径为国家铁路；铁路通车里程含地方铁路(以下相关表同)。

1-5　2013-2023年全省经济社会

指　　标	单　位	2013	2014	2015
货运周转量	百万吨公里	1026088	817690	833415
铁　路	百万吨公里	138910	123808	107728
公　路	百万吨公里	749888	571138	587699
水　路	百万吨公里	137290	122744	137988
邮电业务总量	亿元	981.1	1213.7	1458.6
邮政业务总量	亿元	117.4	145.8	205.5
邮政业务总量	亿标准量			
电信业务总量	亿元	863.7	1067.8	1253.1
移动电话用户数	万户	8333	8664	9414
电话普及率	部/百人	104.0	103.0	106.9
十三、国内贸易				
社会消费品零售总额	亿元	17703.8	19706.4	21550.9
城镇	亿元	14232.8	15773.5	17217.7
乡村	亿元	3471.0	3932.9	4333.2
按消费形态分				
商品零售	亿元	15926.5	17745.0	19346.2
餐饮收入	亿元	1777.3	1961.4	2204.7
社会消费品零售总额增速	%	12.2	11.3	9.4
城镇	%	11.6	10.8	9.2
乡村	%	14.6	13.3	10.2
十四、对外贸易和旅游				
对外贸易				
进出口总值	亿美元	2671.6	2771.2	2417.5
出口总值	亿美元	1345.1	1447.5	1440.6
#一般贸易	亿美元	760.4	837.4	904.2
来料加工装配贸易	亿美元	86.6	80.2	74.0
进料加工贸易	亿美元	439.3	473.5	418.4
进口总值	亿美元	1326.5	1323.7	976.9
利用外资				
新设外商直接投资企业数	个	1405	1352	1509
实际使用外资金额	亿美元	140.53	151.95	163.01
实际使用外资增速	%	13.8	8.1	7.3
对外承包工程和劳务合作				
承包工程合同个数	个	210	348	352
合同金额	亿美元	107.83	123.77	134.44
营业额	亿美元	94.08	102.15	112.08
年末在外人数	人	98988	115328	116100

注：1.表中2013-2018年社会消费品零售总额及分组数据根据第四次全国经济普查数据进行了修订。
　　2.2019年起，实际使用外资采用商务部通报口径，不包含股东贷款、投资性公司投资，合同外资不再统计，增速按同口径计算。

发展主要统计指标(续表8)

2016	2017	2018	2019	2020	2021	2022	2023
879552	**962225**	**995988**	**1007631**	**1034063**	**1200214**	**1420835**	**1497081**
113668	121363	126468	143456	156609	168212	183155	179641
607143	665022	685968	674620	678440	751761	791263	799935
158741	175840	183552	189555	199014	280241	446417	517505
1165.0	**1887.6**	**4180.4**	**6499.7**	**8193.8**	**1644.8**	**1773.7**	
301.6	392.9	528.4	718.0	993.7	642.8	669.3	
							828.8
863.4	1494.8	3651.9	5786.6	7200.1	1002.0	1104.4	1127.7
9595	9944	10570	10786	10907	11249	11700	12002
107.0	108.9	114.0	118.9	118.4	121.5	126.3	129.4
23482.1	**25527.9**	**27480.3**	**29251.2**	**29248.1**	**33714.5**	**33236.2**	**36141.8**
18733.0	20342.9	21849.9	23215.4	24052.0	28081.0	27957.5	30362.0
4749.1	5185.0	5630.4	6035.8	5196.0	5633.6	5278.7	5779.9
20996.4	22794.8	24421.0	25895.2	26118.9	29886.3	29608.5	31796.3
2485.7	2733.1	3059.3	3356.0	3129.1	3828.2	3627.7	4345.5
9.0	**8.7**	**7.6**	**6.4**	**持平**	**15.3**	**-1.4**	**8.7**
8.8	8.6	7.4	6.2	-0.3	15.3	-1.5	8.6
9.6	9.2	8.6	7.2	1.4	15.2	-1.0	9.5
2342.1	**2630.6**	**2923.9**	**2962.8**	**3184.5**	**4538.7**	**4812.4**	**4643.8**
1371.6	1471.0	1601.4	1614.4	1890.4	2718.4	2880.8	2761.6
865.4	942.9	1104.8	1125.7	1385.4	1956.7	2073.0	2000.3
71.7	65.2	60.1	60.5	49.8	55.3	67.1	66.8
390.4	415.2	391.8	349.6	346.7	425.8	491.6	465.2
970.5	1159.5	1322.5	1348.4	1294.1	1820.3	1931.7	1882.2
1477	1479	2156	2517	3060	3064	2329	2518
168.26	178.57	205.16	146.89	176.48	215.16	228.74	175.31
3.2	6.1	14.9	18.6	20.1	21.9	6.3	-23.4
306	417	484	504	475	296	197	172
135.55	139.30	154.88	136.41	105.11	118.16	110.18	91.55
119.54	127.87	131.42	125.63	103.04	101.63	98.74	100.14
119655	130384	125224	133849	89162	71218	60808	59819

3. 自2014年开始，邮政业务总量为全行业统计口径数据，包括全省邮政企业和快递服务企业业务总量。2016—2020年，邮电业务总量按2015年价格计算；自2021年起，按上年价格计算。自2023年起，邮政业务总量计量单位调整为亿标准量，不再核算邮电业务总量。

1-5 2013-2023年全省经济社会

指　　　标	单　位	2013	2014	2015
旅　游				
接待海外旅游人数	万人次	452.7	445.7	460.8
外国人	万人次	327.4	325.5	335.9
港澳台胞	万人次	125.3	120.0	124.9
国内游客	万人次	54262.0	59577.4	65045.4
旅游总收入	亿元	5183.9	5878.0	7062.5
旅游外汇收入	亿元	169.15	166.73	180.41
旅游外汇收入	亿美元	27.31	27.14	28.97
国内旅游收入	亿元	5014.7	5711.2	6505.1
人民币对主要外币年平均汇价(中间价)				
100美元	人民币元	619.32	614.28	622.84
100日元	人民币元	6.33	5.82	5.15
100港元	人民币元	79.85	79.22	80.34
100欧元	人民币元	822.19	816.51	691.41
十五、教　育				
普通高等教育				
学校数	所	140	142	143
招生数	万人	52.75	58.08	59.56
毕业生数	万人	47.59	46.41	47.42
在校学生数	万人	169.85	179.67	190.06
教职工数	人	142240	143939	147035
专任教师	人	98685	101380	104724
中等职业学校				
学校数	所	525	460	435
招生数	万人	36.35	31.91	29.40
毕业生数	万人	37.86	35.40	32.04
在校学生数	万人	103.16	94.82	85.73
教职工数	人	66810	64488	62319
专任教师	人	50243	49274	48926
普通中学				
学校数	所	3464	3461	3446
招生数	万人	158.53	153.58	151.12
毕业生数	万人	156.04	153.73	156.01
在校学生数	万人	488.48	486.06	479.93
教职工数	人	466088	471653	475798
专任教师	人	382340	386923	390059

注:2021-2023年暂停入境旅游数据核算(以下相关表同)。

发展主要统计指标(续表9)

2016	2017	2018	2019	2020	2021	2022	2023
485.5	494.4	513.1	521.3	52.8			
352.5	353.1	366.1	370.9	44.2			
132.8	141.3	147.0	150.4	8.6			
70716.5	77966.2	85899.3	93288.0	57669.6	73052.2	58808.7	81545.0
8030.7	8708.1	9892.4	11087.3	6019.7	8278.6	6026.3	9713.6
203.48	214.31	222.62	235.46	14.42			
30.63	31.74	33.64	34.13	2.09			
7399.6	8491.5	9661.5	10851.3	6005.3	8278.6	6026.3	9713.6
664.23	675.18	661.74	689.85	689.76	645.15	672.61	704.67
6.12	6.02	5.99	6.33	6.46	5.87	5.13	5.04
85.58	86.64	84.43	88.05	88.93	83.00	85.89	90.02
734.26	763.03	780.16	772.55	787.55	762.93	707.21	764.25
144	145	145	146	152	153	153	156
62.44	61.27	62.91	74.17	72.99	78.10	85.33	90.88
50.91	57.12	58.59	57.80	60.54	61.79	73.43	74.52
199.59	201.53	204.08	218.39	229.15	242.99	252.71	267.25
150345	154311	158526	164932	172041	177805	182225	189835
107748	110807	112717	117609	124215	129888	135492	144793
428	401	398	391	397	400	414	413
28.82	26.11	24.54	26.72	29.75	29.36	29.96	30.08
28.67	24.83	25.02	25.99	23.34	22.10	25.39	29.03
80.98	79.34	75.01	73.05	77.74	83.91	88.10	88.29
60613	60408	59304	58249	58824	60026	62874	66107
48244	48659	48269	48099	49169	53576	56263	59389
3504	3560	3671	3791	3920	4019	4055	4109
160.35	164.39	164.26	176.10	187.62	187.58	192.21	199.25
157.62	151.42	148.46	157.56	166.72	163.43	172.84	185.67
482.41	494.85	509.93	528.13	548.68	570.76	587.63	598.89
484579	502004	515123	536931	558935	586421	590836	597284
397471	410339	419903	435808	453428	471988	478343	482535

1-5　2013-2023年全省经济社会

指　　标	单　位	2013	2014	2015
技工学校				
学校数	所	207	203	194
招生数	人	144165	128007	131550
毕业生数	人	121782	108046	98154
在校学生数	人	369922	329473	318182
教职工数	人	30860	29404	29228
专任教师	人	23977	23000	22613
小　学				
学校数	所	11151	10770	10404
招生数	万人	115.7	124.7	124.4
毕业生数	万人	103.3	101.0	98.9
在校学生数	万人	626.0	648.5	674.6
教职工数	人	383692	378886	379239
专任教师	人	387312	389080	396368
成人高等学校				
学校数	所	11	11	11
招生数	人	165522	178737	163012
毕业生数	人	128297	147592	161377
在校学生数	人	459803	485274	484493
教职工数	人	2843	2259	2200
专任教师	人	1982	1544	1493
十六、科　技				
研发投入				
全社会研发经费支出	亿元	1175.8	1304.1	1427.2
#基础研究	亿元	26.4	24.4	29.7
应用研究	亿元	68.6	79.5	77.4
试验发展	亿元	1080.7	1200.2	1320.0
基础研究、应用研究、试验发展经费构成	%	2.2:5.8:91.9	1.9:6.1:92.0	2.1:5.4:92.5
全社会研发经费支出占GDP比重	%	2.48	2.57	2.58
有研发活动的规模以上工业企业数	个	3747	4611	5766
有研发活动的规模以上工业企业占比	%	9.3	11.3	13.9
重要科技成果数量	项	2332	2955	3011
#农　业	项	297	440	385
工　业	项	866	1095	1019
#国际领先先进水平	项	681	817	967
国内领先先进水平	项	1067	1146	1212

发展主要统计指标(续表10)

2016	2017	2018	2019	2020	2021	2022	2023
194	194	181	181	181	194	207	215
133600	129109	135184	151122	173803	169851	172380	184243
89629	103815	96351	91679	95962	104221	127154	134699
335348	332634	329897	355409	405418	442034	455069	447812
29133	29294	29388	29438	29943	32647	33658	30859
22908	22565	22525	22294	23573	26284	26793	
10027	9738	9674	9646	9619	9458	9063	8654
123.9	127.0	129.6	127.9	129.6	137.9	130.6	180.2
107.2	111.0	111.5	117.8	125.2	125.7	125.4	128.4
691.3	708.5	726.0	738.6	743.3	755.8	760.6	812.1
386405	391838	392333	396465	400114	410021	410354	415138
408856	421877	430702	442729	454285	468276	467563	477406
11	11	11	11	11	11	11	11
179199	157559	233966	292911	414972	451062	529350	524242
167440	279185	181058	158662	223507	280241	397487	429796
502274	375102	426995	556026	742379	906118	1032978	1124505
1604	1580	1479	1257	1248	1140	1262	1296
1082	1048	970	785	777	702	764	762
1566.1	1753.0	1643.3	1494.7	1681.9	1944.7	2180.4	2386.0
36.4	40.5	48.9	57.3	50.4	73.7	89.5	100.0
89.8	100.2	111.2	99.3	111.5	119.4	163.8	176.5
1439.9	1612.3	1483.2	1338.0	1520.0	1751.5	1927.1	2109.5
2.3:	2.3:	3.0:	3.8:	3.0:	3.8:	4.1:	4.2:
5.7:	5.7:	6.8:	6.6:	6.6:	6.1:	7.5:	7.4:
91.9	92.0	90.3	89.5	90.4	90.1	88.4	88.4
2.67	2.78	2.47	2.12	2.31	2.35	2.49	2.59
7090	8920	7984	7114	11604	15647	17793	13950
17.9	23.4	22.0	26.2	39.2	47.3	50.4	35.3
3016	2537	1791	2552	2342	2908	3075	3529
421	363	232	316	338	329	346	294
919	796	451	807	673	754	820	1113
762	610	416	735	485	638	730	875
1095	973	682	957	988	1002	1066	1367

1-5　2013-2023年全省经济社会

指　　标	单　位	2013	2014	2015
专利情况				
专利申请量	项	155170	158619	193220
专利授权量	项	76976	72818	98101
#发明专利	项	8913	10538	16881
每万人有效发明专利拥有量	件			
高新技术企业数量	家			
技术合同成交额	亿元			
十七、卫生、文化				
卫生机构数	个	75475	77066	77435
#医院(卫生院)	个	3426	3491	3556
卫生机构床位数	万张	49.0	50.0	51.9
卫生技术人员数	万人	59.8	60.4	61.9
#执业(助理)医师	万人	23.2	23.1	23.7
注册护士	万人	24.0	24.6	25.4
文化(艺术)馆机构数	个	159	158	157
文化(艺术)馆人数	人	3062	3047	3034
文化站机构数	个	1807	1811	1814
文化站人员数	人	4915	5181	5534
艺术表演团体机构数	个	103	104	104
艺术表演团体人员数	人	5557	5728	5368
剧场(院)机构数	个	93	93	92
剧场(院)人员数	人	1719	1734	1632
图书馆机构数	个	153	153	154
图书馆人员数	人	2760	2730	2750
公共图书馆藏书量	万册(份)	4422	4480	4727
博物馆机构数	个	194	243	312
博物馆人员数	人	4748	5369	6310
十八、环境保护				
化学需氧量排放量	万吨	185	178	176
氮氧化物排放量	万吨	165	159	142
氨氮排放量	万吨	16	16	15
二氧化硫排放量	万吨	164	159	153
废水排放量	万吨	494570	514423	550230
一般工业固体废物产生量	万吨	18172	19199	19797
一般工业固体废物综合利用量	万吨	17134	18380	18308

注：1.自2013年起，医疗卫生机构数含部分计划生育技术服务机构。
　　2.自2023年起，博物馆统计口径调整为国有博物馆。

发展主要统计指标(续表11)

2016	2017	2018	2019	2020	2021	2022	2023
212911	204861	238795	263407	369349	369470	408136	424640
98093	100522	132382	146481	238778	329838	342290	273523
19404	19090	20338	20652	26745	36345	48696	55318
	7.57	8.78	10.08	12.40	14.85	18.65	23.56
	6300	8904	11466	14629	20413	26778	
	541.6	856.9	1152.2	1953.9	2564.9	3256.0	4602.3
77050	79099	81512	83661	84870	85716	86024	88195
3643	4108	4219	4203	4202	4194	4191	4352
54.3	58.5	60.8	63.0	64.7	67.4	69.4	73.9
64.3	68.9	73.9	78.3	81.4	85.3	87.6	93.5
24.5	26.5	29.0	31.5	32.9	34.3	35.0	37.2
26.9	29.4	32.3	34.1	35.6	37.6	38.7	41.8
157	157	157	157	158	158	158	158
3006	2978	2950	2864	2887	2974	2993	3058
1816	1815	1819	1815	1821	1821	1823	1823
5262	5334	5329	5581	5628	6194	6129	6571
103	105	105	104	103	101	101	92
5651	5689	5539	5665	5381	5237	4987	4700
93	100	106	93	87	82	77	65
1602	1821	1902	1732	1712	1618	1459	1495
154	154	154	154	154	153	153	153
2828	2877	2843	2816	2904	2995	3182	3256
5065	5539	6213	6616	6975	7526	8180	8555
393	485	517	541	577	629	665	348
7152	7976	8059	8319	8871	10114	10391	8247
33.8	31.7	29.2	27.6	153.5	156.3	14.2	
142	120	115	109	62	82	77	
2.9	2.6	2.5	2.3	5.3	4.6	4.5	
73	42	34	28	19	17	15	
361471	357803	371738	374309	376378	371082	366156	
26350	28484	29995	32129	24989	25233	25787	
22314	23152	23831	25230	19612	20027	20079	

3.按照国家统一部署,以第二次全国污染源普查成果为基准,依法对2016-2019年污染源统计初步数据进行更新。

二、各市经济社会发展主要统计指标

2-1　各市法人单位数

单位：个

地　区	2010	2015	2017	2018	2019	2020	2021	2022
全　省	**773752**	**1269917**	**2014790**	**1801301**	**2309350**	**2842426**	**3261425**	**3546905**
济南市	85972	119575	162066	200414	285944	363089	421843	459615
青岛市	130498	230230	345793	359226	427061	504379	553871	589565
淄博市	49615	68198	115280	97597	114573	134612	150309	161377
枣庄市	24618	37887	60639	38717	62031	79353	91359	102009
东营市	17078	28465	49073	39374	51023	63279	75052	85250
烟台市	75741	118699	168440	182515	200567	231694	257964	278651
潍坊市	65071	115593	194938	174232	229327	276417	304145	326280
济宁市	47936	101533	153557	130348	177396	214475	248556	268358
泰安市	37759	56600	79894	65349	72766	92032	115482	128856
威海市	30173	51595	86039	64510	78757	92520	106762	115539
日照市	18554	29516	48228	52880	69645	86002	95960	107728
莱芜市	13798	17200	28270	29883				
临沂市	48297	92164	167916	109478	178389	241088	294325	329282
德州市	39447	51189	83694	70831	91383	111800	120371	131061
聊城市	25359	46442	80289	60844	90489	123109	152017	162040
滨州市	23788	44869	76260	58839	85354	110797	128797	141328
菏泽市	40048	60162	114414	66264	94645	117780	144612	159966

注：根据行政区划调整，2019年起，莱芜市并入济南市，以下表同。

2-2　各市年末总人口

单位：万人

地　区	2010	2015	2018	2019	2020	2021	2022	2023
全　省	9587.9	9866.0	10077.0	10106.0	10164.5	10170.0	10162.8	10123.0
济南市	811.7	870.3	904.6	908.3	924.2	933.6	941.5	943.7
青岛市	871.9	944.6	981.4	992.3	1010.6	1025.7	1034.2	1037.2
淄博市	453.3	461.2	469.2	470.3	470.6	470.9	470.6	467.4
枣庄市	373.4	381.6	385.4	385.7	385.9	385.3	383.0	381.0
东营市	203.7	212.3	217.5	218.0	219.4	219.5	220.9	220.6
烟台市	696.8	697.8	706.8	707.9	710.4	708.3	705.9	703.2
潍坊市	909.2	921.4	936.8	939.0	939.4	940.0	941.8	937.0
济宁市	809.2	823.1	834.8	835.8	836.1	833.7	829.1	824.1
泰安市	549.8	548.3	549.1	549.0	547.9	543.5	540.1	534.9
威海市	280.5	282.5	287.6	288.9	291.1	291.5	291.8	291.4
日照市	280.3	288.8	293.6	295.4	297.2	297.2	296.8	294.8
临沂市	1005.6	1050.3	1082.9	1089.1	1102.6	1102.0	1099.3	1094.4
德州市	557.4	560.5	567.9	564.6	561.4	560.0	557.5	553.6
聊城市	579.8	587.9	595.7	595.9	595.3	592.8	590.3	585.9
滨州市	375.2	384.0	390.6	391.8	393.0	393.0	391.9	390.4
菏泽市	830.2	851.4	873.1	874.0	879.9	873.2	868.3	863.6

注：2015、2018—2019年数据为根据第七次全国人口普查结果修订数，2020年数据为根据第七次全国人口普查结果推算数据。

2–3 各市就业人员

单位：万人

地　区	2010	2015	2018	2019	2020	2021	2022	2023
全　省	**5940.0**	**5773.0**	**5621.0**	**5561.0**	**5510.0**	**5475.0**	**5338.0**	**5370.0**
济南市	455.7	466.3	467.0	467.4	468.9	470.8	469.0	476.8
青岛市	504.9	523.7	525.3	523.6	525.6	527.7	528.0	535.5
淄博市	256.9	248.4	235.1	231.5	226.8	227.0	221.8	223.8
枣庄市	226.0	214.6	203.0	201.4	197.2	197.2	192.8	195.0
东营市	123.0	124.2	123.6	124.1	124.0	123.3	120.9	121.0
烟台市	441.1	434.5	431.1	429.2	429.1	429.1	413.7	414.0
潍坊市	567.8	552.0	540.6	536.4	530.6	527.6	515.3	515.6
济宁市	496.9	464.5	442.7	435.4	429.2	425.4	409.7	409.9
泰安市	343.2	322.6	308.5	302.9	299.0	295.0	290.4	293.8
威海市	172.1	172.7	173.5	173.4	173.3	173.3	164.4	164.5
日照市	171.0	170.4	169.5	168.0	166.9	164.8	159.2	159.3
临沂市	654.5	643.0	629.4	623.7	621.3	617.7	590.9	591.3
德州市	379.5	357.9	343.6	336.2	328.5	323.2	312.9	313.0
聊城市	379.4	338.5	309.9	299.8	289.1	283.6	278.7	282.1
滨州市	249.5	233.6	221.2	216.2	212.4	210.5	207.0	210.3
菏泽市	518.5	506.2	497.1	491.6	488.1	479.4	463.2	464.1

注：2010、2015-2019年就业人员相关数据根据第七次全国人口普查修订。

2-4　各市城镇非私营单位就业人员

单位：万人

地　区	2010	2015	2018	2019	2020	2021	2022	2023
全　省	2927.4	3255.9	1129.0	1072.0	1098.3	1108.3	1081.5	1077.0
济南市	182.3	252.4	130.2	146.5	155.0	158.7	154.3	156.5
青岛市	247.9	311.1	144.9	146.6	147.7	147.7	144.4	145.1
淄博市	89.7	164.3	77.0	68.8	69.2	68.3	67.8	65.7
枣庄市	67.1	109.3	36.6	34.9	33.4	34.0	32.2	32.0
东营市	54.6	82.8	37.4	37.6	37.6	36.7	36.7	37.5
烟台市	152.6	207.0	95.4	88.4	82.7	86.5	84.1	84.6
潍坊市	142.2	204.9	87.0	86.6	97.9	96.0	93.5	92.9
济宁市	93.4	152.6	82.1	73.0	78.6	75.8	73.4	73.0
泰安市	76.9	132.1	50.3	49.6	50.1	57.1	56.0	53.7
威海市	63.9	107.3	51.3	47.9	49.1	48.5	47.3	46.6
日照市	40.4	143.3	30.2	30.3	30.3	32.0	30.4	29.8
莱芜市	24.6	44.4	16.6					
临沂市	100.2	164.6	81.4	71.1	72.1	73.0	71.9	71.7
德州市	58.3	100.2	48.5	41.1	40.7	41.9	42.0	42.4
聊城市	51.9	93.7	43.9	41.0	41.2	41.3	39.5	38.7
滨州市	52.3	97.7	43.1	42.9	44.8	42.2	42.3	41.6
菏泽市	63.4	115.7	48.9	45.6	48.1	49.1	46.7	46.8

注：自2013年开始，劳动工资统计范围包含原属于乡镇企业的规模以上法人单位。

2-5 各市城镇登记失业率

单位：%

地　区	2010	2015	2017	2018	2019	2020	2021
全　省	3.4	3.4	3.4	3.4	3.3	3.1	2.9
济南市	3.8	2.0	2.1	2.1	2.0	2.0	2.0
青岛市	2.9	3.0	3.1	2.9	3.0	3.0	2.7
淄博市	2.7	2.8	2.9	2.4	2.2	2.3	2.8
枣庄市	3.1	2.3	2.4	3.0	2.2	2.3	2.1
东营市	1.9	2.2	2.5	2.5	2.6	2.7	1.9
烟台市	3.3	3.2	3.3	2.9	2.2	2.5	2.4
潍坊市	3.2	2.9	2.9	2.9	2.7	2.5	2.3
济宁市	3.6	3.0	3.1	3.0	3.1	2.3	1.8
泰安市	2.8	2.1	2.4	2.2	2.0	2.1	1.9
威海市	1.5	1.5	1.7	1.8	1.8	2.4	2.3
日照市	2.5	2.0	2.2	2.3	1.7	2.0	1.6
莱芜市	1.9	2.5	2.6	2.7			
临沂市	1.7	2.4	2.3	2.3	2.2	2.4	2.2
德州市	3.0	2.8	2.5	2.4	2.4	2.5	2.2
聊城市	3.3	3.0	3.0	3.1	2.7	3.0	2.7
滨州市	3.2	2.2	2.1	2.6	1.8	2.5	2.3
菏泽市	3.5	3.2	3.1	2.7	3.1	2.8	2.5

注：2022年起，城镇登记失业率指标已取消。

2-6 各市年末城镇非私营单位在岗职工人数

单位：万人

地区	2010	2015	2018	2019	2020	2021	2022	2023
全省	919.9	1178.0	1065.4	1000.1	1027.8	1039.1	1022.7	1018.5
济南市	112.4	122.9	119.6	134.0	145.4	147.7	144.3	145.9
青岛市	118.9	144.3	139.7	135.9	136.7	137.2	136.4	136.6
淄博市	60.8	84.4	73.3	63.5	64.1	63.3	62.7	62.2
枣庄市	34.2	46.0	35.8	33.5	31.3	31.3	30.0	30.1
东营市	39.5	42.5	35.1	35.2	35.6	34.8	35.0	35.1
烟台市	85.7	102.4	92.9	83.3	78.8	82.5	81.1	80.9
潍坊市	71.8	77.8	78.2	78.5	89.5	91.6	90.3	89.7
济宁市	59.7	80.7	75.4	67.7	72.9	70.5	69.1	69.5
泰安市	55.3	70.6	46.2	46.6	47.2	55.2	54.6	50.5
威海市	39.6	57.1	50.6	47.1	46.8	46.0	45.4	44.4
日照市	20.0	29.5	27.8	28.6	28.6	29.7	28.6	28.3
莱芜市	13.8	17.4	16.0					
临沂市	52.8	86.6	74.7	65.1	65.7	65.2	65.2	65.9
德州市	37.0	55.6	47.3	39.8	38.5	39.4	39.8	39.8
聊城市	34.2	44.4	39.0	36.0	37.3	38.0	36.4	36.0
滨州市	36.5	51.3	41.9	40.9	43.3	40.8	40.3	39.9
菏泽市	35.4	50.2	47.8	44.4	46.3	46.4	44.6	45.0

注：自2011年开始，在岗职工包含劳务派遣人员。

2-7 各市城镇非私营单位在岗职工平均工资

单位：元

地 区	2010	2015	2018	2019	2020	2021	2022	2023
全 省	33729	58197	75125	84089	90661	98094	105264	109805
济南市	37478	68997	91651	100593	108391	119245	128703	133232
青岛市	37805	69465	90840	103108	110625	121209	127553	131844
淄博市	33896	56782	71432	78815	84758	90860	98734	103097
枣庄市	30439	49673	63410	70788	75428	83271	89447	92737
东营市	42134	67466	89503	100224	107271	113118	125452	134333
烟台市	34194	59906	74653	82280	88339	96568	104380	110583
潍坊市	34187	57148	70054	75283	82085	88119	91873	95804
济宁市	35821	54077	65213	75238	81977	88525	95814	99712
泰安市	30906	51835	61508	67883	75073	77144	83694	89811
威海市	31911	53494	66733	71202	77022	82044	90286	93745
日照市	33737	54734	71548	79686	85886	93831	96571	99478
莱芜市	38318	49713	66027					
临沂市	31698	56312	67679	76310	80594	89268	94725	97721
德州市	24265	48589	62690	71740	76721	80332	89136	92705
聊城市	25784	48070	65436	74491	79960	83868	91954	94561
滨州市	28007	53865	70047	73518	80233	87500	92198	95722
菏泽市	21955	45060	60527	66362	71449	77937	83923	86671

注：自2013年开始，劳动工资统计范围包含原属于乡镇企业的规模以上法人单位。

2-8 各市地区生产总值

单位：亿元

地 区	2015	2018	2019	2020	2021	2022	2023
全 省	55288.79	66648.87	70540.48	72798.17	82875.17	87576.93	92068.70
济南市	6738.01	8678.64	9443.37	10140.91	11413.51	12020.73	12757.42
青岛市	8658.57	10949.38	11741.31	12400.56	14136.46	14968.32	15760.34
淄博市	2940.98	3572.98	3642.42	3649.63	4169.18	4387.49	4561.79
枣庄市	1381.27	1637.63	1693.91	1711.74	1931.32	2036.93	2156.74
东营市	2396.81	2784.81	2916.19	2927.17	3407.22	3682.00	3899.06
烟台市	6086.49	7184.43	7653.45	7718.46	8711.75	9509.05	10162.46
潍坊市	4667.15	5495.63	5688.50	5891.55	7010.60	7299.96	7606.01
济宁市	3658.10	4336.83	4370.17	4433.95	5042.44	5305.94	5516.47
泰安市	2017.82	2403.86	2663.59	2766.46	2996.66	3195.64	3323.86
威海市	2407.80	2899.09	2963.73	2983.91	3359.75	3406.59	3513.54
日照市	1396.26	1790.03	1949.38	1996.24	2211.96	2300.72	2390.86
临沂市	3599.40	4367.76	4600.25	4805.25	5518.11	5775.77	6105.17
德州市	2438.30	2893.81	3022.27	3045.51	3448.80	3631.35	3805.27
聊城市	1879.02	2163.34	2259.82	2337.11	2642.52	2805.03	2926.36
滨州市	2147.00	2332.56	2457.19	2537.85	2872.11	3005.03	3118.85
菏泽市	2472.33	3120.72	3409.98	3450.92	3976.67	4245.35	4464.49

注：表中2015、2018年全省与各市数据为根据第四次全国经济普查结果修订数据，2023年数据为初步核算数(以下相关表同)。

2-9　各市第一产业增加值

单位：亿元

地　区	2015	2018	2019	2020	2021	2022	2023
全　省	4902.82	4950.52	5116.99	5364.35	6029.03	6296.50	6506.19
济南市	326.09	332.73	343.06	361.66	408.77	420.54	429.53
青岛市	356.19	386.91	409.98	425.41	470.06	477.89	492.75
淄博市	139.54	145.87	149.30	157.18	180.58	188.64	194.20
枣庄市	143.73	156.89	158.87	165.69	185.83	194.13	200.82
东营市	133.07	146.54	145.73	156.56	181.88	191.51	195.24
烟台市	437.20	510.04	550.42	572.74	626.14	662.39	696.19
潍坊市	469.21	511.59	517.42	535.64	628.36	646.66	674.31
济宁市	447.13	491.24	503.84	525.61	583.79	610.64	627.89
泰安市	267.62	285.37	288.67	299.66	327.35	350.62	361.84
威海市	232.41	281.21	288.61	301.66	349.17	354.80	368.68
日照市	148.22	166.45	167.77	171.33	194.68	207.89	218.47
临沂市	327.54	369.68	409.48	440.92	484.14	511.00	529.54
德州市	292.21	320.13	311.88	327.01	366.92	369.77	377.95
聊城市	279.30	310.92	317.60	333.26	374.21	400.00	413.85
滨州市	214.66	233.83	230.21	243.15	279.30	296.60	303.22
菏泽市	273.93	301.13	323.56	345.99	390.92	413.18	422.13

2-10　各市第二产业增加值

单位：亿元

地 区	2015	2018	2019	2020	2021	2022	2023
全　省	24814.88	27523.67	28171.78	28456.66	32834.49	34562.34	35987.92
济南市	2516.99	2997.08	3265.22	3542.73	3946.10	4095.20	4312.01
青岛市	3503.40	4033.33	4182.76	4381.44	4945.04	5120.07	5268.39
淄博市	1567.92	1838.11	1817.84	1755.15	2044.07	2152.02	2220.99
枣庄市	650.98	738.56	736.98	683.35	753.60	785.64	822.86
东营市	1493.41	1627.08	1675.11	1615.92	1957.55	2112.53	2222.88
烟台市	2820.78	3076.06	3185.48	3121.44	3600.17	4057.00	4278.29
潍坊市	2056.78	2262.14	2291.04	2345.00	2900.12	3019.82	3088.15
济宁市	1632.56	1833.59	1760.01	1693.23	1979.85	2008.33	2073.59
泰安市	840.99	954.27	1036.20	1084.40	1172.02	1269.39	1349.78
威海市	1096.88	1205.27	1196.34	1144.74	1304.52	1284.57	1331.58
日照市	610.21	771.08	831.88	835.34	894.54	907.07	934.34
临沂市	1536.41	1762.71	1742.48	1784.41	2141.56	2246.25	2374.20
德州市	1094.52	1232.44	1263.70	1225.06	1404.87	1473.83	1527.37
聊城市	752.25	798.10	806.88	819.50	967.86	1039.89	1083.54
滨州市	1043.64	1007.79	1041.01	1042.34	1212.73	1288.09	1300.45
菏泽市	1165.86	1386.86	1453.74	1382.56	1616.74	1702.16	1799.52

2—11　各市工业增加值

单位：亿元

地区	2015	2018	2019	2020	2021	2022	2023
全　省	21156.50	22613.01	22755.13	22986.45	26894.08	28296.99	29191.15
济南市	1924.96	2100.16	2167.87	2382.27	2706.06	2777.20	2886.07
青岛市	2944.80	3161.34	3159.86	3296.87	3752.88	3880.17	3937.03
淄博市	1343.38	1549.94	1545.49	1484.66	1745.10	1816.39	1855.08
枣庄市	544.75	595.64	598.03	547.52	605.79	629.03	653.45
东营市	1440.76	1570.66	1617.78	1543.95	1882.85	2051.44	2127.57
烟台市	2459.95	2622.55	2719.52	2659.84	3092.60	3501.35	3682.35
潍坊市	1760.20	1870.69	1894.36	1949.94	2424.67	2536.04	2587.69
济宁市	1419.67	1565.83	1507.75	1433.28	1696.14	1740.90	1782.16
泰安市	552.47	596.91	642.56	677.74	787.59	841.63	875.59
威海市	954.57	1018.07	1027.59	976.76	1122.02	1108.14	1139.15
日照市	508.23	626.63	664.85	671.91	719.31	726.80	744.01
临沂市	1314.15	1454.01	1429.54	1461.91	1788.88	1868.63	1963.87
德州市	986.11	1086.92	1123.44	1085.08	1253.88	1313.17	1352.43
聊城市	664.71	695.48	691.13	702.74	835.41	897.07	928.79
滨州市	950.78	919.72	938.11	936.46	1093.77	1167.48	1169.88
菏泽市	999.99	1178.72	1230.65	1175.44	1378.91	1442.50	1515.83

2-12　各市第三产业增加值

单位：亿元

地　区	2015	2018	2019	2020	2021	2022	2023
全　省	25571.09	34174.68	37251.71	38977.16	44011.65	46718.09	49574.59
济南市	3894.93	5348.83	5835.09	6236.52	7058.64	7504.99	8015.88
青岛市	4798.98	6529.14	7148.57	7593.71	8721.36	9370.36	9999.20
淄博市	1233.52	1589.00	1675.28	1737.30	1944.53	2046.83	2146.60
枣庄市	586.56	742.18	798.06	862.70	991.89	1057.16	1133.06
东营市	770.33	1011.19	1095.35	1154.69	1267.79	1377.96	1480.94
烟台市	2828.51	3598.33	3917.55	4024.28	4485.44	4789.66	5187.98
潍坊市	2141.16	2721.90	2880.04	3010.91	3482.12	3633.48	3843.55
济宁市	1578.41	2012.00	2106.32	2215.11	2478.80	2686.97	2814.99
泰安市	909.21	1164.22	1338.72	1382.40	1497.29	1575.63	1612.24
威海市	1078.51	1412.61	1478.78	1537.51	1706.06	1767.22	1813.28
日照市	637.83	852.50	949.73	989.57	1122.74	1185.76	1238.05
临沂市	1735.45	2235.37	2448.29	2579.92	2892.41	3018.52	3201.43
德州市	1051.57	1341.24	1446.69	1493.44	1677.01	1787.75	1899.95
聊城市	847.47	1054.32	1135.34	1184.35	1300.45	1365.14	1428.97
滨州市	888.70	1090.94	1185.97	1252.36	1380.08	1420.34	1515.18
菏泽市	1032.54	1432.73	1632.68	1722.37	1969.01	2130.01	2242.84

2-13　各市人均地区生产总值

单位：元

地　区	2015	2018	2019	2020	2021	2022	2023
全　省	**56205**	**66284**	**69901**	**71825**	**81510**	**86143**	**90771**
济南市	77815	96682	104180	110681	122873	128216	135347
青岛市	92157	112129	118978	123828	138849	145332	152174
淄博市	63914	76175	77540	77581	88570	93205	97267
枣庄市	36359	42497	43935	44371	50088	53026	56463
东营市	113271	128480	133924	133859	155279	167212	176628
烟台市	87243	101820	108199	108843	122818	134485	144241
潍坊市	50708	58780	60651	62731	74606	77586	80970
济宁市	44587	51957	52319	53042	60399	63823	66741
泰安市	36835	43730	48513	50444	54917	58983	61841
威海市	85307	100978	102818	102897	115348	116816	120504
日照市	48456	61031	66193	67376	74434	77465	80820
临沂市	34479	40409	42360	43850	50062	52477	55661
德州市	43545	51168	53373	54096	61511	64991	68494
聊城市	31997	36331	37929	39241	44485	47420	49760
滨州市	56035	59817	62812	64673	73078	76574	79738
菏泽市	29124	35768	39036	39351	45366	48753	51557

2-14 各市地区生产总值指数

(上年＝100)

地区	2015	2018	2019	2020	2021	2022	2023
全省	**107.8**	**106.3**	**105.3**	**103.5**	**108.3**	**103.9**	**106.0**
济南市	107.9	107.3	107.0	104.9	107.2	103.1	106.1
青岛市	107.9	107.3	106.5	103.7	108.3	103.9	105.9
淄博市	107.1	106.0	103.5	102.5	109.4	104.7	105.5
枣庄市	107.0	104.2	103.6	103.0	108.3	104.5	106.4
东营市	106.7	104.3	104.2	103.8	108.5	104.3	107.0
烟台市	107.8	106.3	105.5	103.6	108.0	105.1	106.6
潍坊市	108.0	106.3	103.7	103.6	109.7	103.7	105.1
济宁市	108.1	105.7	103.8	103.6	108.5	104.4	106.5
泰安市	107.7	105.6	106.3	103.5	106.1	104.3	106.4
威海市	108.4	106.6	103.6	103.0	107.4	101.5	105.7
日照市	107.5	107.3	107.2	103.8	106.8	103.8	105.6
临沂市	106.9	107.2	103.0	103.9	108.7	104.2	106.3
德州市	107.3	106.6	106.1	103.6	108.3	104.4	106.0
聊城市	108.3	104.6	103.7	102.8	108.4	104.3	106.1
滨州市	106.9	103.0	104.1	103.7	108.3	103.9	105.0
菏泽市	109.3	107.9	106.3	103.9	108.8	104.2	106.8

2-15 各市第一产业增加值指数

(上年=100)

地 区	2015	2018	2019	2020	2021	2022	2023
全 省	**104.2**	**102.7**	**101.1**	**102.7**	**107.5**	**104.1**	**104.5**
济南市	103.9	102.7	101.3	102.2	107.1	103.0	104.1
青岛市	103.6	103.4	101.6	102.6	106.7	102.2	104.1
淄博市	104.2	103.6	101.7	102.8	107.3	105.0	104.5
枣庄市	103.9	102.4	100.0	102.0	107.8	104.4	104.3
东营市	103.5	102.2	100.5	104.2	108.2	105.5	104.2
烟台市	104.3	103.0	102.6	102.4	107.5	105.1	104.7
潍坊市	103.8	101.5	100.9	102.4	107.6	102.5	104.7
济宁市	104.1	102.2	100.9	102.4	107.6	104.8	104.5
泰安市	104.1	102.7	99.8	102.3	107.1	104.5	104.6
威海市	104.3	102.5	101.2	102.9	107.4	103.0	104.6
日照市	104.0	103.2	100.3	102.1	107.4	103.7	105.2
临沂市	104.5	103.1	101.0	103.7	107.1	105.0	104.8
德州市	108.4	102.4	99.8	102.3	107.7	102.1	104.2
聊城市	104.5	103.2	101.0	102.9	107.5	105.6	104.5
滨州市	104.9	103.4	100.6	102.7	108.1	104.7	104.6
菏泽市	103.0	102.7	103.4	103.8	107.7	105.2	104.2

2-16　各市第二产业增加值指数

(上年＝100)

地　区	2015	2018	2019	2020	2021	2022	2023
全　省	**107.1**	**104.1**	**102.6**	**103.2**	**106.3**	**103.9**	**106.5**
济南市	107.1	106.1	107.8	107.0	103.2	102.2	107.8
青岛市	107.0	106.8	104.7	103.0	104.3	101.5	105.6
淄博市	106.8	106.4	100.1	103.1	109.4	103.9	106.3
枣庄市	106.5	102.0	100.2	99.4	103.2	101.9	107.5
东营市	105.9	102.6	104.0	104.6	109.6	105.6	107.3
烟台市	106.6	105.8	104.1	104.6	106.8	108.5	107.6
潍坊市	107.9	106.0	100.0	103.9	112.4	104.0	104.4
济宁市	106.0	105.1	99.8	103.6	106.7	104.4	107.3
泰安市	105.8	102.9	105.7	103.5	102.5	106.4	108.3
威海市	107.9	105.2	100.9	102.1	105.4	98.6	106.4
日照市	107.2	107.0	108.7	105.0	99.8	101.1	106.4
临沂市	106.1	107.7	98.2	104.2	109.2	104.0	107.9
德州市	107.9	106.7	105.7	104.1	106.4	103.5	106.2
聊城市	107.1	102.5	104.0	102.9	109.4	105.1	106.5
滨州市	106.3	99.5	103.3	103.1	108.0	105.2	101.8
菏泽市	110.1	106.7	103.0	100.0	106.4	103.5	107.3

2-17　各市工业增加值指数

(上年=100)

地　区	2015	2018	2019	2020	2021	2022	2023
全　省	**106.9**	**104.5**	**102.0**	**103.4**	**107.5**	**104.2**	**106.3**
济南市	106.4	104.5	104.1	108.2	104.4	101.4	107.9
青岛市	105.9	106.2	102.8	102.8	105.1	101.8	105.0
淄博市	106.8	107.1	101.4	103.6	109.8	103.2	105.9
枣庄市	106.4	102.0	101.3	99.7	103.9	101.9	107.7
东营市	106.1	103.2	104.3	104.4	109.7	106.2	107.2
烟台市	106.3	106.3	104.7	105.3	107.3	109.5	107.5
潍坊市	107.9	106.8	100.3	104.5	114.1	104.7	104.5
济宁市	106.2	106.4	100.9	103.7	107.5	106.2	107.4
泰安市	105.0	104.1	105.1	103.6	107.5	106.6	107.5
威海市	107.7	105.9	102.8	102.4	106.6	99.4	105.8
日照市	107.5	108.1	108.0	106.3	99.2	100.8	106.8
临沂市	106.2	108.6	98.2	104.3	110.8	103.4	107.8
德州市	107.9	107.4	107.0	104.5	107.0	103.8	105.9
聊城市	107.6	103.6	103.4	103.2	109.9	105.8	106.3
滨州市	106.2	100.7	102.6	103.1	108.2	105.2	100.7
菏泽市	110.1	107.8	102.8	100.9	106.5	103.7	107.1

2-18 各市第三产业增加值指数

(上年=100)

地　区	2015	2018	2019	2020	2021	2022	2023
全　省	**109.6**	**108.9**	**108.2**	**103.8**	**109.8**	**103.9**	**105.8**
济南市	108.8	108.5	107.0	103.7	109.4	103.5	105.2
青岛市	109.0	107.8	108.0	104.1	110.7	105.3	106.1
淄博市	108.0	105.8	107.9	101.8	109.5	105.4	104.7
枣庄市	108.5	106.8	107.7	106.3	112.4	106.4	105.9
东营市	109.4	107.6	104.9	102.3	107.0	102.3	106.9
烟台市	110.0	107.4	107.1	102.7	108.9	102.5	106.1
潍坊市	109.1	107.4	107.5	103.5	107.9	103.7	105.7
济宁市	112.1	107.1	108.6	103.8	110.1	104.3	106.2
泰安市	111.0	108.8	108.6	103.6	108.6	102.6	105.3
威海市	109.6	108.7	106.5	103.7	108.8	103.3	105.3
日照市	108.6	108.5	107.2	102.9	112.5	105.8	105.0
临沂市	108.3	107.5	107.4	103.6	108.6	104.1	105.4
德州市	106.1	107.5	108.0	103.3	109.9	105.6	106.1
聊城市	110.8	106.8	104.2	102.6	107.9	103.4	106.2
滨州市	108.4	106.9	105.7	104.4	108.6	102.7	107.8
菏泽市	110.4	110.5	110.4	107.7	110.9	104.6	106.8

2-19　各市人均地区生产总值指数

(上年=100)

地　　区	2015	2018	2019	2020	2021	2022	2023
全　省	**107.1**	**105.8**	**104.9**	**103.0**	**107.9**	**103.9**	**106.2**
济南市	106.5	106.3	106.0	103.7	105.7	102.1	105.5
青岛市	106.3	106.1	105.3	102.1	106.5	102.7	105.3
淄博市	106.8	105.6	103.4	102.4	109.3	104.7	105.8
枣庄市	106.4	104.0	103.6	102.9	108.3	104.9	107.0
东营市	105.9	103.5	103.7	103.3	108.1	104.0	106.7
烟台市	107.8	106.0	105.2	103.3	107.9	105.4	107.0
潍坊市	107.8	106.0	103.4	103.4	109.6	103.6	105.3
济宁市	107.6	105.3	103.8	103.5	108.7	104.8	107.1
泰安市	107.7	105.7	106.4	103.6	106.6	105.0	107.2
威海市	108.1	106.1	103.2	102.3	106.9	101.3	105.7
日照市	106.8	106.9	106.8	103.1	106.4	103.8	106.0
临沂市	105.8	106.5	102.5	102.9	108.0	104.3	106.6
德州市	107.1	106.1	106.0	104.2	108.7	104.7	106.6
聊城市	108.1	104.4	103.6	102.8	108.6	104.8	106.7
滨州市	106.3	102.6	103.8	103.3	108.1	104.1	105.3
菏泽市	108.5	107.2	106.2	103.4	108.8	104.9	107.4

2-20 各市第一产业增加值构成

单位：%

地 区	2015	2018	2019	2020	2021	2022	2023
全 省	**8.9**	**7.4**	**7.3**	**7.4**	**7.3**	**7.2**	**7.1**
济南市	4.8	3.8	3.6	3.6	3.6	3.5	3.4
青岛市	4.1	3.5	3.5	3.4	3.3	3.2	3.1
淄博市	4.8	4.1	4.1	4.3	4.3	4.3	4.3
枣庄市	10.4	9.6	9.4	9.7	9.6	9.5	9.3
东营市	5.6	5.3	5.0	5.3	5.3	5.2	5.0
烟台市	7.2	7.1	7.2	7.4	7.2	7.0	6.9
潍坊市	10.1	9.3	9.1	9.1	8.9	8.9	8.9
济宁市	12.2	11.3	11.5	11.8	11.6	11.5	11.4
泰安市	13.3	11.9	10.8	10.8	10.9	11.0	10.9
威海市	9.7	9.7	9.7	10.1	10.4	10.4	10.5
日照市	10.6	9.3	8.6	8.6	8.8	9.0	9.1
临沂市	9.1	8.4	8.9	9.2	8.8	8.8	8.7
德州市	12.0	11.1	10.3	10.8	10.7	10.2	9.9
聊城市	14.9	14.4	14.1	14.3	14.2	14.3	14.1
滨州市	10.0	10.0	9.4	9.6	9.7	9.9	9.7
菏泽市	11.1	9.7	9.5	10.0	9.8	9.7	9.5

2-21 各市第二产业增加值构成

单位：%

地　区	2015	2018	2019	2020	2021	2022	2023
全　省	**44.9**	**41.3**	**39.9**	**39.1**	**39.6**	**39.5**	**39.1**
济南市	37.4	34.6	34.6	34.9	34.6	34.1	33.8
青岛市	40.5	36.9	35.6	35.3	35.0	34.2	33.4
淄博市	53.3	51.4	49.9	48.1	49.0	49.0	48.7
枣庄市	47.1	45.1	43.5	39.9	39.0	38.6	38.2
东营市	62.3	58.4	57.4	55.2	57.5	57.4	57.0
烟台市	46.3	42.8	41.6	40.5	41.3	42.7	42.1
潍坊市	44.1	41.2	40.3	39.8	41.4	41.4	40.6
济宁市	44.6	42.3	40.3	38.2	39.2	37.9	37.6
泰安市	41.7	39.7	38.9	39.2	39.1	39.7	40.6
威海市	45.5	41.6	40.4	38.4	38.8	37.7	37.9
日照市	43.7	43.1	42.7	41.8	40.4	39.4	39.1
临沂市	42.7	40.4	37.9	37.1	38.8	38.9	38.9
德州市	44.9	42.6	41.8	40.2	40.7	40.6	40.1
聊城市	40.0	36.9	35.7	35.0	36.6	37.1	37.0
滨州市	48.6	43.2	42.4	41.1	42.2	42.9	41.7
菏泽市	47.1	44.4	42.6	40.1	40.7	40.1	40.3

2-22　各市第三产业增加值构成

单位：%

地　区	2015	2018	2019	2020	2021	2022	2023
全　省	**46.2**	**51.3**	**52.8**	**53.5**	**53.1**	**53.3**	**53.8**
济南市	57.8	61.6	61.8	61.5	61.8	62.4	62.8
青岛市	55.4	59.6	60.9	61.3	61.7	62.6	63.4
淄博市	41.9	44.5	46.0	47.6	46.7	46.7	47.1
枣庄市	42.5	45.3	47.1	50.4	51.4	51.9	52.5
东营市	32.1	36.3	37.6	39.5	37.2	37.4	38.0
烟台市	46.5	50.1	51.2	52.1	51.5	50.4	51.1
潍坊市	45.8	49.5	50.6	51.1	49.7	49.8	50.5
济宁市	43.2	46.4	48.2	50.0	49.2	50.6	51.0
泰安市	45.0	48.4	50.3	50.0	50.0	49.3	48.5
威海市	44.8	48.7	49.9	51.5	50.8	51.9	51.6
日照市	45.7	47.6	48.7	49.6	50.8	51.5	51.8
临沂市	48.2	51.2	53.2	53.7	52.4	52.3	52.4
德州市	43.1	46.3	47.9	49.0	48.6	49.2	49.9
聊城市	45.1	48.7	50.2	50.7	49.2	48.7	48.8
滨州市	41.4	46.8	48.2	49.3	48.1	47.3	48.6
菏泽市	41.8	45.9	47.9	49.9	49.5	50.2	50.2

2-23　各市固定资产投资增速

单位：%

地　区	2018	2019	2020	2021	2022	2023
全　省	4.1	-8.4	3.6	6.0	6.1	5.2
济南市	9.6	12.6	4.0	11.5	3.8	2.1
青岛市	7.9	21.6	3.2	4.1	4.5	5.0
淄博市	6.6	-44.6	7.5	22.1	18.1	5.9
枣庄市	-19.8	-15.8	3.2	6.5	10.1	7.2
东营市	-10.0	-32.6	8.9	12.5	12.4	8.0
烟台市	6.0	5.0	2.9	0.2	8.5	5.8
潍坊市	4.4	-23.2	4.5	16.0	12.7	0.8
济宁市	7.1	-3.6	3.2	12.4	-16.1	7.1
泰安市	5.8	-23.3	2.9	-29.4	17.4	7.8
威海市	7.5	-15.0	2.9	6.0	-18.9	4.3
日照市	6.3	-16.5	3.2	3.0	3.1	1.4
莱芜市	7.2					
临沂市	7.8	-23.5	4.0	11.4	12.3	6.5
德州市	7.3	-13.6	-2.9	-19.6	18.5	7.1
聊城市	-4.3	-41.2	6.8	12.9	16.3	7.3
滨州市	-16.8	-23.5	7.8	15.3	14.1	7.4
菏泽市	8.0	8.1	7.5	15.8	18.3	7.9

2-24　各市房地产开发投资

单位：亿元

地　区	2010	2015	2018	2019	2020	2021	2022	2023
全　省	3249.4	5892.2	7553.0	8614.9	9450.5	9819.7	9225.9	8541.2
济南市	484.5	1014.1	1369.3	1576.9	1707.6	1928.0	1830.8	1489.2
青岛市	602.4	1122.3	1485.2	1803.8	2045.1	1981.8	1789.1	1729.2
淄博市	167.0	227.7	269.5	313.3	366.9	414.2	356.6	373.0
枣庄市	78.0	186.6	243.8	257.5	288.2	310.3	334.8	334.7
东营市	100.3	193.9	167.2	185.4	187.3	193.2	200.7	193.6
烟台市	383.1	607.1	586.7	661.9	815.2	803.1	701.6	590.7
潍坊市	367.6	467.9	650.2	762.6	830.8	875.2	778.1	606.7
济宁市	134.6	308.5	401.3	457.1	505.6	584.9	506.6	513.9
泰安市	75.1	145.2	177.7	205.9	264.1	281.2	263.5	264.7
威海市	269.8	313.2	345.3	383.2	393.5	382.5	256.1	205.7
日照市	63.3	108.9	186.6	192.1	216.3	210.5	229.4	200.5
莱芜市	18.3	31.9	68.2					
临沂市	158.2	392.9	535.6	595.5	634.7	703.6	704.4	674.2
德州市	90.2	214.6	299.3	353.6	410.8	329.6	352.1	395.9
聊城市	56.5	190.4	314.3	360.0	303.7	322.0	355.9	386.0
滨州市	96.6	108.5	165.9	192.7	166.5	156.8	190.4	209.5
菏泽市	103.8	258.5	286.9	313.3	314.2	342.9	375.7	373.6

2–25　各市商品房销售面积

单位：万平方米

地　区	2010	2015	2018	2019	2020	2021	2022	2023
全　省	9293.9	9727.0	13454.7	12727.3	13271.7	14272.8	11685.6	11285.0
济南市	531.5	1191.2	1234.6	1246.5	1335.7	1548.2	1241.9	1170.2
青岛市	1360.7	1418.6	1808.0	1651.8	1653.6	1644.5	1563.7	1454.8
淄博市	654.8	412.3	558.3	525.3	495.8	528.5	380.4	377.1
枣庄市	225.8	343.0	424.5	439.7	515.8	553.9	384.6	376.1
东营市	373.6	281.4	303.5	264.5	272.6	304.1	265.0	264.6
烟台市	1163.4	771.4	1174.7	1174.9	1038.1	1056.2	930.0	956.7
潍坊市	1388.7	844.5	1400.2	1183.5	1312.4	1595.7	1125.8	1009.7
济宁市	351.7	716.2	956.7	991.3	1111.4	1230.8	1095.0	1114.1
泰安市	282.5	237.9	371.2	411.0	461.3	450.0	437.2	452.5
威海市	742.3	866.5	1043.7	628.6	554.5	518.5	381.8	397.5
日照市	112.3	147.7	267.8	302.0	326.7	299.8	205.0	193.2
莱芜市	44.4	39.4	112.8					
临沂市	456.8	874.1	1357.6	1327.1	1522.2	1622.8	1224.9	1134.1
德州市	457.8	447.3	815.6	752.5	693.2	736.5	682.9	683.7
聊城市	242.4	393.2	541.8	535.6	649.4	731.3	601.8	624.1
滨州市	278.1	349.1	298.5	382.8	442.9	476.9	383.8	392.6
菏泽市	627.1	393.0	785.3	910.2	886.1	975.1	781.7	683.9

2-26　各市住宅销售面积

单位：万平方米

地　区	2010	2015	2018	2019	2020	2021	2022	2023
全　省	8448.3	8526.9	11755.4	11429.0	11904.7	12632.0	9821.7	9442.0
济南市	477.3	923.5	963.6	1020.7	1145.2	1300.2	907.1	825.5
青岛市	1209.9	1239.0	1578.3	1475.6	1430.4	1419.6	1264.1	1209.6
淄博市	604.8	373.5	461.3	475.8	456.0	477.3	321.8	314.1
枣庄市	211.3	317.2	379.9	384.8	474.3	511.3	349.0	343.8
东营市	362.6	260.0	281.5	248.0	248.3	272.3	227.8	237.4
烟台市	1039.0	671.4	1078.4	1105.5	963.4	988.0	857.5	855.1
潍坊市	1218.7	756.7	1260.8	1083.9	1179.3	1386.7	985.7	887.0
济宁市	328.2	633.3	805.2	910.1	1044.0	1148.2	977.8	921.8
泰安市	262.3	224.5	325.6	389.5	434.1	424.5	416.3	408.4
威海市	696.7	754.2	928.2	570.3	511.5	465.0	324.1	343.2
日照市	101.8	136.6	252.8	289.7	297.9	283.5	148.1	154.7
莱芜市	29.7	34.6	105.1					
临沂市	429.4	771.4	1173.4	1155.3	1302.8	1348.7	909.0	857.6
德州市	431.7	400.2	728.6	697.0	650.5	686.2	624.0	620.9
聊城市	221.6	344.4	444.9	438.6	533.1	575.2	448.5	484.1
滨州市	242.2	316.8	283.2	343.2	412.9	434.6	339.3	352.5
菏泽市	581.1	369.5	704.5	840.9	821.1	910.7	721.7	626.2

2-27　各市一般公共预算收入

单位：亿元

地　区	2010	2015	2018	2019	2020	2021	2022	2023
全　省	**2749.4**	**5529.3**	**6485.4**	**6526.7**	**6559.9**	**7284.5**	**7104.1**	**7464.8**
济南市	266.1	614.3	752.8	874.2	906.1	1007.6	1001.1	1060.8
青岛市	452.6	1006.3	1231.9	1241.7	1253.9	1368.3	1273.3	1337.9
淄博市	162.4	317.9	385.2	368.7	321.5	369.0	375.9	395.3
枣庄市	76.7	149.3	146.7	147.3	140.8	158.9	168.9	181.0
东营市	104.9	220.1	244.6	245.1	249.3	261.8	265.5	284.6
烟台市	237.8	542.7	636.6	595.4	610.1	646.6	635.4	673.9
潍坊市	202.4	484.5	569.8	571.1	573.9	656.9	608.0	608.3
济宁市	169.3	368.6	400.0	405.0	411.8	440.5	447.7	475.0
泰安市	116.9	205.3	219.5	224.7	229.2	230.5	222.7	239.2
威海市	118.3	249.7	284.4	249.9	252.4	266.9	225.2	237.4
日照市	55.6	121.7	159.8	170.4	176.3	187.5	185.5	195.3
莱芜市	35.3	50.2	62.6					
临沂市	115.5	283.9	311.8	330.0	349.8	409.5	420.2	445.8
德州市	72.9	182.8	202.5	206.3	208.5	234.1	235.0	250.6
聊城市	70.5	175.9	194.3	196.6	202.0	230.3	230.6	244.6
滨州市	104.0	204.1	240.5	243.0	252.8	287.3	275.7	292.1
菏泽市	84.7	177.7	206.0	221.9	237.9	283.9	300.6	316.5

2-28　各市一般公共预算收入指数

(上年=100)

地　区	2010	2015	2018	2019	2020	2021	2022	2023
全　省	125.0	110.0	106.3	100.6	100.5	111.0	97.5	105.1
济南市	126.6	113.1	111.2	107.2	103.6	111.2	99.4	106.0
青岛市	120.1	112.4	106.5	100.8	101.0	109.1	93.1	105.1
淄博市	126.1	108.7	106.5	95.7	87.2	114.8	101.9	105.2
枣庄市	126.2	108.3	101.0	100.4	95.6	112.9	106.3	107.2
东营市	129.7	106.7	105.0	100.2	101.7	105.0	101.4	107.2
烟台市	125.7	110.7	106.0	93.5	102.5	106.0	98.3	106.1
潍坊市	128.2	112.6	105.7	100.2	100.5	114.5	92.6	100.1
济宁市	125.7	110.3	103.7	101.2	101.7	107.0	101.6	106.1
泰安市	127.9	109.6	106.0	102.4	102.0	100.6	96.6	107.4
威海市	115.4	113.1	104.2	87.8	101.0	105.7	84.4	105.4
日照市	127.9	109.5	113.0	106.6	103.5	106.3	99.0	105.3
莱芜市	108.0	101.1	111.7					
临沂市	126.2	113.1	109.3	105.8	106.0	117.0	102.6	106.1
德州市	131.9	106.7	108.0	101.9	101.1	112.2	100.4	106.6
聊城市	127.3	112.6	104.2	101.2	102.7	114.0	100.1	106.1
滨州市	129.7	109.1	106.3	101.0	104.0	113.7	95.9	106.0
菏泽市	139.8	109.7	110.4	107.7	107.2	119.3	105.9	105.3

2-29　各市增值税

单位：亿元

地区	2010	2015	2018	2019	2020	2021	2022	2023
全省	**378.2**	**595.0**	**1902.1**	**1958.7**	**1814.5**	**2030.3**	**1436.4**	**2027.1**
济南市	27.7	62.6	210.9	268.1	255.5	268.0	198.7	274.9
青岛市	54.7	107.0	328.3	361.2	331.3	363.0	257.2	384.4
淄博市	22.9	34.4	127.8	123.6	100.4	119.1	94.4	120.4
枣庄市	9.9	10.7	40.4	46.2	40.6	45.7	34.2	42.0
东营市	13.5	25.4	68.1	69.4	64.7	65.2	55.6	77.3
烟台市	31.8	58.1	159.4	157.2	153.0	160.7	102.3	166.5
潍坊市	34.5	50.8	188.9	179.9	168.1	192.1	115.1	162.8
济宁市	32.4	41.0	113.3	116.2	104.1	112.7	84.8	116.5
泰安市	13.7	17.3	62.4	74.2	75.5	74.3	59.2	80.9
威海市	13.1	21.6	72.0	66.7	64.8	66.8	41.1	67.0
日照市	9.6	15.6	56.2	53.8	53.8	55.2	37.3	53.0
莱芜市	6.6	7.0	23.3					
临沂市	16.5	35.6	114.2	118.5	120.5	130.5	102.1	130.0
德州市	8.9	17.5	60.6	63.0	63.0	70.9	54.0	72.4
聊城市	12.3	21.2	62.7	63.4	60.3	68.2	40.7	66.6
滨州市	20.4	25.6	79.0	74.8	73.9	95.7	54.4	78.2
菏泽市	9.7	17.7	76.8	73.5	73.3	81.6	54.7	79.5

2-30　各市营业税

单位：亿元

地　区	2010	2011	2012	2013	2014	2015	2016
全　省	631.5	765.7	896.6	1068.3	1135.9	1252.4	650.4
济南市	78.7	93.7	104.7	148.1	149.6	169.0	88.4
青岛市	120.0	146.6	172.2	198.2	205.7	205.1	102.6
淄博市	24.7	29.9	35.3	50.3	51.2	58.8	30.5
枣庄市	11.6	14.2	14.5	23.0	30.6	34.6	13.0
东营市	22.0	25.8	32.0	46.9	54.1	51.8	28.2
烟台市	45.4	57.1	66.3	94.6	102.2	110.2	57.8
潍坊市	45.4	56.4	65.4	100.4	101.1	103.9	54.3
济宁市	26.2	30.0	37.7	59.5	66.1	78.3	44.8
泰安市	16.8	20.5	23.2	34.2	39.6	40.9	22.0
威海市	25.9	31.4	35.0	55.6	63.7	70.5	37.9
日照市	13.7	16.4	18.6	26.0	28.9	35.5	13.5
莱芜市	7.0	7.3	8.4	10.3	11.1	12.2	7.4
临沂市	23.5	31.5	41.9	65.1	75.4	93.4	53.9
德州市	15.0	19.2	24.5	38.9	42.9	55.4	24.7
聊城市	14.0	17.5	20.6	31.3	33.3	37.1	18.8
滨州市	17.6	20.8	24.3	32.5	34.8	41.7	21.3
菏泽市	19.9	21.7	25.2	43.5	41.1	51.1	29.6

2-31 各市企业所得税

单位：亿元

地 区	2010	2015	2018	2019	2020	2021	2022	2023
全 省	**293.3**	**498.7**	**677.4**	**696.2**	**686.6**	**867.4**	**839.6**	**724.9**
济南市	30.6	69.5	108.0	123.2	124.3	132.1	115.4	115.2
青岛市	53.5	115.1	152.4	148.5	154.0	192.3	183.1	186.9
淄博市	13.5	19.0	26.9	24.6	24.7	39.2	36.2	26.9
枣庄市	6.3	6.1	8.6	12.0	10.2	13.3	16.5	11.4
东营市	6.8	14.1	18.7	18.0	18.6	22.5	19.4	15.4
烟台市	24.9	54.4	67.3	65.7	55.7	76.4	69.3	65.5
潍坊市	16.4	31.0	49.6	50.8	51.7	61.3	58.9	45.4
济宁市	22.6	26.9	38.4	39.2	37.9	47.5	56.7	47.2
泰安市	6.4	10.6	13.4	16.5	19.0	21.5	20.5	18.4
威海市	9.3	17.0	22.2	20.0	22.4	22.9	23.9	23.2
日照市	7.0	12.4	18.1	24.1	27.6	34.8	30.1	17.8
莱芜市	1.6	3.7	4.1					
临沂市	7.2	19.8	27.3	30.2	33.0	40.4	39.4	27.2
德州市	4.9	12.0	18.2	19.0	17.1	24.0	23.7	18.5
聊城市	5.1	16.3	20.6	20.0	14.7	25.8	27.5	20.8
滨州市	7.9	19.7	24.8	20.4	21.1	36.3	47.1	18.6
菏泽市	6.5	14.1	17.3	23.1	18.4	23.0	30.7	26.7

2-32　各市个人所得税

单位：亿元

地区	2010	2015	2018	2019	2020	2021	2022	2023
全　省	**81.0**	**143.1**	**215.3**	**147.5**	**182.1**	**243.4**	**265.5**	**260.2**
济南市	8.8	25.8	41.8	31.2	34.4	42.8	50.0	48.4
青岛市	18.7	47.2	48.8	35.1	45.4	67.7	72.6	80.5
淄博市	3.2	7.5	10.6	7.4	13.7	13.8	15.0	10.9
枣庄市	1.3	1.9	5.0	2.9	4.0	3.5	3.8	4.2
东营市	2.1	4.8	7.9	4.2	5.0	6.0	6.6	7.0
烟台市	4.3	13.6	19.9	13.2	19.1	39.6	40.8	34.0
潍坊市	3.4	7.6	15.2	10.2	13.1	15.1	15.0	14.2
济宁市	4.4	5.8	10.4	7.6	7.6	9.1	9.3	9.4
泰安市	1.9	3.8	7.9	4.5	5.7	5.4	7.1	6.4
威海市	1.8	4.9	7.3	6.0	6.3	7.7	8.4	13.0
日照市	1.0	2.6	5.9	3.7	3.6	4.5	3.6	3.1
莱芜市	0.8	1.1	1.9					
临沂市	2.0	5.0	9.8	7.3	7.9	9.0	10.9	9.5
德州市	1.1	2.9	7.0	4.1	4.8	5.4	7.7	5.2
聊城市	1.2	3.4	5.9	3.7	4.0	4.8	5.4	4.6
滨州市	1.0	2.8	5.0	2.9	3.2	3.8	4.0	5.1
菏泽市	0.8	2.5	5.3	3.6	4.2	5.2	5.4	4.8

2-33　各市一般公共预算支出

单位：亿元

地　区	2010	2015	2018	2019	2020	2021	2022	2023
全　省	4145.0	8250.0	10101.0	10739.8	11233.5	11713.2	12128.6	12581.7
济南市	336.8	658.2	1018.3	1197.1	1288.4	1292.7	1225.6	1365.3
青岛市	532.4	1222.9	1559.8	1576.0	1584.6	1706.8	1696.2	1718.8
淄博市	201.9	382.9	474.6	499.7	522.8	522.7	526.4	550.3
枣庄市	129.0	236.4	259.7	267.2	271.0	273.9	325.5	352.1
东营市	141.9	257.6	306.3	306.2	311.3	301.1	369.5	381.7
烟台市	323.9	643.5	756.0	774.5	845.4	802.9	923.5	952.7
潍坊市	291.0	612.2	733.5	777.9	796.1	879.8	842.5	889.4
济宁市	252.2	515.1	619.6	667.3	695.7	727.2	747.0	782.8
泰安市	175.6	326.9	381.0	414.5	434.8	428.2	441.7	463.4
威海市	167.9	338.4	363.8	343.2	350.4	343.5	417.3	430.4
日照市	94.8	185.4	259.6	267.4	286.6	270.6	289.1	320.1
莱芜市	51.9	83.8	100.4					
临沂市	236.5	533.6	639.1	710.8	792.5	806.6	874.8	920.2
德州市	154.9	337.8	414.1	437.4	481.2	493.4	573.3	622.9
聊城市	144.6	346.8	409.2	427.1	466.0	488.0	512.4	535.7
滨州市	161.8	309.3	345.3	378.5	447.5	478.2	481.3	527.1
菏泽市	187.0	400.4	551.8	619.0	630.4	633.1	692.1	735.0

2-34　各市金融机构人民币存款余额

单位：亿元

地　区	2010	2015	2018	2019	2020	2021	2022	2023
全　省	41105.0	74524.2	94298.2	102676.4	116155.4	127871.8	143590.5	157789.8
济南市	7510.4	13553.0	16571.9	18303.2	20715.0	23029.2	25589.5	27653.8
青岛市	7659.2	12533.0	15532.2	17283.0	19821.8	21582.3	24166.3	26297.7
淄博市	2470.6	3771.3	4566.7	4970.9	5559.1	6100.2	6792.4	7472.4
枣庄市	892.2	1431.0	2028.2	2188.2	2399.3	2581.4	2916.1	3302.8
东营市	1567.1	3568.5	3641.3	3813.3	4052.8	4533.7	5245.9	5933.5
烟台市	4021.2	6672.2	7695.3	8520.2	9479.1	10390.4	11831.6	13048.4
潍坊市	3281.3	6070.7	7843.8	8659.8	9974.7	11068.8	12212.3	13429.2
济宁市	2256.3	4028.3	5444.7	5856.0	6520.7	7176.7	8003.1	8700.0
泰安市	1399.5	2704.9	3647.7	4093.8	4558.6	4903.3	5571.3	6251.6
威海市	1603.3	2661.0	3574.3	4153.2	4613.8	5093.9	5724.6	6436.3
日照市	993.1	1832.8	2511.3	2708.8	3107.3	3284.6	3675.8	4066.8
莱芜市	585.8	829.3	1028.2					
临沂市	2115.1	4734.2	6347.6	7058.4	8144.3	8918.8	9737.2	10795.3
德州市	1286.9	2470.3	3436.3	3782.4	4270.5	4747.6	5380.7	6026.4
聊城市	1232.4	2571.9	3489.1	3862.9	4340.7	4868.9	5523.0	6164.7
滨州市	1061.0	2344.9	2852.5	2937.0	3398.5	3705.2	4326.7	4725.4
菏泽市	1089.8	2540.9	3893.3	4324.4	5009.2	5597.3	6399.1	7089.5

2–35　各市金融机构住户人民币存款余额

单位：亿元

地　区	2010	2015	2018	2019	2020	2021	2022	2023
全　省	19648.2	37320.0	48435.0	55232.1	64258.4	72255.3	84665.3	96869.1
济南市	2187.7	3951.4	5008.1	6438.1	7584.1	8558.4	10226.3	11806.4
青岛市	2912.3	5023.6	5913.7	6755.2	8030.9	9028.2	10948.2	12758.6
淄博市	1311.2	2259.8	2776.8	3096.5	3531.2	3988.8	4684.8	5318.4
枣庄市	511.4	979.8	1299.4	1461.1	1660.7	1828.7	2123.2	2442.0
东营市	703.1	1320.0	1612.5	1830.8	2143.6	2440.0	2887.7	3327.8
烟台市	2110.3	3673.3	4446.6	5053.4	5790.6	6428.4	7494.9	8543.8
潍坊市	1843.8	3591.3	4674.1	5301.8	6162.2	6894.7	7968.6	9059.8
济宁市	1275.1	2451.6	3355.1	3794.8	4332.4	4827.6	5587.0	6380.6
泰安市	824.3	1732.1	2350.7	2665.1	3060.9	3468.2	4025.8	4587.3
威海市	949.2	1513.6	2035.5	2486.9	2883.1	3250.8	3790.1	4347.5
日照市	455.8	964.2	1390.1	1555.5	1814.6	2004.2	2317.6	2636.8
莱芜市	299.4	489.4	630.2					
临沂市	1390.2	2947.9	3945.6	4469.8	5204.8	5886.1	6783.9	7716.4
德州市	807.2	1727.5	2269.5	2600.6	3054.0	3453.8	4039.4	4603.2
聊城市	752.5	1651.2	2340.1	2681.1	3097.4	3480.7	4011.6	4537.3
滨州市	508.3	1121.4	1517.7	1703.6	1992.5	2268.9	2647.9	3016.2
菏泽市	804.7	1909.9	2867.2	3333.6	3913.1	4447.2	5127.9	5787.0

注：自2015年起，表中数据统计口径调整，指标名称由"金融机构人民币储蓄存款余额"改为"金融机构住户人民币存款余额"。

2-36　各市金融机构人民币贷款余额

单位：亿元

地　区	2010	2015	2018	2019	2020	2021	2022	2023
全　省	30722.6	55437.0	74879.4	83703.0	95411.6	108436.8	121533.3	136576.9
济南市	6319.1	9674.2	14700.1	17624.2	19704.9	22349.9	25078.0	27689.2
青岛市	5886.2	10771.9	15194.2	17331.8	20211.0	23253.5	26044.7	29479.3
淄博市	1686.1	2629.0	3190.0	3577.0	3861.6	4263.3	4709.5	5263.2
枣庄市	727.7	1077.8	1342.9	1556.2	1729.9	2010.1	2313.2	2690.5
东营市	1148.1	2941.5	3472.6	3190.8	3288.4	3379.8	3691.4	4169.9
烟台市	2511.9	4222.9	5209.8	5482.3	6344.0	7051.6	7709.0	8956.9
潍坊市	2514.8	4499.8	5721.6	6455.6	7487.3	8768.6	9912.9	10874.4
济宁市	1366.4	2641.1	3488.5	4075.2	4780.8	5595.3	6407.4	7317.7
泰安市	917.6	1800.6	2354.3	2696.4	3136.3	3578.3	3968.5	4519.7
威海市	1121.7	1771.0	2494.7	2867.5	3374.3	4004.1	4609.7	5307.7
日照市	832.7	1950.5	2343.3	2540.6	2957.6	3348.6	3773.1	4126.0
莱芜市	464.7	619.6	815.3					
临沂市	1538.2	3362.6	5088.3	5916.3	6996.4	8156.4	9000.1	10023.5
德州市	909.8	1546.0	1953.1	2214.0	2533.9	2900.5	3297.8	3772.8
聊城市	919.7	1845.7	2445.3	2637.8	2867.7	3091.1	3434.2	3767.7
滨州市	1020.4	2058.5	2583.8	2658.6	2874.8	3017.9	3439.0	3878.4
菏泽市	797.7	1624.4	2255.5	2586.5	2994.3	3424.5	3942.2	4552.3

2-37　各市全体居民人均可支配收入

单位：元

地区	2015	2018	2019	2020	2021	2022	2023
全　省	**22703**	**29205**	**31597**	**32886**	**35705**	**37560**	**39890**
济南市	31270	39944	41472	43056	46725	48827	51757
青岛市	32885	42019	45452	47156	51223	53735	56961
淄博市	27203	34730	37543	38932	42265	44885	47312
枣庄市	19075	24334	26291	27379	29772	31477	33505
东营市	29758	37586	40602	42204	45808	48101	51132
烟台市	27437	34901	37783	39306	42629	45143	48155
潍坊市	23405	30049	32518	33919	37103	39365	41451
济宁市	20120	25902	28055	29261	31845	33628	35861
泰安市	21377	27389	29690	30937	33505	35260	37517
威海市	28491	36626	39593	41137	44612	46638	49221
日照市	19547	25377	27577	28695	31059	32490	34244
莱芜市	22924	29254					
临沂市	19912	25545	27619	28887	31528	33231	35336
德州市	16020	20761	22608	23626	25826	27321	29015
聊城市	15249	19855	21602	22488	24512	25863	27469
滨州市	20846	26371	28517	29718	32374	34099	35877
菏泽市	14276	18858	20673	21741	23854	25190	27034

2-38　各市全体居民人均可支配收入指数

(上年=100)

地　区	2015	2018	2019	2020	2021	2022	2023
全　省	**108.8**	**108.4**	**108.2**	**104.1**	**108.6**	**105.2**	**106.2**
济南市	108.5	108.3	108.4	103.8	108.5	104.5	106.0
青岛市	108.6	108.4	108.2	103.7	108.6	104.9	106.0
淄博市	108.2	108.4	108.1	103.7	108.6	106.2	105.4
枣庄市	108.4	108.5	108.0	104.1	108.7	105.7	106.4
东营市	108.0	107.9	108.0	103.9	108.5	105.0	106.3
烟台市	108.5	108.1	108.3	104.0	108.5	105.9	106.7
潍坊市	109.3	108.0	108.2	104.3	109.4	106.1	105.3
济宁市	109.1	108.6	108.3	104.3	108.8	105.6	106.6
泰安市	108.9	108.5	108.4	104.2	108.3	105.2	106.4
威海市	109.0	108.4	108.1	103.9	108.4	104.5	105.5
日照市	109.1	109.0	108.7	104.1	108.2	104.6	105.4
莱芜市	107.8	108.3					
临沂市	108.6	108.6	108.1	104.6	109.1	105.4	106.3
德州市	109.5	108.8	108.9	104.5	109.3	105.8	106.2
聊城市	108.9	109.2	108.8	104.1	109.0	105.5	106.2
滨州市	108.4	107.4	108.1	104.2	108.9	105.3	105.2
菏泽市	109.6	109.5	109.6	105.2	109.7	105.6	107.3

2-39　各市全体居民人均消费支出

单位：元

地　区	2015	2018	2019	2020	2021	2022	2023
全　省	14578	18780	20427	20940	22821	22640	24293
济南市	20366	26073	26639	27695	30016	29547	31553
青岛市	21326	27316	29501	30294	32878	32497	34637
淄博市	18101	22591	24537	25212	27389	27204	29162
枣庄市	11446	14647	15824	16312	17910	17795	19134
东营市	18574	23591	25360	26005	28197	27939	29883
烟台市	18114	23383	25113	25707	28021	28001	29983
潍坊市	14484	18978	20575	20993	23033	22916	24455
济宁市	12390	15902	17165	17415	19034	19051	20495
泰安市	12904	16616	18102	18601	20277	20193	21679
威海市	18202	23690	25421	25267	27599	27293	29116
日照市	11977	15136	16361	16471	17950	18004	19164
莱芜市	13910	17609					
临沂市	10117	13221	14483	14886	16352	16325	17507
德州市	11030	14052	15276	15610	17099	17130	18425
聊城市	9643	12611	13823	14204	15630	15566	16705
滨州市	14233	17671	18852	19201	21031	20828	22365
菏泽市	9726	13193	14444	15154	16703	16574	18022

2-40　各市全体居民人均食品烟酒消费支出

单位：元

地　区	2015	2018	2019	2020	2021	2022	2023
全　省	4166	5031	5417	5757	6196	6267	6791
济南市	5193	6381	6588	6779	7360	7331	7775
青岛市	6459	7787	8325	8520	9204	9140	9717
淄博市	4686	5790	6344	6459	6861	6791	7295
枣庄市	3647	4366	4709	4909	5374	5338	5735
东营市	4482	5516	5932	6225	6498	6530	7322
烟台市	5634	7231	7669	7864	8525	8534	9142
潍坊市	3655	4636	4978	5134	5511	5647	6018
济宁市	3830	4624	4880	4811	5138	5123	5513
泰安市	3633	4468	4700	4756	5126	5153	5504
威海市	5785	6277	6442	6525	6987	6908	7367
日照市	3745	4521	4780	4755	5268	5415	5780
莱芜市	3757	4672					
临沂市	2823	3569	3914	4022	4409	4469	4784
德州市	3379	4044	4377	4479	4955	5037	5431
聊城市	2953	3805	4113	4176	4613	4590	4921
滨州市	4131	4876	5138	5206	5669	5687	6107
菏泽市	3128	4074	4448	4581	4829	4781	5245

2-41 各市农村居民人均可支配收入

单位：元

地 区	2010	2015	2018	2019	2020	2021	2022	2023
全 省	7034	12930	16297	17775	18753	20794	22110	23776
济南市	8903	14232	17924	19454	20432	22580	23844	25587
青岛市	10550	16730	20820	22573	23656	26125	27701	29736
淄博市	9195	14531	18273	19916	20891	23010	24572	26338
枣庄市	7103	12038	15345	16747	17690	19553	20858	22410
东营市	8427	13887	17485	19013	20003	22255	23642	25474
烟台市	9916	15540	19425	21218	22305	24574	26286	28349
潍坊市	8872	14890	18719	20369	21651	24007	25639	27460
济宁市	7450	12570	16055	17644	18653	20747	22137	23851
泰安市	7592	13322	16959	18621	19682	21769	23149	24965
威海市	10517	16313	20423	22171	23351	25692	27027	29013
日照市	7504	12319	15785	17312	18274	20154	21302	22835
莱芜市	8311	13714	17468					
临沂市	6761	10828	13638	14979	15918	17783	19000	20509
德州市	7028	11269	14564	16028	16996	19020	20413	21922
聊城市	6377	10512	13492	14816	15718	17512	18674	20071
滨州市	7194	12727	16061	17480	18496	20539	21862	23423
菏泽市	5812	9802	12848	14176	15107	16872	18040	19493

注：1. 全省数据自2013年起按城乡住户调查一体化改革新口径统计，指标名称由"农民人均纯收入"改为"农村居民人均可支配收入"，2010年数据按照城乡住户调查一体化口径进行了调整。
2. 各市数据自2015年起按城乡住户调查一体化改革新口径统计，2015年以前数据未作调整。

2-42 各市农村居民人均可支配收入指数

（上年=100）

地　区	2010	2015	2018	2019	2020	2021	2022	2023
全　省	**114.3**	**108.8**	**107.8**	**109.1**	**105.5**	**110.9**	**106.3**	**107.5**
济南市	114.1	108.5	108.0	109.1	105.0	110.5	105.6	107.3
青岛市	114.1	108.4	107.5	108.4	104.8	110.4	106.0	107.3
淄博市	114.7	108.7	107.8	109.0	104.9	110.1	106.8	107.2
枣庄市	113.6	109.0	108.3	109.1	105.6	110.5	106.7	107.4
东营市	115.0	108.7	107.6	108.7	105.2	111.3	106.2	107.7
烟台市	114.7	108.9	107.6	109.2	105.1	110.2	107.0	107.8
潍坊市	115.3	109.2	107.4	108.8	106.3	110.9	106.8	107.1
济宁市	115.2	109.1	108.2	109.9	105.7	111.2	106.7	107.7
泰安市	115.0	109.5	108.2	109.8	105.7	110.6	106.3	107.8
威海市	114.0	108.8	107.7	108.6	105.3	110.0	105.2	107.3
日照市	114.6	109.3	108.6	109.7	105.6	110.3	105.7	107.2
莱芜市	113.6	108.9	108.2					
临沂市	114.9	108.9	108.1	109.8	106.3	111.7	106.8	107.9
德州市	114.5	109.6	108.8	110.1	106.0	111.9	107.3	107.4
聊城市	115.1	108.9	108.7	109.8	106.1	111.4	106.6	107.5
滨州市	115.2	108.8	107.7	108.8	105.8	111.0	106.4	107.1
菏泽市	115.2	109.8	109.3	110.3	106.6	111.7	106.9	108.1

注：1.全省数据自2013年起按城乡住户调查一体化改革新口径统计，指标名称由“农民人均纯收入”改为“农村居民人均可支配收入”，2010年数据按照城乡住户调查一体化口径进行了调整。
2.各市数据自2015年起按城乡住户调查一体化改革新口径统计，2015年以前数据未作调整。

2-43　各市农村居民人均消费支出

单位：元

地　区	2010	2015	2018	2019	2020	2021	2022	2023
全　省	4472	8748	11270	12309	12660	14299	14687	16075
济南市	5407	8597	11172	12300	12947	14591	14883	16267
青岛市	6662	11127	13885	14899	15138	17021	17508	19070
淄博市	5676	10372	13035	14452	14946	16850	17319	18962
枣庄市	4209	7991	10073	10930	11218	12692	13038	14313
东营市	4985	10501	13258	14344	14819	16593	16994	18745
烟台市	5175	10675	13899	15125	15407	17472	18042	19836
潍坊市	5982	9099	12126	13231	13669	15511	15901	17332
济宁市	4216	7818	10452	11373	11576	13119	13554	14895
泰安市	4273	8588	10942	12020	12393	13979	14404	15801
威海市	5728	9938	12704	13722	13807	15537	15845	17294
日照市	4144	6741	8538	9271	9383	10598	10992	12006
莱芜市	4620	9615	12263					
临沂市	3935	6697	8698	9557	9981	11370	11728	12854
德州市	3045	9117	11681	12783	13109	14878	15338	16807
聊城市	3542	7573	9853	10811	11073	12576	12867	13999
滨州市	4531	8851	11224	11961	12321	13975	14316	15781
菏泽市	3629	7581	10241	11274	11993	13554	13917	15422

注：1.全省数据自2013年起按城乡住户调查一体化改革新口径统计，2010年数据按照城乡住户调查一体化口径进行了调整。
　　2.各市数据自2015年起按城乡住户调查一体化改革新口径统计，2015年以前数据未作调整。

2-44　各市农村居民人均食品烟酒消费支出

单位：元

地　区	2010	2015	2018	2019	2020	2021	2022	2023
全　省	**1574**	**2662**	**3162**	**3423**	**3722**	**4232**	**4337**	**4743**
济南市	1818	2776	3410	3703	3931	4446	4538	4935
青岛市	2365	3442	4204	4393	4476	4965	5103	5539
淄博市	1864	2932	3666	4140	4252	4700	4848	5330
枣庄市	1558	2612	3098	3345	3488	3926	4036	4422
东营市	1734	2534	3100	3349	3512	3884	4171	4972
烟台市	1982	3760	4754	4899	5080	5755	5934	6493
潍坊市	1747	2587	3401	3658	3832	4195	4321	4663
济宁市	1596	2607	3021	3291	3243	3582	3695	4072
泰安市	1572	2751	3356	3554	3604	3982	4116	4496
威海市	2060	3262	3564	3734	3837	4273	4341	4745
日照市	1752	2338	2729	2830	2826	3189	3289	3579
莱芜市	1753	2936	3731					
临沂市	1580	2000	2500	2752	2875	3264	3450	3761
德州市	1333	2878	3469	3758	3855	4455	4599	5041
聊城市	1418	2341	3008	3265	3340	3933	4011	4364
滨州市	1413	2668	3230	3380	3430	3834	3942	4349
菏泽市	1472	2620	3454	3765	3963	4297	4404	4901

注：1. 全省数据自2013年起按城乡住户调查一体化改革新口径统计，2010年数据按照城乡住户调查一体化口径进行了调整。
　　2. 各市数据自2015年起按城乡住户调查一体化改革新口径统计，2015年以前数据未作调整，为农民人均食品消费支出。

2–45　各市城镇居民人均可支配收入

单位：元

地　区	2010	2015	2018	2019	2020	2021	2022	2023
全　省	18971	31545	39549	42329	43726	47066	49050	51571
济南市	25321	39889	50146	51913	53329	57449	59459	62506
青岛市	24998	40370	50817	54484	55905	60239	62584	65751
淄博市	21784	33793	42277	45237	46415	50096	52684	55181
枣庄市	17630	25792	32001	34030	35098	37843	39727	42084
东营市	23796	38735	47912	51128	52684	56625	58794	62175
烟台市	23288	35907	44875	47977	49434	53169	55700	59126
潍坊市	19675	31060	39042	41664	43085	46616	48989	51155
济宁市	19826	27887	34796	37139	38368	41256	42989	45505
泰安市	19953	28132	35196	37695	38901	41741	43435	45955
威海市	22235	36336	45896	49044	50424	54264	56024	58799
日照市	17558	26217	33280	35732	36752	39380	40798	42674
莱芜市	20988	30219	37401					
临沂市	21038	28627	35727	37912	39466	42606	44457	47005
德州市	17410	21039	26562	28536	29594	31927	33495	35303
聊城市	17889	21570	27276	29215	30036	32262	33778	35574
滨州市	19686	28388	35049	37378	38582	41566	43421	45288
菏泽市	14419	20370	26176	28327	29365	31872	33334	35454

注：1.全省数据自2013年起按城乡住户调查一体化改革新口径统计，2010年数据按照城乡住户调查一体化口径进行了调整。
　　2.各市数据自2015年起按城乡住户调查一体化改革新口径统计，2015年以前数据未作调整，为城市居民口径。

2-46 各市城镇居民人均可支配收入指数

(上年=100)

地 区	2010	2015	2018	2019	2020	2021	2022	2023
全 省	**111.6**	**108.0**	**107.5**	**107.0**	**103.3**	**107.6**	**104.2**	**105.1**
济南市	111.4	108.0	107.5	107.3	102.7	107.7	103.5	105.1
青岛市	111.8	108.1	107.7	107.2	102.6	107.8	103.9	105.1
淄博市	113.0	107.6	107.3	107.0	102.6	107.9	105.2	104.7
枣庄市	112.6	107.2	106.9	106.3	103.1	107.8	105.0	105.9
东营市	111.7	107.1	107.0	106.7	103.0	107.5	103.8	105.8
烟台市	110.2	107.8	107.3	106.9	103.0	107.6	104.8	106.2
潍坊市	113.9	108.3	107.6	106.7	103.4	108.2	105.1	104.4
济宁市	111.9	107.8	107.3	106.7	103.3	107.5	104.2	105.9
泰安市	112.9	108.0	107.5	107.1	103.2	107.3	104.1	105.8
威海市	110.5	108.6	107.5	106.9	102.8	107.6	103.2	105.0
日照市	111.2	108.2	108.1	107.4	102.9	107.2	103.6	104.6
莱芜市	110.8	106.8	107.2					
临沂市	112.0	107.5	107.4	106.1	104.1	108.0	104.3	105.7
德州市	110.9	108.4	107.8	107.4	103.7	107.9	104.9	105.4
聊城市	112.1	107.9	108.1	107.1	102.8	107.4	104.7	105.3
滨州市	112.5	107.5	106.5	106.6	103.2	107.7	104.5	104.3
菏泽市	113.2	108.5	108.5	108.2	103.7	108.5	104.6	106.4

注：1.全省数据自2013年起按城乡住户调查一体化改革新口径统计，2010年数据按照城乡住户调查一体化口径进行了调整。

2.各市数据自2015年起按城乡住户调查一体化改革新口径统计，2015年以前数据未作调整，为城市居民口径。

2-47 各市城镇居民人均消费支出

单位：元

地 区	2010	2015	2018	2019	2020	2021	2022	2023
全 省	**12761**	**19854**	**24798**	**26731**	**27291**	**29314**	**28555**	**30251**
济南市	15973	26319	32977	33439	34391	36866	35788	37831
青岛市	17531	26052	32890	35266	35936	38574	37592	39663
淄博市	13724	22120	26973	28939	29470	31675	30999	32988
枣庄市	11409	14744	18549	19791	20371	22030	21490	22862
东营市	14744	23140	28900	30730	31286	33526	32723	34677
烟台市	15792	23410	29495	31259	31843	34178	33577	35605
潍坊市	13819	19325	24417	26103	26466	28498	27835	29396
济宁市	12500	17093	20825	22218	22429	24051	23529	24992
泰安市	13421	16524	20862	22500	22995	24696	24101	25629
威海市	15339	23525	29975	31767	31252	33752	32772	34719
日照市	12289	16809	20573	21993	21950	23559	23211	24453
莱芜市	13645	17311	21304					
临沂市	12325	13398	17090	18495	18888	20367	19951	21168
德州市	11628	13051	16272	17523	17861	19091	18730	19859
聊城市	12767	12405	15828	17204	17695	19012	18537	19670
滨州市	13147	19234	23097	24384	24635	26513	25788	27340
菏泽市	9765	12648	16787	18179	18787	20319	19599	20926

注：1.全省数据自2013年起按城乡住户调查一体化改革新口径统计，2010年数据按照城乡住户调查一体化口径进行了调整。
    2.各市数据自2015年起按城乡住户调查一体化改革新口径统计，2015年以前数据未作调整，为城市居民口径。

2-48　各市城镇居民人均食品烟酒消费支出

单位：元

地　区	2010	2015	2018	2019	2020	2021	2022	2023
全　省	3743	5527	6529	6965	7319	7693	7703	8275
济南市	5051	6415	7758	7956	8072	8654	8520	8942
青岛市	6553	7856	7994	9877	10025	10727	10512	11066
淄博市	3918	5598	6764	7306	7374	7740	7536	8032
枣庄市	3923	4634	5446	5815	6040	6517	6350	6750
东营市	4183	5584	6758	7191	7506	7699	7562	8333
烟台市	5116	6969	8828	9373	9523	10142	9989	10610
潍坊市	3981	4614	5616	5973	6107	6467	6576	6957
济宁市	4562	5089	6072	6266	6156	6458	6286	6669
泰安市	4242	4373	5300	5528	5572	5929	5852	6182
威海市	4415	7410	7829	7911	7929	8372	8137	8609
日照市	3578	5043	5998	6329	6246	6854	6994	7407
莱芜市	4005	4407	5322					
临沂市	3791	3612	4484	4860	4958	5333	5273	5589
德州市	3804	3909	4582	4935	5041	5402	5427	5780
聊城市	3650	3770	4736	5066	5108	5366	5226	5532
滨州市	3781	5489	6261	6549	6608	7093	7017	7435
菏泽市	3538	3818	4829	5252	5293	5439	5211	5629

注：1.全省数据自2013年起按城乡住户调查一体化改革新口径统计，2010年数据按照城乡住户调查一体化口径进行了调整。
　　2.各市数据自2015年起按城乡住户调查一体化改革新口径统计，2015年以前数据未作调整，为城市居民人均食品消费支出。

2-49　各市农林牧渔业总产值

单位：亿元

地　区	2010	2015	2018	2019	2020	2021	2022	2023
全　省	6573.77	9283.92	9397.39	9671.67	10190.58	11468.01	12130.71	12531.90
济南市	361.24	493.04	514.90	637.30	671.66	758.41	784.24	800.56
青岛市	480.22	612.35	737.00	778.12	807.10	897.06	925.61	955.91
淄博市	185.88	253.56	269.14	274.91	291.19	335.06	354.44	364.40
枣庄市	210.13	278.01	298.89	304.15	319.29	359.03	381.37	394.88
东营市	169.21	264.92	283.32	281.78	304.16	354.28	378.29	386.06
烟台市	593.59	810.26	957.30	1025.39	1071.34	1176.90	1251.51	1312.89
潍坊市	646.03	902.95	983.59	995.05	1038.14	1183.53	1236.81	1289.15
济宁市	633.73	857.49	926.27	952.39	999.52	1116.18	1185.07	1219.01
泰安市	337.13	494.30	548.78	553.77	578.58	636.07	694.09	715.78
威海市	307.88	465.68	517.52	528.40	554.67	645.12	662.61	687.30
日照市	179.40	274.29	316.16	320.48	329.40	376.98	408.63	429.42
莱芜市	71.32	94.31	108.86					
临沂市	472.34	632.86	689.28	759.85	823.13	908.00	971.38	1004.33
德州市	435.33	623.77	671.68	646.73	684.05	767.11	793.21	814.33
聊城市	382.31	533.68	586.10	596.69	630.69	711.91	772.17	798.79
滨州市	288.96	424.53	465.39	454.33	482.78	555.39	596.74	610.02
菏泽市	393.71	494.17	523.22	562.31	604.86	686.99	734.52	749.07

注：2010、2015年数据系与第三次全国农业普查衔接数据（以下相关表同）。

2-50　各市农林牧渔业总产值指数

(上年＝100)

地　区	2010	2015	2018	2019	2020	2021	2022	2023
全　省	**103.6**	**104.3**	**103.0**	**100.8**	**103.0**	**108.6**	**104.8**	**105.1**
济南市	104.8	104.2	102.2	100.8	102.6	108.4	104.5	104.9
青岛市	101.4	103.7	104.3	101.1	103.0	108.0	103.0	105.0
淄博市	104.7	104.4	103.9	101.1	102.9	108.8	105.5	105.1
枣庄市	102.9	104.1	103.2	100.4	102.5	109.0	105.2	105.1
东营市	104.5	104.3	102.3	100.5	104.3	109.5	105.9	105.0
烟台市	103.5	104.5	103.7	102.0	102.7	108.9	105.6	105.3
潍坊市	104.3	104.3	102.2	100.9	103.0	108.5	103.7	105.5
济宁市	103.6	104.3	102.9	100.6	102.7	109.1	105.8	105.3
泰安市	104.4	104.2	103.2	99.6	102.8	108.4	105.6	105.3
威海市	101.2	104.5	102.8	100.6	103.2	108.8	104.0	105.2
日照市	104.5	104.3	104.0	100.4	102.6	108.8	105.2	106.0
莱芜市	103.1	103.7	102.9					
临沂市	103.5	104.7	103.5	100.8	103.9	108.3	105.4	105.4
德州市	103.2	104.7	103.7	99.8	102.9	108.7	103.3	105.2
聊城市	104.3	104.6	103.7	100.7	103.1	108.9	106.1	105.2
滨州市	104.9	105.0	103.8	100.4	103.0	109.2	105.7	104.9
菏泽市	103.2	103.2	103.0	103.0	104.1	109.0	105.3	104.7

2-51　各市农业机械总动力

单位：万千瓦

地　　区	2010	2015	2018	2019	2020	2021	2022	2023
全　省	**11629.0**	**13353.0**	**10431.7**	**10679.8**	**10964.7**	**11186.1**	**11530.5**	**11988.7**
济南市	509.7	585.0	454.6	543.5	555.0	570.1	594.9	618.4
青岛市	763.6	854.2	737.8	751.7	754.8	757.3	760.3	763.1
淄博市	334.5	370.8	240.4	243.0	245.6	247.1	249.7	253.6
枣庄市	274.0	360.5	300.3	309.4	323.6	327.9	340.5	354.3
东营市	225.0	263.2	249.7	261.4	271.9	275.3	284.3	299.8
烟台市	859.0	990.4	767.3	779.0	787.8	791.4	808.8	825.5
潍坊市	1230.4	1379.9	1002.2	1021.3	1048.5	1082.6	1103.1	1137.3
济宁市	939.5	1117.7	923.3	952.9	975.9	995.5	1030.5	1067.7
泰安市	452.5	566.1	521.2	531.5	541.2	553.5	569.4	576.5
威海市	531.8	555.5	516.2	504.5	506.3	504.0	510.2	514.1
日照市	295.5	308.9	280.8	283.2	287.5	291.2	293.4	293.4
莱芜市	99.3	113.2	88.5					
临沂市	863.6	992.8	764.2	789.1	816.6	831.7	856.3	898.8
德州市	1302.5	1509.6	1199.3	1228.2	1256.6	1277.9	1314.3	1379.8
聊城市	1041.8	1248.0	984.3	1009.4	1040.4	1076.3	1120.2	1188.7
滨州市	546.2	628.3	461.7	479.2	498.5	510.5	538.3	570.0
菏泽市	1360.2	1509.1	939.8	992.6	1054.6	1093.8	1156.5	1247.7

注：自2016年起，农业机械总动力采用新口径统计，与历史数据不可比。

2-52　各市化肥施用量(折纯量)

单位：万吨

地　区	2010	2015	2018	2019	2020	2021	2022	2023
全　省	475.3	463.5	420.3	395.3	380.9	371.0	362.1	354.8
济南市	23.4	22.5	20.0	21.5	20.5	20.0	19.4	19.0
青岛市	29.9	28.5	27.1	26.7	26.3	24.9	24.6	24.2
淄博市	9.9	9.7	8.7	8.2	7.9	7.9	7.8	7.6
枣庄市	21.7	21.1	19.8	19.2	19.0	18.3	17.4	17.0
东营市	11.4	11.9	10.2	8.6	8.3	8.3	8.2	8.0
烟台市	39.1	38.8	37.1	33.7	32.3	32.0	31.0	30.2
潍坊市	58.3	51.8	47.1	43.7	41.9	40.2	39.4	38.8
济宁市	46.6	42.0	37.8	35.6	34.6	33.4	32.6	31.8
泰安市	20.2	20.7	18.4	18.4	18.4	17.9	17.5	17.1
威海市	10.3	11.0	10.1	9.9	9.5	9.3	9.1	9.0
日照市	13.0	12.1	9.7	8.3	7.9	7.7	7.5	7.4
莱芜市	3.8	3.8	3.9					
临沂市	43.4	37.4	33.5	31.8	31.1	30.0	29.4	29.0
德州市	32.7	38.1	32.7	31.6	29.9	29.0	28.3	27.8
聊城市	42.0	41.2	37.2	33.9	32.2	31.6	31.1	30.6
滨州市	21.2	23.5	19.9	19.6	18.3	18.5	17.4	16.9
菏泽市	48.4	49.4	47.3	44.6	42.8	42.0	41.3	40.6

2-53 各市农村用电量

单位：亿千瓦时

地　区	2010	2015	2018	2019	2020	2021	2022	2023
全　省	**439.0**	**482.3**	**416.2**	**435.9**	**445.6**	**507.8**	**579.9**	**607.9**
济南市	25.6	26.5	23.6	32.9	32.7	45.2	49.2	45.9
青岛市	42.7	40.1	37.8	38.8	36.0	44.2	49.3	44.5
淄博市	53.4	44.3	39.8	41.9	41.9	18.1	19.8	21.0
枣庄市	24.5	31.7	31.1	35.0	36.6	14.5	17.9	17.9
东营市	4.3	4.6	3.8	4.0	4.2	40.4	13.6	15.7
烟台市	76.9	98.0	30.2	29.8	29.0	54.1	43.2	47.3
潍坊市	56.5	61.5	67.4	71.6	76.2	38.6	59.9	68.4
济宁市	13.6	16.0	16.9	17.2	17.9	22.1	45.8	48.5
泰安市	9.1	11.0	12.1	12.5	14.4	29.1	25.8	29.0
威海市	20.1	15.4	15.1	14.9	14.9	35.1	11.7	12.8
日照市	7.8	12.0	10.1	11.7	12.8	21.9	18.4	20.4
莱芜市	10.0	7.9	7.6					
临沂市	32.1	30.6	32.0	33.9	34.1	57.9	69.7	68.6
德州市	7.8	12.7	13.6	14.0	14.3	47.6	32.0	34.9
聊城市	11.9	14.6	16.0	16.7	18.5	12.7	39.4	41.3
滨州市	10.1	9.7	11.9	12.9	13.8	10.9	26.4	32.2
菏泽市	32.6	45.7	47.1	48.0	48.4	15.4	57.8	59.6

2-54　各市农作物总播种面积

单位：千公顷

地　区	2010	2015	2018	2019	2020	2021	2022	2023
全　省	10668.5	11255.5	11076.8	10933.1	10889.1	10948.6	10964.1	11002.7
济南市	573.2	603.5	550.6	619.7	618.9	620.4	623.3	626.5
青岛市	637.5	674.7	683.7	667.3	664.0	667.9	663.9	665.6
淄博市	259.0	259.9	253.0	249.3	250.5	253.5	253.6	254.5
枣庄市	383.4	406.5	398.0	397.2	396.8	401.1	402.5	405.7
东营市	240.9	278.9	303.0	294.6	290.9	285.4	288.7	287.4
烟台市	520.0	489.8	450.4	441.3	434.7	443.9	444.0	447.4
潍坊市	997.5	1054.1	1009.5	979.9	967.0	981.1	976.2	978.9
济宁市	987.8	976.7	989.2	971.4	970.5	966.7	966.7	971.4
泰安市	515.0	538.8	536.1	536.0	532.5	530.2	533.1	537.5
威海市	237.9	217.5	202.7	200.1	190.7	195.2	199.0	200.4
日照市	226.2	226.4	219.3	212.5	209.2	210.3	210.5	212.7
莱芜市	83.2	81.6	79.2					
临沂市	1010.1	1045.0	996.9	987.6	988.6	987.6	988.9	996.5
德州市	1048.8	1159.3	1198.2	1200.3	1198.3	1199.7	1198.7	1195.5
聊城市	933.2	1007.5	984.5	979.5	980.9	990.8	989.9	992.7
滨州市	566.6	654.9	696.2	663.3	661.6	662.3	664.7	662.1
菏泽市	1448.0	1580.4	1547.4	1545.2	1557.9	1552.5	1560.4	1568.0

2-55　各市粮食作物播种面积

单位：千公顷

地　区	2010	2015	2018	2019	2020	2021	2022	2023
全　省	7451.1	8407.0	8404.8	8312.8	8281.5	8355.1	8372.2	8387.9
济南市	425.8	470.5	444.3	479.3	480.4	483.6	484.6	485.8
青岛市	426.5	479.3	481.1	475.0	469.5	480.1	481.6	482.1
淄博市	218.6	224.6	219.5	215.7	215.8	217.3	217.8	218.3
枣庄市	262.1	290.0	280.8	282.7	282.8	284.1	284.7	285.5
东营市	115.0	198.8	255.7	253.2	253.5	254.3	254.6	255.8
烟台市	359.8	342.0	307.8	296.6	291.4	302.7	303.8	304.6
潍坊市	682.5	743.9	697.8	678.4	670.0	685.3	686.1	687.0
济宁市	608.7	709.3	723.9	716.9	717.0	719.7	721.3	722.5
泰安市	355.5	371.1	366.5	371.4	371.7	371.9	372.7	373.6
威海市	149.2	136.3	123.2	121.2	114.5	121.8	124.7	125.2
日照市	141.3	139.4	134.7	130.8	129.3	130.8	133.5	134.1
莱芜市	47.2	44.8	39.7					
临沂市	649.5	678.9	650.3	644.0	644.0	645.0	646.0	647.0
德州市	871.9	1019.8	1072.3	1070.4	1065.4	1068.8	1069.2	1070.3
聊城市	693.3	815.5	807.6	806.5	807.2	812.7	813.2	814.3
滨州市	422.1	534.8	608.3	585.2	586.8	588.0	588.8	591.0
菏泽市	1022.2	1207.9	1191.4	1185.5	1182.4	1189.1	1189.5	1190.8

2-56 各市粮食产量

单位：万吨

地 区	2010	2015	2018	2019	2020	2021	2022	2023
全　省	4502.8	5147.4	5319.5	5357.0	5446.8	5500.7	5543.8	5655.3
济南市	240.2	264.7	251.4	285.5	290.8	293.1	296.2	302.9
青岛市	255.4	287.8	310.1	302.6	304.6	312.8	311.3	318.6
淄博市	134.6	130.7	139.2	139.7	143.0	144.8	146.0	148.4
枣庄市	161.8	171.6	172.0	176.7	180.6	183.1	183.9	187.4
东营市	67.8	112.6	146.5	132.0	134.8	136.5	145.5	151.9
烟台市	211.4	188.9	183.3	172.8	174.7	183.3	184.7	189.4
潍坊市	404.2	429.0	427.7	421.1	425.0	435.9	436.9	446.7
济宁市	393.5	464.8	470.5	475.3	482.8	486.8	489.7	497.8
泰安市	232.1	252.2	246.8	252.3	257.1	257.2	258.8	263.1
威海市	83.5	77.0	70.5	58.0	66.1	72.7	73.6	75.7
日照市	84.8	78.2	85.1	84.1	84.1	87.1	87.8	89.6
莱芜市	22.9	25.1	25.5					
临沂市	379.7	409.0	409.2	412.7	416.5	418.0	418.3	426.5
德州市	630.3	703.4	730.0	750.2	758.8	761.6	768.3	781.8
聊城市	425.7	509.8	520.8	553.0	563.9	568.0	572.6	582.9
滨州市	257.4	334.9	384.6	359.4	370.2	372.2	375.3	383.7
菏泽市	517.5	707.6	746.2	781.6	794.0	787.7	794.9	808.8

2-57　各市棉花产量

单位：万吨

地　区	2010	2015	2018	2019	2020	2021	2022	2023
全　省	59.03	33.91	21.70	19.60	18.30	14.03	14.48	12.58
济南市	1.79	0.74	0.29	0.54	0.42	0.38	0.35	0.36
青岛市	0.24	0.13	0.10	0.04	0.01	0.01	…	…
淄博市	0.58	0.20	0.13	0.14	0.13	0.12	0.11	0.09
枣庄市	0.38	0.27	0.18	0.15	0.14	0.12	0.11	0.10
东营市	7.20	4.77	1.83	1.54	1.78	1.09	1.46	1.30
烟台市	0.01	0.02	0.01	…	…	…	…	…
潍坊市	3.12	1.40	0.74	0.55	0.61	0.43	0.46	0.21
济宁市	8.39	5.10	4.93	4.42	3.69	2.56	2.64	2.55
泰安市	0.56	0.45	0.40	0.49	0.47	0.38	0.37	0.28
威海市								
日照市	0.10	0.09	0.04	0.03	0.02	0.02	0.01	0.01
莱芜市	0.07	0.09	0.15					
临沂市	0.79	0.49	0.44	0.39	0.30	0.25	0.21	0.13
德州市	8.23	3.52	2.08	2.70	2.79	2.34	2.23	1.33
聊城市	5.02	2.04	0.59	0.64	0.54	0.44	0.44	0.33
滨州市	8.06	5.30	3.15	2.28	2.32	1.72	1.87	1.45
菏泽市	14.47	9.30	8.33	8.55	8.76	4.18	4.22	4.43

2-58　各市油料产量

单位：万吨

地　区	2010	2015	2018	2019	2020	2021	2022	2023
全　省	347.7	318.7	310.9	289.0	290.9	285.9	274.0	280.7
济南市	5.9	4.6	4.2	6.6	6.8	6.6	6.6	6.7
青岛市	44.0	36.1	38.5	34.2	36.0	33.9	31.2	32.5
淄博市	1.6	1.6	1.6	1.5	1.5	1.5	1.6	1.6
枣庄市	10.2	9.6	8.9	7.9	8.0	8.0	7.7	7.9
东营市	0.5	0.3	0.2	0.2	0.2	0.2	0.1	0.1
烟台市	45.9	42.4	41.2	39.7	41.5	41.6	40.1	41.3
潍坊市	27.1	20.0	20.8	18.6	19.0	17.9	16.3	16.6
济宁市	22.9	16.3	14.4	13.5	14.3	14.8	14.4	14.6
泰安市	20.3	23.0	20.7	19.0	19.7	19.0	18.5	18.6
威海市	24.7	21.7	21.7	20.2	20.3	19.9	20.2	20.9
日照市	24.1	24.1	24.9	22.8	21.3	21.9	20.1	20.6
莱芜市	1.9	2.0	2.8					
临沂市	81.0	81.6	81.9	75.5	73.1	72.3	70.0	71.0
德州市	1.7	2.4	1.4	1.6	1.4	1.2	1.1	1.3
聊城市	11.6	6.3	4.4	4.0	3.7	3.4	2.7	2.9
滨州市	1.0	1.1	1.2	1.0	0.8	0.8	0.7	0.8
菏泽市	23.4	25.6	22.2	22.7	23.4	22.8	22.7	23.4

2-59　各市园林水果产量

单位：万吨

地　区	2010	2015	2018	2019	2020	2021	2022	2023
全　省	1423.8	1610.7	1673.8	1739.7	1829.8	1913.9	1966.1	2042.1
济南市	47.4	53.0	42.2	62.9	63.2	61.9	62.0	64.0
青岛市	76.6	75.3	71.2	74.5	75.0	80.5	83.1	87.4
淄博市	92.6	90.8	85.4	92.1	95.8	102.4	106.9	110.7
枣庄市	22.1	25.7	25.5	27.0	27.6	29.4	29.5	30.5
东营市	9.2	9.2	7.2	6.7	6.7	7.4	7.4	7.8
烟台市	456.1	568.7	652.4	679.5	712.4	743.5	772.0	808.8
潍坊市	92.3	81.2	88.6	90.3	92.0	100.8	100.7	106.6
济宁市	28.3	27.9	32.4	34.6	36.1	38.9	39.1	40.7
泰安市	51.6	57.7	49.6	49.9	54.4	58.8	62.2	64.6
威海市	86.6	106.6	119.3	117.1	118.7	120.0	122.5	125.9
日照市	20.3	25.9	29.4	35.9	41.4	45.3	45.5	47.3
莱芜市	17.6	21.2	21.1					
临沂市	179.2	224.1	244.6	265.0	303.9	314.4	325.9	334.4
德州市	41.1	38.2	32.6	29.5	28.3	30.4	27.3	28.5
聊城市	39.1	45.5	48.8	50.0	49.6	50.4	49.1	48.4
滨州市	103.3	103.9	76.3	76.0	75.0	78.0	79.5	82.0
菏泽市	60.5	55.6	47.2	48.7	49.6	51.9	53.3	54.7

2-60　各市肉类产量

单位：万吨

地　区	2010	2015	2018	2019	2020	2021	2022	2023
全　省	754.0	845.5	854.7	704.0	728.0	819.3	844.5	910.1
济南市	38.1	34.2	29.8	35.9	23.9	27.4	29.1	29.5
青岛市	56.3	48.9	52.2	52.8	48.4	50.5	54.5	53.6
淄博市	16.8	14.6	16.0	17.1	14.3	14.9	15.9	16.7
枣庄市	24.0	23.6	19.9	17.5	12.6	16.5	17.3	19.0
东营市	24.8	22.9	23.2	26.1	28.5	29.5	28.8	30.7
烟台市	46.5	58.9	68.1	71.4	62.1	72.0	72.7	78.3
潍坊市	123.1	115.5	119.3	118.5	115.3	114.6	118.1	127.7
济宁市	76.7	74.8	58.8	51.9	40.1	46.4	47.6	51.1
泰安市	39.0	45.1	41.0	39.4	32.7	31.4	32.0	34.1
威海市	12.3	19.2	19.2	19.1	18.3	18.4	18.5	20.0
日照市	17.3	27.9	27.5	31.1	28.2	27.1	27.6	31.9
莱芜市	6.5	7.2	7.9					
临沂市	68.8	92.9	102.8	97.0	109.4	109.6	111.8	122.1
德州市	59.3	79.2	80.2	75.9	61.7	67.9	66.8	71.6
聊城市	49.0	61.3	64.4	63.6	56.5	65.4	72.3	82.2
滨州市	41.6	46.4	47.1	52.2	45.1	56.5	58.0	63.6
菏泽市	57.7	72.9	83.5	89.9	66.2	71.2	73.6	77.8

注：2010、2015年全省数据(2015年各市数据)系与第三次全国农业普查衔接数据（以下相关表同）。

2-61　各市猪牛羊肉产量

单位：万吨

地　区	2010	2015	2018	2019	2020	2021	2022	2023
全　省	**498.2**	**557.5**	**534.2**	**364.9**	**364.7**	**450.2**	**462.5**	**473.8**
济南市	29.8	26.0	22.4	23.7	16.5	20.2	21.3	20.9
青岛市	25.5	26.2	23.9	22.0	18.2	23.3	23.2	22.0
淄博市	10.6	9.1	9.2	8.9	7.8	9.1	10.0	9.9
枣庄市	13.6	15.9	13.0	10.2	6.0	10.5	11.3	11.9
东营市	14.4	14.1	10.6	8.9	13.5	16.7	17.1	17.6
烟台市	26.0	37.2	37.6	37.4	28.3	40.0	40.6	42.3
潍坊市	55.5	64.1	58.9	46.3	37.5	44.9	46.0	45.5
济宁市	51.0	53.3	41.9	34.8	26.3	34.8	37.3	38.5
泰安市	28.4	32.2	27.6	21.4	12.9	15.3	15.7	16.5
威海市	10.0	11.7	11.7	11.4	7.8	9.6	9.7	10.4
日照市	11.5	16.1	16.2	13.8	10.3	13.1	13.2	13.9
莱芜市	4.2	4.4	4.5					
临沂市	45.4	66.0	71.5	46.7	44.9	53.9	55.3	55.1
德州市	47.7	65.5	58.5	52.1	39.2	47.2	44.7	46.3
聊城市	24.7	31.5	26.2	21.7	18.7	24.2	25.0	26.8
滨州市	22.5	26.3	23.7	25.3	19.0	35.2	37.5	39.4
菏泽市	49.0	57.8	58.9	57.6	39.3	52.1	54.5	56.9

2-62　各市奶类产量

单位：万吨

地 区	2010	2015	2018	2019	2020	2021	2022	2023
全　省	**231.0**	**240.7**	**232.5**	**234.5**	**241.6**	**288.4**	**304.5**	**318.3**
济南市	31.2	23.3	32.8	32.1	41.4	42.1	43.4	45.4
青岛市	36.2	29.0	29.8	28.9	30.7	33.2	29.6	29.6
淄博市	12.2	7.3	9.0	10.3	14.5	13.4	14.5	14.7
枣庄市	4.2	3.9	2.8	2.7	3.0	3.2	3.5	3.5
东营市	16.5	24.9	36.5	40.1	39.6	37.6	44.8	47.7
烟台市	24.1	16.1	15.6	15.8	19.7	15.3	15.2	15.4
潍坊市	27.8	20.1	16.3	16.9	17.3	19.1	20.6	22.4
济宁市	13.9	9.8	9.9	11.6	16.5	13.9	18.0	18.6
泰安市	46.2	47.4	27.7	22.0	23.9	25.3	25.0	25.0
威海市	22.2	13.0	8.4	7.7	3.8	4.1	3.5	3.5
日照市	1.4	2.1	2.9	4.8	8.8	6.6	8.6	9.1
莱芜市	0.3	0.2	0.3					
临沂市	9.4	8.2	10.0	10.3	13.8	12.8	13.6	13.9
德州市	16.2	14.7	30.2	30.5	29.3	26.6	27.4	31.1
聊城市	8.9	8.5	8.1	6.6	6.4	8.1	8.7	9.3
滨州市	12.6	6.8	5.0	4.5	10.9	8.9	6.6	6.6
菏泽市	6.3	5.5	11.3	11.7	21.9	18.1	21.6	22.4

2-63　各市牛奶产量

单位：万吨

地　区	2010	2015	2018	2019	2020	2021	2022	2023
全　省	**212.5**	**231.2**	**225.1**	**228.0**	**241.4**	**288.3**	**304.4**	**318.1**
济南市	31.2	23.3	32.8	32.1	41.4	42.1	43.4	45.4
青岛市	32.3	25.4	26.8	26.1	30.7	33.2	29.6	29.6
淄博市	12.2	7.2	9.0	10.3	14.5	13.4	14.5	14.7
枣庄市	4.1	3.9	2.8	2.7	3.0	3.2	3.5	3.5
东营市	16.5	24.9	36.5	40.1	39.6	37.6	44.8	47.7
烟台市	21.4	13.2	13.1	13.7	19.6	15.3	15.2	15.3
潍坊市	27.3	19.4	15.7	16.3	17.3	19.1	20.5	22.3
济宁市	13.7	9.8	9.9	11.6	16.5	13.9	18.0	18.6
泰安市	46.2	47.4	27.7	22.0	23.9	25.3	25.0	25.0
威海市	19.9	11.1	7.5	7.0	3.8	4.1	3.5	3.5
日照市	1.4	2.1	2.9	4.8	8.8	6.6	8.6	9.1
莱芜市	0.3	0.2	0.3					
临沂市	9.1	7.9	9.7	10.1	13.8	12.8	13.5	13.8
德州市	16.2	14.7	30.2	30.5	29.3	26.6	27.4	31.1
聊城市	8.9	8.5	8.1	6.6	6.4	8.1	8.7	9.3
滨州市	12.6	6.8	5.0	4.5	10.9	8.9	6.6	6.6
菏泽市	6.3	5.5	11.3	11.7	21.9	18.1	21.6	22.4

2-64　各市水产品产量

单位：万吨

地　区	2010	2015	2018	2019	2020	2021	2022	2023
全　省	783.8	872.2	861.4	823.3	828.6	854.4	881.3	913.9
济南市	4.3	4.5	3.2	1.6	1.3	1.4	1.5	1.5
青岛市	112.4	114.9	115.7	111.2	113.1	101.3	99.3	103.2
淄博市	2.4	2.8	1.9	2.0	2.0	2.0	2.1	2.1
枣庄市	4.5	8.5	7.1	6.5	6.5	6.8	7.0	7.3
东营市	45.3	53.4	50.4	43.9	48.2	51.1	53.2	54.8
烟台市	184.4	187.6	189.4	179.1	174.3	180.1	185.7	193.1
潍坊市	45.8	56.3	48.9	45.9	47.2	49.1	49.9	51.9
济宁市	34.6	29.5	32.9	30.9	26.7	27.6	29.2	30.4
泰安市	7.7	8.6	8.3	8.4	8.3	8.4	8.6	8.9
威海市	217.7	261.8	265.6	264.2	271.1	261.4	271.2	281.7
日照市	48.8	55.8	54.1	46.3	46.6	45.6	46.8	48.7
莱芜市	0.3	0.3	0.4					
临沂市	12.4	14.3	12.7	12.1	12.2	12.3	13.1	13.6
德州市	8.3	8.0	7.4	7.0	5.9	6.0	6.1	6.3
聊城市	6.6	7.9	6.3	5.7	5.9	6.2	6.4	6.7
滨州市	35.6	43.2	47.5	48.3	50.2	53.0	55.2	57.4
菏泽市	10.1	12.3	9.3	9.4	8.4	8.5	8.7	9.1

注：2015年数据系与第三次全国农业普查衔接数据。全省水产品产量含远洋产量。

2-65　各市规模以上工业增加值指数

(上年=100)

地　区	2010	2015	2018	2019	2020	2021	2022	2023
全　省	**115.0**	**107.5**	**105.2**	**101.2**	**105.0**	**109.6**	**105.1**	**107.1**
济南市	114.4	107.5	107.1	104.2	112.2	105.9	101.6	112.4
青岛市	116.1	107.5	106.8	100.6	105.5	108.1	103.8	105.8
淄博市	116.2	106.8	106.9	101.3	103.6	114.1	106.5	108.2
枣庄市	112.2	106.8	104.0	102.1	101.4	110.8	107.0	111.8
东营市	114.2	106.7	103.8	104.4	106.3	113.4	110.5	112.7
烟台市	116.1	107.9	106.8	105.0	107.7	110.8	110.8	111.7
潍坊市	115.4	108.4	105.6	99.3	108.3	112.5	107.4	106.6
济宁市	116.5	108.0	106.1	101.4	105.9	113.1	108.6	110.6
泰安市	116.3	107.6	105.5	105.4	105.4	108.3	109.0	111.3
威海市	110.5	108.6	106.0	102.3	104.6	112.1	99.5	108.1
日照市	116.2	108.4	108.4	108.6	109.9	100.2	105.8	109.9
莱芜市	114.0	106.5	108.3					
临沂市	116.4	106.7	108.7	93.8	107.8	113.1	107.0	112.2
德州市	116.0	108.0	107.3	104.8	105.5	112.6	107.8	108.8
聊城市	118.1	112.8	102.8	101.8	103.4	111.7	108.5	109.0
滨州市	116.6	108.0	97.7	103.2	103.6	109.3	101.7	99.5
菏泽市	119.0	113.1	107.2	102.2	103.4	114.2	108.1	112.3

2-66 各市高新技术产业产值占规模以上工业比重

单位：%

地 区	2010	2015	2018	2019	2020	2021	2022	2023
全 省	**35.20**	**32.51**	**36.92**	**40.14**	**45.11**	**46.76**	**48.26**	**51.35**
济南市	41.54	42.63	56.12	51.23	55.29	54.75	56.41	59.08
青岛市	47.01	41.00	50.23	53.33	61.77	60.45	62.18	65.71
淄博市	38.18	31.83	37.36	36.00	42.53	47.13	48.42	50.76
枣庄市	21.18	19.83	32.95	37.68	39.14	42.63	47.04	48.08
东营市	25.35	35.02	28.15	32.12	34.21	39.67	38.07	47.62
烟台市	44.11	41.11	46.84	48.26	54.77	58.28	62.89	64.13
潍坊市	32.92	31.85	44.85	49.74	52.26	54.50	57.31	58.85
济宁市	35.54	28.87	30.37	30.70	39.78	40.70	41.20	49.40
泰安市	34.19	26.85	36.89	44.31	51.12	57.50	61.18	65.28
威海市	37.02	38.83	45.12	49.51	60.13	67.13	69.05	72.65
日照市	20.89	20.12	19.19	18.94	17.83	15.94	28.50	27.02
莱芜市	22.48	19.85	11.22					
临沂市	31.22	27.21	30.62	39.95	40.02	42.28	43.37	44.73
德州市	27.54	28.05	38.10	38.48	43.44	45.42	47.39	54.21
聊城市	28.59	26.26	31.69	32.24	42.03	48.27	51.96	59.32
滨州市	20.28	26.26	29.71	31.00	40.58	41.99	40.88	41.43
菏泽市	26.23	31.61	32.62	37.23	37.74	34.58	35.81	37.63

注：自2011年起，高新技术产业产值使用新统计口径。

2-67 各市建筑业企业单位数

单位：个

地 区	2010	2015	2018	2019	2020	2021	2022	2023
全 省	6482	6074	7233	7299	8081	9297	10643	12570
济南市	739	441	507	865	1033	1182	1371	1519
青岛市	640	562	711	698	763	799	903	1122
淄博市	477	406	444	411	445	538	558	650
枣庄市	262	228	240	249	256	289	294	381
东营市	211	231	303	300	336	348	375	452
烟台市	932	802	827	802	844	916	1014	1215
潍坊市	581	508	600	582	602	641	656	845
济宁市	372	435	549	617	785	1109	1421	1577
泰安市	346	324	372	336	364	418	534	612
威海市	380	419	459	428	472	519	596	634
日照市	227	233	322	327	366	397	452	540
莱芜市	151	133	145					
临沂市	360	391	470	495	554	623	685	847
德州市	198	195	282	264	261	314	346	450
聊城市	201	260	279	272	275	410	485	580
滨州市	216	230	308	292	314	343	371	456
菏泽市	189	276	415	361	411	451	582	690

2-68　各市建筑业从业人员

单位：万人

地　区	2010	2015	2018	2019	2020	2021	2022	2023
全　省	314.7	253.4	329.4	312.2	274.5	270.6	272.7	358.9
济南市	47.3	32.1	46.8	50.2	44.8	42.3	50.7	63.8
青岛市	34.9	19.5	56.5	57.2	51.8	49.2	53.3	75.5
淄博市	32.7	29.9	29.9	27.1	23.9	25.3	24.1	26.1
枣庄市	13.1	11.9	14.4	11.2	9.4	8.1	7.7	9.1
东营市	9.8	8.6	6.6	6.1	5.6	5.3	4.8	5.9
烟台市	26.6	19.2	22.6	18.6	17.2	15.3	15.0	19.1
潍坊市	28.0	20.2	21.7	18.4	15.8	15.5	12.5	19.5
济宁市	17.8	19.3	21.4	20.6	19.3	17.4	18.2	17.2
泰安市	29.9	24.3	27.6	29.1	21.5	27.1	28.6	43.4
威海市	11.2	7.5	8.9	7.1	5.6	4.8	4.2	5.6
日照市	8.1	7.5	7.0	6.8	6.7	5.8	4.6	8.8
莱芜市	4.4	3.9	4.5					
临沂市	18.6	17.1	26.0	27.0	24.6	26.9	24.1	30.2
德州市	8.4	8.2	9.3	8.1	6.3	7.6	5.7	10.8
聊城市	5.4	6.4	7.3	8.8	6.8	7.5	6.8	8.9
滨州市	6.8	5.5	5.7	4.3	4.2	4.0	3.7	4.9
菏泽市	11.7	12.3	13.4	11.7	10.9	8.6	8.6	10.2

注：2022年以前数据为年末从业人员数，自2023年起调整为从事建筑业活动的年平均人数.

2-69　各市建筑业总产值

单位：亿元

地区	2010	2015	2018	2019	2020	2021	2022	2023
全　省	5496.6	9378.5	12898.3	14269.3	14947.3	16412.0	17559.6	18781.9
济南市	894.3	1663.8	2823.5	3514.0	3748.1	4126.0	4460.8	4777.1
青岛市	813.7	1338.6	2309.3	2809.9	3000.2	3297.3	3580.2	3829.1
淄博市	505.3	837.8	1068.5	1002.1	1023.2	1129.6	1215.5	1296.8
枣庄市	159.2	278.9	344.0	310.7	312.1	335.0	359.6	382.3
东营市	238.3	275.9	223.9	256.9	270.6	290.9	315.4	334.0
烟台市	500.9	649.8	720.7	756.6	771.0	848.4	916.6	993.5
潍坊市	447.4	767.6	989.9	990.5	1013.8	1117.2	1090.9	1150.1
济宁市	289.5	680.6	697.7	674.5	708.5	772.6	834.4	901.9
泰安市	486.0	666.3	831.9	994.6	1056.0	1169.7	1272.9	1434.1
威海市	166.8	266.9	340.3	320.3	326.6	353.1	350.9	370.9
日照市	147.9	256.6	386.9	462.8	465.2	497.6	525.1	542.8
莱芜市	45.1	78.3	97.3					
临沂市	287.6	705.2	1002.5	1031.7	1092.7	1197.4	1267.9	1300.9
德州市	129.5	270.0	343.9	335.7	344.1	371.3	400.7	434.7
聊城市	102.8	207.4	249.9	282.0	292.1	329.1	352.1	374.2
滨州市	148.0	200.0	170.6	204.0	215.0	239.6	257.4	278.0
菏泽市	134.1	234.8	297.5	322.8	308.2	337.5	359.3	381.4

2-70　各市房屋建筑施工面积

单位：万平方米

地　区	2010	2015	2018	2019	2020	2021	2022	2023
全　省	44828.8	69401.6	81483.6	83686.1	86160.1	95011.9	98827.9	97991.5
济南市	4654.4	10189.2	12984.0	14955.4	17089.9	19410.0	19970.9	20690.4
青岛市	6972.1	11210.1	14550.9	17538.2	19453.3	21906.4	25884.3	26466.8
淄博市	4486.3	6790.5	7860.6	8463.8	7178.8	7330.8	7133.8	6957.6
枣庄市	1592.3	2390.9	2628.8	2256.6	1991.6	2148.9	2023.3	2777.6
东营市	775.6	793.0	417.7	556.6	730.5	858.8	817.8	789.5
烟台市	3931.9	3661.5	4110.5	4176.9	3902.3	4118.8	4593.3	5217.9
潍坊市	5286.9	7148.8	8105.5	7693.0	8068.0	8493.4	7447.9	6740.8
济宁市	2575.5	5064.2	5401.5	4780.9	4637.0	5531.7	5345.1	4866.7
泰安市	3165.9	3258.8	2413.0	2127.2	2002.0	2098.2	2042.9	1620.2
威海市	2134.7	2428.9	2674.9	2416.0	2300.1	2652.1	2314.1	2194.1
日照市	711.8	1466.6	2143.0	2238.5	2088.5	1777.9	2120.6	1992.9
莱芜市	425.2	446.5	502.0					
临沂市	3189.8	7271.5	9006.6	8088.1	8407.9	9396.3	9366.1	8390.5
德州市	1287.9	1792.7	2413.7	2552.7	2529.5	3257.4	3301.0	3512.6
聊城市	1421.7	2464.9	2673.2	2606.7	2772.9	2894.6	3445.8	3076.5
滨州市	901.1	1183.7	1246.1	1245.7	1270.2	1373.8	1266.3	1106.9
菏泽市	1315.9	1839.8	2351.6	1989.8	1737.5	1762.8	1754.7	1590.6

2-71　各市房屋建筑竣工面积

单位：万平方米

地　区	2010	2015	2018	2019	2020	2021	2022	2023
全　省	19179.7	23629.5	22256.0	21925.7	21309.5	24018.2	22917.7	23384.5
济南市	1305.6	2039.0	2366.3	3402.5	3322.8	3729.6	3127.9	3735.3
青岛市	2158.3	2108.2	3070.4	3605.3	3620.4	4508.5	4374.1	4622.6
淄博市	1799.9	2712.5	2198.8	2047.9	2241.2	2171.7	2237.6	2117.9
枣庄市	778.3	1086.8	1057.5	723.3	580.3	661.9	620.8	510.7
东营市	440.1	475.5	272.6	221.7	224.8	277.1	218.5	322.6
烟台市	1814.5	1643.3	1602.6	1569.4	1613.6	1622.9	1513.6	1724.7
潍坊市	2133.3	2429.1	2140.8	1993.2	2190.2	2320.7	2369.5	2143.2
济宁市	1293.4	1876.5	1377.1	1376.6	1167.4	1297.2	1114.2	1548.8
泰安市	2322.7	1722.7	1016.9	821.3	560.1	820.9	892.2	567.3
威海市	831.6	784.2	844.1	541.6	624.6	490.8	630.8	654.8
日照市	316.0	620.5	636.1	666.0	558.4	426.5	513.1	487.4
莱芜市	221.3	292.0	291.6					
临沂市	1540.4	2792.0	2653.8	2442.4	2418.4	2644.5	2388.3	2375.8
德州市	516.9	728.7	694.8	596.8	568.4	1138.7	1054.0	951.4
聊城市	561.8	825.4	552.5	607.8	603.1	702.5	648.6	670.2
滨州市	348.3	564.0	460.9	366.5	254.6	453.8	515.5	382.0
菏泽市	797.2	929.1	1019.2	943.2	761.2	750.8	698.8	569.8

2–72 各市公路里程

单位：公里

地区	2010	2015	2018	2019	2020	2021	2022	2023
全省	229858	263447	275642	280325	286814	288143	291759	293411
济南市	11611	13104	12638	17771	18117	18191	18284	18351
青岛市	16181	16290	14835	14686	15284	15355	15447	15634
淄博市	10317	11214	11464	11396	11373	11387	11501	11638
枣庄市	6960	8368	8777	8925	9355	9357	9417	9335
东营市	8111	9040	9228	9280	9332	9357	9358	9361
烟台市	14516	18846	19534	19682	19762	19749	19820	19887
潍坊市	23181	26269	28395	28869	29140	29165	29513	29759
济宁市	15613	19098	20268	20556	21160	21226	21361	21390
泰安市	13759	15178	15588	15975	16702	16701	16938	16705
威海市	6720	7147	7160	7183	7315	7219	7235	6993
日照市	6499	8274	9233	9605	10200	10244	10377	10349
莱芜市	3557	4325	4730					
临沂市	22316	27038	28581	29552	30856	31405	32072	32557
德州市	20744	21979	21826	21996	22050	21780	21948	21777
聊城市	14699	17967	20218	20614	21056	21250	21447	21596
滨州市	15029	16193	16913	17032	17262	17339	17645	17818
菏泽市	20043	23116	26254	27204	27849	28418	29397	30262

2-73　各市高速公路里程

单位：公里

地　区	2010	2015	2018	2019	2020	2021	2022	2023
全　省	**4285**	**5348**	**6057**	**6447**	**7473**	**7477**	**8048**	**8433**
济南市	347	419	488	654	738	728	785	823
青岛市	702	808	826	849	855	859	882	909
淄博市	206	206	206	208	208	208	265	400
枣庄市	117	164	164	186	275	275	286	287
东营市	181	181	218	237	237	237	237	237
烟台市	414	518	607	607	669	668	668	668
潍坊市	352	428	565	565	577	577	721	867
济宁市	224	254	327	327	439	439	499	499
泰安市	233	239	239	284	475	475	475	476
威海市	102	165	165	165	235	235	235	235
日照市	140	163	215	215	222	222	222	222
莱芜市	140	140	140					
临沂市	331	515	515	515	687	687	687	686
德州市	232	399	476	476	492	501	531	569
聊城市	135	242	309	397	474	474	474	474
滨州市	171	199	281	314	367	367	491	491
菏泽市	261	309	317	447	523	523	590	590

2-74　各市民用汽车数

单位：万辆

地　区	2010	2015	2018	2019	2020	2021	2022	2023
全　省	842.7	1553.6	2148.3	2351.0	2537.1	2736.8	2897.0	3030.5
济南市	79.7	154.0	215.9	259.8	281.2	301.6	319.9	338.0
青岛市	97.6	194.6	269.1	292.8	313.5	336.3	354.8	367.6
淄博市	44.4	79.2	105.9	113.6	120.8	129.0	135.7	141.6
枣庄市	27.1	45.7	74.8	83.6	92.4	101.1	108.6	115.0
东营市	33.5	56.2	69.5	74.1	79.2	84.8	89.0	92.7
烟台市	74.7	125.8	164.3	176.1	186.4	198.4	209.6	217.5
潍坊市	104.3	176.7	230.1	249.3	264.9	281.8	296.5	305.8
济宁市	47.5	92.3	141.4	157.3	173.5	188.1	199.2	209.6
泰安市	30.2	56.1	78.9	87.0	93.3	100.9	106.5	111.6
威海市	31.8	56.6	75.4	81.9	87.7	93.7	98.1	101.0
日照市	21.3	45.3	64.8	71.1	76.8	82.5	86.5	88.8
莱芜市	11.9	18.4	24.2					
临沂市	73.4	165.6	238.8	264.5	288.2	311.7	326.6	340.3
德州市	38.2	77.6	99.8	110.0	118.2	127.4	135.3	143.8
聊城市	45.6	72.0	99.0	108.7	119.7	131.1	141.8	149.4
滨州市	35.1	66.4	89.7	97.3	104.1	111.9	118.2	124.1
菏泽市	38.4	66.5	104.1	121.4	137.2	156.5	170.7	183.6

2-75　各市邮电业务总量

单位：亿元

地　区	2010	2015	2018	2019	2020	2021	2022
全　省	**1973.5**	**1458.6**	**4180.3**	**6499.7**	**8193.8**	**1644.8**	**1773.7**
济南市	214.9	191.4	565.4	869.4	1087.7	225.8	245.7
青岛市	274.8	229.8	652.1	915.6	1114.3	224.3	245.5
淄博市	105.7	73.6	192.2	284.1	349.8	67.0	71.8
枣庄市	66.0	44.5	123.8	207.9	262.3	51.6	54.2
东营市	67.4	40.7	103.4	155.3	193.9	35.3	38.4
烟台市	175.8	112.0	312.7	471.7	569.9	107.2	119.1
潍坊市	183.2	132.9	376.6	578.2	727.4	143.1	152.8
济宁市	130.3	91.9	266.6	435.0	562.5	106.2	111.4
泰安市	77.3	62.7	169.3	259.6	315.1	63.7	68.4
威海市	81.8	53.3	139.4	210.2	256.1	53.5	55.8
日照市	50.9	37.3	106.6	166.7	213.6	42.5	45.6
莱芜市	21.3	14.1	38.5	55.6			
临沂市	161.9	125.7	417.6	685.3	930.5	209.1	226.4
德州市	82.8	58.4	157.4	263.1	345.9	78.7	87.4
聊城市	87.9	60.2	175.5	310.6	395.5	80.0	86.1
滨州市	72.2	46.2	127.4	208.7	271.2	51.5	56.3
菏泽市	108.8	82.7	258.3	437.0	587.7	102.2	107.8

注：2015年，邮电业务总量按2010年价格计算；2016年-2020年，按2015年价格计算。自2021年起按上年不变价格计算。自2023年起，邮政业务总量计量单位调整为亿标准量，不再核算邮电业务总量。

2-76　各市本地固定电话用户数

单位：万户

地　区	2010	2015	2018	2019	2020	2021	2022	2023
全　省	2023.1	1117.1	846.3	1185.2	1125.2	1107.4	1134.2	1101.6
济南市	204.6	164.2	142.1	174.7	166.6	162.5	162.4	163.2
青岛市	261.1	176.8	138.5	155.6	157.9	159.0	167.4	161.7
淄博市	126.3	81.4	57.3	66.0	66.0	68.7	70.9	72.3
枣庄市	74.2	39.8	25.3	42.1	39.8	38.3	38.2	37.4
东营市	58.4	45.6	30.4	33.6	33.9	33.4	34.3	34.0
烟台市	175.1	81.0	57.8	103.4	94.4	91.2	93.5	89.8
潍坊市	178.7	111.4	77.0	112.8	97.5	101.3	104.6	94.1
济宁市	128.6	44.7	47.2	66.1	69.4	68.6	68.5	67.2
泰安市	99.1	63.7	47.1	62.8	56.5	54.2	54.2	53.1
威海市	88.4	55.5	39.7	41.8	44.0	43.5	42.7	42.9
日照市	44.0	27.6	21.1	31.5	27.0	28.1	29.4	28.6
莱芜市	26.4	20.2	15.0					
临沂市	150.5	61.5	48.2	103.6	82.7	77.4	75.1	66.3
德州市	100.8	43.6	29.1	51.4	48.0	46.6	47.5	46.6
聊城市	100.2	37.8	30.4	53.3	56.0	55.1	56.0	56.3
滨州市	85.6	41.7	24.3	33.4	37.7	37.0	39.4	39.5
菏泽市	92.5	20.5	15.8	53.1	47.8	42.5	50.1	48.7

2-77　各市移动电话用户数

单位：万户

地　区	2011	2015	2018	2019	2020	2021	2022	2023
全　省	7118.1	9413.8	10569.6	10785.5	10907.1	11248.5	11700.4	12002.1
济南市	769.4	916.7	1022.0	1137.7	1164.1	1228.8	1274.6	1315.5
青岛市	866.5	1158.8	1258.8	1246.0	1257.3	1295.3	1345.3	1383.9
淄博市	372.6	495.6	521.0	520.9	521.8	531.4	558.4	573.8
枣庄市	249.8	310.9	365.6	374.5	380.9	389.9	408.9	419.4
东营市	262.2	256.8	272.8	278.9	279.3	282.6	296.3	305.9
烟台市	579.9	771.9	837.9	840.2	838.3	864.2	896.0	915.9
潍坊市	665.2	890.8	998.1	1027.9	1036.6	1056.5	1092.8	1112.0
济宁市	486.7	685.6	772.4	807.5	811.2	829.3	862.3	880.5
泰安市	332.1	466.9	523.4	533.5	534.2	562.3	569.7	585.8
威海市	255.3	361.0	367.4	373.5	378.4	402.6	409.3	417.0
日照市	186.8	258.0	293.7	308.6	314.3	316.9	332.5	344.4
莱芜市	88.7	115.7	125.3					
临沂市	655.1	847.9	1012.2	1040.8	1063.6	1097.1	1148.9	1176.9
德州市	309.1	436.5	508.2	524.6	526.3	547.2	571.1	588.2
聊城市	349.5	464.3	541.9	566.2	572.5	591.4	619.9	632.6
滨州市	255.4	339.1	401.1	415.0	419.5	418.9	430.3	440.1
菏泽市	433.7	637.6	747.7	789.7	808.8	834.2	884.2	910.2

2-78　各市社会消费品零售总额

单位：亿元

地　区	2010	2015	2018	2019	2020	2021	2022	2023
全　省	12028.3	21550.9	27480.3	29251.2	29248.1	33714.5	33236.2	36141.8
济南市	1725.5	3141.0	4091.1	4420.4	4469.1	5126.1	4878.1	5199.0
青岛市	1892.4	3548.2	4742.7	5126.6	5203.5	5975.4	5891.8	6318.9
淄博市	558.2	919.0	1088.5	1155.8	1134.7	1308.9	1294.5	1418.1
枣庄市	369.8	678.6	878.6	921.5	897.8	1041.7	1014.5	1128.6
东营市	302.5	528.5	651.0	665.1	653.4	756.9	771.4	842.0
烟台市	1147.5	2054.3	2612.4	2805.0	2800.0	3232.3	3248.4	3545.7
潍坊市	1003.8	1784.8	2260.5	2388.0	2389.8	2781.5	2745.3	2936.1
济宁市	905.7	1674.8	2106.9	2153.7	2127.3	2459.6	2463.0	2732.7
泰安市	472.0	823.7	1016.5	1054.1	1022.4	1161.8	1161.9	1286.8
威海市	498.8	836.4	1064.6	1163.2	1166.4	1347.6	1287.8	1364.4
日照市	249.0	453.3	559.7	604.5	584.8	654.9	657.1	716.6
临沂市	1013.5	1886.6	2438.9	2523.3	2528.2	2931.1	2918.8	3226.7
德州市	473.2	824.1	1041.7	1114.3	1114.4	1279.6	1275.5	1402.4
聊城市	362.3	641.5	780.4	827.2	801.0	917.6	917.8	1013.7
滨州市	332.3	551.2	665.2	710.4	717.9	823.3	820.7	909.7
菏泽市	579.1	1131.9	1481.6	1618.0	1637.4	1916.4	1889.6	2100.2

2-79　各市社会消费品零售总额指数

(上年=100)

地　区	2010	2015	2018	2019	2020	2021	2022	2023
全　省	**116.9**	**109.4**	**107.6**	**106.4**	**100.0**	**115.3**	**98.6**	**108.7**
济南市	113.1	109.7	109.0	108.1	101.1	114.7	95.2	106.6
青岛市	113.1	110.3	109.7	108.1	101.5	114.8	98.6	107.3
淄博市	112.0	107.0	103.9	106.2	98.2	115.4	98.9	109.6
枣庄市	121.9	110.0	107.8	104.9	97.4	116.0	97.4	111.3
东营市	118.4	107.4	106.9	102.2	98.2	115.8	101.9	109.2
烟台市	114.9	109.6	106.5	107.4	99.8	115.4	100.5	109.2
潍坊市	121.6	109.4	107.6	105.6	100.1	116.4	98.7	107.0
济宁市	118.0	109.8	107.6	102.2	98.8	115.6	100.1	111.0
泰安市	121.0	109.8	106.5	103.7	97.0	113.6	100.0	110.8
威海市	125.5	108.8	108.0	109.3	100.3	115.5	95.6	106.0
日照市	121.7	111.3	106.1	108.0	96.7	112.0	100.3	109.1
临沂市	117.9	110.5	107.7	103.5	100.2	115.9	99.6	110.6
德州市	106.6	108.7	107.3	107.0	100.0	114.8	99.7	110.0
聊城市	111.2	112.2	105.4	106.0	96.8	114.5	100.0	110.5
滨州市	125.8	107.2	104.9	106.8	101.1	114.7	99.7	110.9
菏泽市	116.3	110.4	108.9	109.2	101.2	117.0	98.6	111.2

2-80　各市进出口总值

单位：亿美元

地　区	2010	2015	2018	2019	2020	2021	2022	2023
全　省	1889.5	2417.5	2923.9	2962.8	3184.5	4538.7	4812.4	4643.8
济南市	74.3	99.1	131.9	163.1	199.4	300.3	323.2	307.4
青岛市	570.6	702.0	804.6	859.3	926.9	1314.3	1255.8	1246.5
淄博市	67.0	76.3	144.0	127.9	128.5	185.3	184.7	147.5
枣庄市	9.1	15.9	16.0	21.1	38.5	46.8	63.5	73.0
东营市	80.0	129.1	246.4	236.4	194.5	317.8	394.5	356.0
烟台市	437.8	493.9	461.8	421.3	465.6	636.7	675.7	649.7
潍坊市	117.5	189.2	246.1	259.0	275.1	412.6	510.3	484.2
济宁市	44.6	54.4	64.2	66.7	79.1	105.1	111.8	137.9
泰安市	15.9	22.8	23.9	24.6	30.8	45.1	55.5	64.9
威海市	139.1	169.4	210.7	203.5	233.5	314.6	311.7	285.9
日照市	133.8	151.8	135.9	152.7	147.9	179.5	207.6	195.9
莱芜市	27.2	19.0	16.8					
临沂市	47.7	87.4	102.2	120.7	169.4	271.8	262.9	238.6
德州市	19.5	31.7	44.3	50.1	56.2	79.3	90.4	99.1
聊城市	36.3	50.7	73.8	59.3	58.3	82.2	85.1	84.0
滨州市	50.9	81.4	124.0	126.7	118.2	159.3	183.6	169.4
菏泽市	18.2	43.3	77.4	70.4	62.7	88.0	96.1	104.0

2-81　各市出口总值

单位：亿美元

地　区	2010	2015	2018	2019	2020	2021	2022	2023
全　省	1042.5	1440.6	1601.4	1614.4	1890.4	2718.4	2880.8	2761.6
济南市	40.5	60.0	85.5	93.5	109.0	181.9	207.4	195.1
青岛市	338.9	453.3	479.6	494.3	560.9	761.4	705.4	670.4
淄博市	40.3	57.9	63.2	60.6	71.0	112.2	108.9	88.9
枣庄市	7.5	14.0	14.9	20.1	36.4	43.2	58.5	68.2
东营市	27.6	49.7	55.8	49.7	66.3	85.9	101.4	93.5
烟台市	254.8	280.4	267.5	251.1	284.2	378.9	405.7	377.4
潍坊市	87.0	129.8	157.0	163.7	175.7	288.3	368.9	327.4
济宁市	23.0	34.3	33.1	41.1	56.1	75.2	80.9	111.8
泰安市	9.3	17.5	18.8	19.2	21.2	29.9	47.4	55.8
威海市	89.2	126.2	138.2	133.6	168.6	231.3	232.4	213.9
日照市	22.1	41.3	61.5	59.0	49.7	62.3	79.8	72.1
莱芜市	10.3	9.8	10.9					
临沂市	28.3	60.6	80.6	98.3	144.0	244.5	239.0	217.5
德州市	13.4	22.1	28.5	29.5	35.8	51.7	70.7	81.7
聊城市	12.9	25.4	37.0	30.0	32.9	56.7	54.0	51.2
滨州市	25.5	36.3	46.1	45.2	47.4	71.6	75.4	85.5
菏泽市	12.1	22.0	23.0	25.5	31.0	43.6	44.8	51.2

2-82　各市进口总值

单位：亿美元

地区	2010	2015	2018	2019	2020	2021	2022	2023
全　省	847.0	976.9	1322.5	1348.4	1294.1	1820.3	1931.7	1882.2
济南市	33.8	39.2	46.4	69.6	90.4	118.4	115.8	112.3
青岛市	231.7	248.7	325.0	364.9	366.0	553.0	550.4	576.1
淄博市	26.7	18.4	80.8	67.3	57.4	73.2	75.7	58.6
枣庄市	1.7	1.9	1.1	1.1	2.1	3.7	5.0	4.8
东营市	52.4	79.4	190.5	186.7	128.2	231.9	293.1	262.5
烟台市	183.0	213.4	194.3	170.2	181.4	257.9	270.0	272.3
潍坊市	30.6	59.4	89.1	95.3	99.4	124.3	141.4	156.8
济宁市	21.6	20.0	31.1	25.7	22.9	29.9	30.9	26.1
泰安市	6.6	5.3	5.0	5.5	9.6	15.1	8.0	9.1
威海市	49.9	43.2	72.5	69.9	64.8	83.3	79.3	71.9
日照市	111.7	110.5	74.4	93.7	98.3	117.2	127.8	123.8
莱芜市	16.9	9.1	5.9					
临沂市	19.4	26.9	21.5	22.4	25.4	27.3	23.9	21.1
德州市	6.1	9.7	15.8	20.6	20.3	27.6	19.7	17.3
聊城市	23.4	25.4	36.9	29.3	25.5	25.4	31.0	32.8
滨州市	25.4	45.1	77.9	81.5	70.8	87.7	108.2	83.9
菏泽市	6.1	21.3	54.4	44.9	31.7	44.4	51.3	52.8

2-83　各市实际使用外资金额

单位：亿美元

地　区	2010	2015	2018	2019	2020	2021	2022	2023
全　省	91.7	163.0	205.2	146.9	176.5	215.2	228.7	175.3
济南市	10.4	15.8	27.3	22.4	19.2	26.6	31.4	24.8
青岛市	28.0	66.9	86.9	58.4	58.5	61.7	55.1	37.5
淄博市	4.5	5.9	8.9	2.3	3.8	8.2	10.3	6.2
枣庄市	2.4	1.0	1.0	1.4	3.0	4.5	6.7	5.9
东营市	2.1	2.2	1.6	2.4	4.4	6.4	8.0	8.0
烟台市	11.5	19.2	26.2	19.4	22.8	26.5	29.8	23.2
潍坊市	7.2	10.0	13.4	7.0	10.8	13.2	13.0	8.9
济宁市	4.6	9.2	7.4	4.5	8.1	11.3	12.9	10.7
泰安市	1.2	5.0	6.9	4.6	6.8	4.1	5.6	5.7
威海市	5.6	11.2	14.2	12.2	13.6	14.5	10.8	7.9
日照市	3.5	5.8	2.1	1.9	4.7	5.2	7.0	4.6
莱芜市	1.0	1.3	0.1					
临沂市	3.3	1.4	2.3	3.9	9.3	13.8	13.9	7.4
德州市	1.2	1.2	2.1	1.6	2.7	4.5	6.4	5.8
聊城市	1.0	0.6	0.8	0.7	2.1	4.6	4.8	5.6
滨州市	3.1	4.1	2.0	2.2	3.6	5.1	6.8	7.5
菏泽市	1.2	2.3	1.8	1.9	2.9	5.0	6.2	5.5

注：2019年起，实际使用外资采用商务部通报口径，不包含股东贷款、投资性公司投资。

2-84　各市接待入境游客人数

单位：万人次

地　区	2010	2015	2017	2018	2019	2020
全　省	**366.8**	**460.8**	**494.4**	**513.1**	**521.3**	**52.8**
济南市	23.1	33.3	37.5	39.8	45.7	10.9
青岛市	108.1	133.8	144.4	153.6	170.3	18.8
淄博市	17.1	19.6	21.0	21.5	20.0	0.5
枣庄市	2.6	3.1	3.4	3.6	4.4	0.3
东营市	3.3	5.8	6.2	6.4	6.5	0.1
烟台市	47.2	57.4	63.8	63.8	65.0	12.0
潍坊市	22.2	33.4	34.8	36.7	26.6	2.2
济宁市	28.9	32.1	32.8	33.0	28.4	0.9
泰安市	29.8	37.0	39.5	40.1	40.0	0.8
威海市	37.3	46.2	49.2	50.7	51.9	5.2
日照市	21.5	27.0	27.6	28.2	28.3	0.4
莱芜市	0.4	0.7	0.8	0.8		
临沂市	12.1	17.5	18.7	19.3	18.4	0.3
德州市	5.8	2.3	2.2	2.5	2.7	0.1
聊城市	3.5	5.5	5.8	5.9	6.0	…
滨州市	3.0	4.7	5.1	5.6	5.2	0.2
菏泽市	0.9	1.4	1.6	1.8	1.9	…

2-85　各市接待入境游客人数—外国人

单位：万人次

地 区	2010	2015	2017	2018	2019	2020
全 省	277.87	335.86	353.10	366.12	370.86	44.25
济南市	15.33	20.55	23.30	24.68	28.51	8.78
青岛市	82.66	99.57	105.70	111.89	125.83	15.73
淄博市	11.49	11.28	11.70	11.84	11.17	0.47
枣庄市	1.67	1.37	1.50	1.66	2.39	0.12
东营市	2.22	3.67	3.80	3.97	4.11	0.10
烟台市	39.00	45.16	50.50	50.64	52.27	10.79
潍坊市	18.13	27.22	28.00	29.44	17.42	1.18
济宁市	16.09	18.23	17.90	18.87	14.20	0.75
泰安市	18.05	19.00	16.90	16.42	17.05	0.41
威海市	35.60	43.17	45.70	47.06	48.05	5.13
日照市	21.12	25.61	26.00	26.53	26.70	0.28
莱芜市	0.34	0.62	0.40	0.46		
临沂市	6.74	9.81	10.30	10.72	11.26	0.29
德州市	2.71	1.05	1.10	1.22	1.57	0.04
聊城市	3.05	4.71	5.00	5.01	4.90	0.03
滨州市	2.89	4.48	4.90	5.26	4.94	0.14
菏泽市	0.77	0.37	0.40	0.46	0.50	0.02

2-86　各市入境旅游外汇收入

单位：万美元

地　区	2010	2015	2017	2018	2019	2020
全　省	215506	289651	317405	336420	341314	20900
济南市	11354	18419	20841	22285	27493	3322
青岛市	60104	91798	102074	116381	156772	12521
淄博市	9206	9565	10135	10529	9117	97
枣庄市	824	720	823	767	630	31
东营市	3128	5188	5489	5144	4559	44
烟台市	37707	51859	58512	61273	49217	2112
潍坊市	16238	21976	24419	25003	8570	303
济宁市	17118	14615	15849	14821	8137	116
泰安市	18380	23559	24174	24299	16896	124
威海市	19151	25134	27293	27668	30762	1756
日照市	9795	11808	12018	11780	13070	262
莱芜市	314	482	674	670		
临沂市	7717	9807	9944	10328	9580	78
德州市	1752	517	548	416	563	52
聊城市	1580	2516	2582	2793	3336	11
滨州市	898	1375	1659	1897	2171	65
菏泽市	239	311	370	366	440	6

注：表中2015、2017-2018年数据为入境游客消费额。

2-87　各市国内旅游收入

单位：亿元

地　区	2010	2015	2018	2019	2020	2021	2022	2023
全　省	**2915.8**	**6505.1**	**9661.5**	**10851.3**	**6005.3**	**8278.6**	**6026.3**	**9713.6**
济南市	306.3	670.5	1054.7	1285.9	702.8	983.9	711.6	1132.9
青岛市	540.1	1132.5	1651.0	2005.6	1019.3	1411.0	1006.4	1581.4
淄博市	207.4	442.6	658.1	746.0	406.2	552.5	391.6	630.0
枣庄市	60.4	143.8	217.9	245.4	132.5	177.1	129.7	216.0
东营市	43.3	109.8	179.1	205.7	120.7	171.1	126.0	202.2
烟台市	306.2	665.2	982.4	1148.5	624.4	859.2	637.3	1011.9
潍坊市	237.0	553.0	823.8	917.6	509.0	716.1	523.5	837.3
济宁市	221.9	495.8	728.9	825.3	453.1	632.5	466.6	767.5
泰安市	241.1	553.7	790.0	906.1	482.1	650.5	479.3	793.1
威海市	207.3	422.0	598.3	692.6	393.1	533.5	388.9	630.8
日照市	116.1	263.2	368.3	425.6	221.9	288.0	218.3	353.7
莱芜市	21.1	49.6	70.8					
临沂市	232.7	528.8	795.1	851.4	475.6	640.2	467.4	764.7
德州市	45.4	133.7	199.2	226.8	131.5	182.4	132.0	216.6
聊城市	50.2	130.2	198.8	226.8	130.3	180.9	129.8	212.6
滨州市	43.3	105.4	159.2	181.4	93.1	122.9	88.4	146.4
菏泽市	36.1	105.3	185.9	208.6	124.3	176.8	129.6	216.4

2-88　各市小学学校数

单位：所

地　区	2010	2015	2018	2019	2020	2021	2022	2023
全　省	12405	10404	9674	9646	9619	9458	9063	8654
济南市	645	582	575	683	666	641	608	574
青岛市	894	772	713	720	706	676	672	663
淄博市	357	311	300	296	294	274	263	252
枣庄市	582	520	500	503	504	501	453	412
东营市	172	125	110	106	103	103	101	98
烟台市	509	295	290	295	289	292	288	272
潍坊市	1057	818	747	731	726	687	659	617
济宁市	1273	1068	1056	1054	1061	1055	931	867
泰安市	673	528	520	512	504	485	463	428
威海市	134	89	92	92	97	98	100	100
日照市	419	297	285	281	271	253	225	214
莱芜市	166	126	116					
临沂市	1639	1337	1305	1308	1325	1335	1324	1303
德州市	960	877	706	689	680	674	641	580
聊城市	782	750	670	677	686	698	696	691
滨州市	428	353	305	291	291	270	265	250
菏泽市	1715	1556	1384	1408	1416	1416	1374	1333

2-89　各市小学专任教师数

单位：人

地　区	2010	2015	2018	2019	2020	2021	2022	2023
全　省	387453	396368	430702	442729	454285	468276	467563	477406
济南市	24801	25795	30605	36067	37219	38467	39874	41373
青岛市	32023	34457	36890	38095	38366	39199	40505	43184
淄博市	15732	15503	15690	15830	16075	16562	16460	16937
枣庄市	17966	18351	21001	21859	22442	22706	22167	21888
东营市	8344	8005	8255	8377	8406	8884	9199	9654
烟台市	20378	18518	18774	18941	19387	20260	20296	20369
潍坊市	37400	37330	39656	40158	40218	41619	41782	43339
济宁市	32884	34468	38183	40023	40773	42314	41639	42451
泰安市	21444	18527	19474	20377	20768	21511	21240	21286
威海市	6866	7651	7729	7925	8248	8465	8539	8577
日照市	11377	11538	11719	12064	12363	12840	13214	14159
莱芜市	5589	4374	4099					
临沂市	41479	48052	51697	53449	56431	58650	58899	60905
德州市	27182	26117	27248	27018	28069	28663	28547	28881
聊城市	23221	25842	32689	34545	35957	37208	35836	35109
滨州市	16174	16209	16430	16582	17150	17479	18108	18708
菏泽市	44593	45631	50563	51419	52413	53449	51258	50586

2–90　各市小学在校学生数

单位：万人

地　区	2010	2015	2018	2019	2020	2021	2022	2023
全　省	629.2	674.6	726.0	738.6	743.3	755.8	760.6	812.1
济南市	38.4	41.4	46.7	54.1	57.0	61.0	64.4	70.6
青岛市	46.3	53.6	57.0	58.4	60.4	63.1	66.4	73.9
淄博市	23.0	21.3	20.3	20.2	20.8	22.0	23.2	25.9
枣庄市	26.5	32.5	36.8	37.5	36.6	35.7	34.8	35.7
东营市	13.5	11.6	11.1	11.3	11.8	12.8	13.7	15.9
烟台市	25.6	26.7	26.4	26.9	28.2	29.7	30.5	32.8
潍坊市	53.9	59.2	57.9	56.8	57.2	60.6	63.8	72.3
济宁市	54.7	63.5	65.7	65.9	64.5	64.0	63.3	68.3
泰安市	38.2	27.7	29.8	30.8	30.8	32.1	32.3	34.2
威海市	9.8	11.1	11.8	12.2	12.7	13.1	13.4	14.1
日照市	19.1	19.8	19.8	20.1	20.2	21.1	21.8	24.6
莱芜市	6.7	5.6	5.5					
临沂市	74.3	91.0	105.8	108.5	108.0	108.9	106.9	115.6
德州市	44.7	41.6	42.2	42.4	43.2	43.8	43.6	45.7
聊城市	41.4	51.4	61.3	63.1	63.1	61.9	60.1	60.5
滨州市	25.9	24.4	25.2	26.1	26.8	27.7	28.4	31.1
菏泽市	87.4	92.2	102.5	104.3	101.8	98.3	94.1	91.0

2-91　各市普通中学学校数

单位：所

地　区	2010	2015	2018	2019	2020	2021	2022	2023
全　省	3645	3446	3671	3791	3920	4019	4055	4109
济南市	209	214	251	312	320	332	334	332
青岛市	295	293	319	327	340	345	363	381
淄博市	198	186	186	189	194	192	193	192
枣庄市	135	125	130	134	134	143	136	133
东营市	93	89	94	99	100	105	105	106
烟台市	299	256	264	270	270	273	276	276
潍坊市	360	319	345	362	367	375	371	374
济宁市	299	283	304	316	327	337	343	341
泰安市	177	175	196	207	211	211	206	208
威海市	112	102	106	108	108	111	116	119
日照市	116	95	95	98	102	104	103	107
莱芜市	56	49	51					
临沂市	355	332	340	351	377	391	396	408
德州市	203	188	197	198	204	210	214	212
聊城市	202	206	231	244	262	268	274	285
滨州市	164	163	170	173	177	177	176	179
菏泽市	372	371	392	403	427	445	449	456

2-92　各市普通中学专任教师数

单位：人

地　区	2010	2015	2018	2019	2020	2021	2022	2023
全　省	372082	390059	419903	435808	453428	471988	478343	482535
济南市	21943	23643	26588	34177	34796	35587	36165	36440
青岛市	30754	32940	36007	37059	38322	39521	39715	39261
淄博市	20093	21431	22455	22937	23339	23796	23218	22520
枣庄市	13800	13870	15248	15838	16876	18391	18966	19484
东营市	10620	10947	11971	12090	12332	12951	12906	12580
烟台市	31719	29418	29809	30245	30298	30390	30331	29794
潍坊市	39375	40412	43045	45371	46072	46062	44929	43221
济宁市	29631	30738	33349	35468	37668	39556	40483	41376
泰安市	19858	22906	25215	25788	26433	26650	26854	26668
威海市	12931	12605	12083	12218	12693	12696	12408	12312
日照市	11610	11450	12373	12714	13146	13291	13309	12991
莱芜市	6295	5934	6234					
临沂市	38256	40656	42876	44868	48547	52584	55206	57830
德州市	19067	20680	23692	24100	25458	26619	27204	27601
聊城市	19992	21608	24508	25763	27619	30111	31459	33533
滨州市	14971	16319	17188	17526	17654	17495	17533	17628
菏泽市	31167	34502	37262	39646	42175	46288	47657	49296

2-93　各市普通中学在校学生数

单位：万人

地　区	2010	2015	2018	2019	2020	2021	2022	2023
全　省	501.1	479.9	509.9	528.1	548.7	570.8	587.6	598.9
济南市	30.2	30.2	31.2	39.4	39.8	40.7	42.1	43.7
青岛市	38.0	35.5	38.5	40.9	43.0	44.6	45.0	45.0
淄博市	29.8	27.0	26.2	26.1	25.6	25.2	24.7	24.4
枣庄市	21.8	19.1	21.0	22.0	23.9	26.0	27.3	28.0
东营市	12.0	12.9	13.2	13.3	13.0	13.1	13.3	13.2
烟台市	37.1	29.8	29.2	29.8	29.5	29.7	29.8	29.8
潍坊市	49.0	43.2	46.3	49.0	49.4	48.2	46.8	46.2
济宁市	42.0	39.5	43.9	46.1	48.4	51.0	52.5	52.8
泰安市	22.9	34.0	31.8	31.0	30.7	30.5	31.1	32.0
威海市	14.2	11.2	11.5	12.0	12.4	12.9	13.2	13.5
日照市	14.4	13.8	15.0	15.1	15.2	15.6	15.3	15.2
莱芜市	8.7	8.5	7.6					
临沂市	55.0	50.2	57.7	60.5	65.5	72.2	77.3	79.7
德州市	25.1	28.1	30.7	31.0	31.4	32.1	33.2	34.2
聊城市	27.7	28.4	32.3	35.0	39.0	42.5	45.5	47.8
滨州市	19.1	19.1	19.6	19.2	18.6	18.3	18.7	19.2
菏泽市	53.8	49.3	54.1	57.7	63.1	68.4	71.8	74.2

2-94　各市国内专利授权量

单位：件

地　区	2010	2015	2018	2019	2020	2021	2022	2023
全　省	51490	98101	132382	146481	238778	329838	342290	273523
济南市	9593	15537	20636	25160	40903	61767	64777	50587
青岛市	6806	20168	35126	38737	57696	75652	81735	68629
淄博市	3488	6478	6218	6319	10633	16301	15982	13074
枣庄市	1354	2446	3037	3450	6284	7681	7827	5883
东营市	2017	3189	3641	3993	7043	8614	8931	6374
烟台市	4146	6065	7668	8681	15461	21917	22760	19614
潍坊市	4797	11055	12765	15677	23290	28888	30224	24641
济宁市	3691	6349	8425	8719	13300	17059	16666	13019
泰安市	2120	3191	4282	4325	6723	9708	10973	8970
威海市	3071	3795	4974	5133	8510	13461	13484	11060
日照市	1290	1779	2357	2457	4944	6989	6706	4708
莱芜市	1545	2380	2118					
临沂市	2287	4211	6026	7052	12868	19283	19801	14937
德州市	1528	2975	3854	4796	8385	12137	13257	10186
聊城市	1348	2583	3514	3919	7368	11007	12136	8426
滨州市	1380	3268	3366	3540	7502	9921	8339	6992
菏泽市	1029	2632	4375	4523	7868	9453	8692	6423

2-95　各市国内发明专利授权量

单位：件

地　区	2010	2015	2018	2019	2020	2021	2022	2023
全　省	4106	16881	20338	20652	26745	36345	48696	55318
济南市	1260	3913	4887	4843	5827	8208	11853	13693
青岛市	766	5170	6496	7704	8634	10210	14523	15584
淄博市	281	1163	1250	1000	1066	1389	2068	2536
枣庄市	72	179	228	199	344	649	685	703
东营市	167	309	401	478	763	1603	1846	1809
烟台市	335	1141	1364	1407	1756	2487	3869	4517
潍坊市	202	1348	1612	1635	2650	3523	3920	4991
济宁市	132	527	621	545	806	1468	1734	1991
泰安市	197	327	523	407	500	839	997	1371
威海市	109	573	642	555	703	1005	1485	1578
日照市	27	167	300	238	781	515	743	628
莱芜市	73	223	238					
临沂市	157	609	538	480	884	1669	1549	2059
德州市	42	320	286	292	411	619	962	1252
聊城市	157	299	388	307	634	920	952	859
滨州市	42	418	330	364	761	872	1002	1060
菏泽市	87	195	234	198	225	369	508	687

2-96　各市R&D经费内部支出与人员

地　区	2023年R&D经费内部支出（万元）	规模以上工业	2023年R&D人员（人）	规模以上工业
全　省	23860197	18693400	793448	572787
济南市	3748862	2002875	126980	50441
青岛市	4334738	2712122	135833	77410
淄博市	1367522	1099119	43212	33174
枣庄市	397748	337694	18944	15665
东营市	1018686	983678	27347	24500
烟台市	2276392	1849234	68969	54604
潍坊市	1858305	1718094	74600	65587
济宁市	1043379	893305	44141	36002
泰安市	927127	765382	33701	23303
威海市	863498	805981	28340	25496
日照市	756982	690404	15379	12481
临沂市	1465886	1288439	51703	44456
德州市	1157979	1094773	38618	32117
聊城市	914119	852020	21015	17296
滨州市	1153195	1048197	34645	31561
菏泽市	575780	552083	30026	28694

2-97　各市公共图书馆数

单位：个

地　区	2010	2015	2018	2019	2020	2021	2022	2023
全　省	**149**	**154**	**154**	**154**	**154**	**153**	**153**	**153**
济南市	11	11	11	13	13	13	13	13
青岛市	13	12	12	12	12	11	11	11
淄博市	9	9	9	9	9	9	9	9
枣庄市	7	7	7	7	7	7	7	7
东营市	6	6	6	6	6	6	6	6
烟台市	13	14	14	14	14	14	14	14
潍坊市	12	12	12	12	12	12	12	12
济宁市	11	12	12	12	12	12	12	12
泰安市	7	7	7	7	7	7	7	7
威海市	4	5	5	5	5	5	5	5
日照市	4	5	5	5	5	5	5	5
莱芜市	2	2	2					
临沂市	12	13	13	13	13	13	13	13
德州市	12	12	12	12	12	12	12	12
聊城市	8	8	8	8	8	8	8	8
滨州市	8	8	8	8	8	8	8	8
菏泽市	9	10	10	10	10	10	10	10

2-98　各市公共图书馆藏书量

单位：万册

地　区	2010	2015	2018	2019	2020	2021	2022	2023
全　省	3636	4727	6213	6616	6975	7526	8180	8555
济南市	287	398	556	693	764	902	1019	1060
青岛市	444	604	748	812	840	896	974	998
淄博市	223	248	290	310	316	340	350	362
枣庄市	104	139	169	175	183	189	195	202
东营市	73	129	294	310	323	336	342	360
烟台市	528	573	627	652	673	688	719	731
潍坊市	209	387	725	739	765	792	855	919
济宁市	169	188	253	278	307	321	340	373
泰安市	110	158	173	178	196	204	246	257
威海市	118	178	298	366	397	459	468	482
日照市	35	74	124	132	152	169	186	196
莱芜市	43	50	59					
临沂市	268	278	350	364	386	405	452	488
德州市	111	145	187	193	201	217	281	310
聊城市	75	115	143	151	161	169	247	262
滨州市	121	135	168	175	186	264	299	315
菏泽市	63	132	163	182	198	228	246	260

2-99　各市卫生机构数

单位：个

地　区	2010	2015	2018	2019	2020	2021	2022	2023
全　省	16496	77435	81512	83661	84870	85716	86024	88195
济南市	1721	5786	6030	7487	7514	7515	7665	8130
青岛市	2148	7848	8028	8317	8531	8574	8763	8980
淄博市	1461	5125	4777	4709	4654	4715	4670	4691
枣庄市	459	2457	2583	2652	2745	2702	2759	2805
东营市	596	1799	1701	1744	1753	1807	1805	1938
烟台市	1828	5395	5599	5857	5954	6090	5993	6140
潍坊市	1472	7649	7770	7974	8150	8433	8566	8792
济宁市	1269	6825	6937	7179	7195	7281	7148	7344
泰安市	1056	4198	4422	4519	4573	4665	4716	4865
威海市	707	2626	2291	2386	2562	2629	2644	2668
日照市	367	2304	2534	2490	2468	2489	2498	2517
莱芜市	287	1294	1313					
临沂市	1140	7002	7754	7893	8069	8210	8162	8801
德州市	638	4879	5351	5395	5527	5468	5518	5537
聊城市	395	5619	5904	6190	6228	6095	6016	5933
滨州市	477	2780	2895	3005	3079	3192	3265	3327
菏泽市	475	3849	5623	5864	5868	5851	5836	5727

注：自2011年起，卫生机构数据含村卫生室。

2-100　各市医院数

单位：个

地　区	2010	2015	2018	2019	2020	2021	2022	2023
全　省	1377	1926	2579	2615	2640	2654	2666	2847
济南市	125	213	246	289	284	279	280	314
青岛市	149	201	318	324	357	346	353	358
淄博市	124	137	160	157	154	154	153	157
枣庄市	62	66	82	81	82	85	88	93
东营市	66	77	74	67	70	70	67	77
烟台市	140	150	193	190	186	191	192	203
潍坊市	102	150	210	214	232	251	258	280
济宁市	113	155	215	218	218	212	203	222
泰安市	85	94	105	110	108	105	105	112
威海市	27	30	58	69	69	77	71	76
日照市	22	36	57	62	61	64	68	66
莱芜市	21	28	33					
临沂市	92	152	202	218	221	228	236	261
德州市	38	81	110	125	120	120	121	123
聊城市	60	92	159	151	142	133	134	148
滨州市	63	106	107	98	99	103	107	112
菏泽市	88	158	250	242	237	236	230	245

2-101　各市疾病预防控制机构数

单位: 个

地　区	2010	2015	2018	2019	2020	2021	2022	2023
全　省	204	181	178	199	192	192	191	194
济南市	12	12	12	15	14	14	14	16
青岛市	49	27	26	46	41	41	41	41
淄博市	9	9	9	9	9	9	9	9
枣庄市	8	8	6	6	7	7	7	7
东营市	6	6	6	6	6	6	6	6
烟台市	15	15	15	15	15	15	15	16
潍坊市	16	18	17	18	17	17	16	15
济宁市	14	12	12	12	12	12	12	13
泰安市	9	9	8	8	8	8	8	8
威海市	4	4	5	5	5	5	5	5
日照市	5	5	5	5	5	5	5	5
莱芜市	3	3	3					
临沂市	15	14	15	15	14	14	14	14
德州市	12	12	12	12	12	12	12	12
聊城市	9	9	9	9	9	9	9	9
滨州市	8	8	8	8	8	8	8	8
菏泽市	10	10	10	10	10	10	10	10

2-102　各市妇幼保健机构数

单位：个

地　区	2010	2015	2018	2019	2020	2021	2022	2023
全　省	**148**	**158**	**162**	**161**	**160**	**161**	**158**	**158**
济南市	12	12	12	15	15	15	15	15
青岛市	12	12	12	12	12	12	12	12
淄博市	9	9	9	9	9	8	8	9
枣庄市	7	7	7	7	7	7	7	7
东营市	5	5	6	7	6	7	6	6
烟台市	12	13	14	14	14	15	15	14
潍坊市	12	13	14	13	14	14	13	13
济宁市	13	13	13	12	12	12	12	12
泰安市	7	8	7	7	7	7	7	7
威海市	4	5	5	5	5	5	5	5
日照市	5	5	5	5	5	5	5	5
莱芜市	3	3	3					
临沂市	13	13	14	14	14	14	13	13
德州市	8	13	12	12	12	12	12	12
聊城市	9	9	10	10	10	9	9	9
滨州市	7	8	8	8	8	9	9	9
菏泽市	10	10	11	11	10	10	10	10

2-103　各市卫生机构床位数

单位：张

地区	2010	2015	2018	2019	2020	2021	2022	2023
全省	382254	519342	608446	629837	647007	673920	693626	738504
济南市	31947	49311	57460	66623	68831	72832	76367	82453
青岛市	36066	48601	57837	60519	64423	67748	67984	69611
淄博市	22960	29774	31823	31757	33667	34199	34830	37564
枣庄市	12176	19150	23443	23981	24916	25970	26294	27934
东营市	10115	12776	13075	13238	13288	13696	13741	14582
烟台市	34280	41772	42551	42385	43218	43340	44197	45817
潍坊市	37913	49059	58362	62734	65768	67601	70249	77284
济宁市	29254	44367	50737	53010	54648	56964	57395	61902
泰安市	22129	29035	32557	33210	34030	35303	36140	38307
威海市	17618	17443	19327	19843	19365	18944	18564	20669
日照市	9776	13632	15486	16094	16345	17881	18063	19075
莱芜市	5162	6509	7351					
临沂市	36444	51807	64721	69122	70195	73907	77070	82801
德州市	15309	22259	27021	28156	27279	28191	29786	31349
聊城市	18426	26280	33465	34223	34039	34524	34915	37312
滨州市	16982	20020	21155	22255	23025	26724	28530	29206
菏泽市	25697	37547	52075	52687	53970	56096	59501	62638

2–104　各市医院床位数

单位：张

地　区	2010	2015	2018	2019	2020	2021	2022	2023
全　省	255764	378854	460690	481391	499505	522326	538439	571285
济南市	24707	42204	48843	56315	58790	62887	66157	70579
青岛市	27140	37342	48638	51311	55452	57911	58455	60226
淄博市	16639	22342	24226	24202	25921	26515	27449	29674
枣庄市	8634	14188	17480	18313	19097	19977	20394	21938
东营市	8066	11118	11624	11502	11659	12033	11627	12399
烟台市	21362	29331	31861	32017	33471	34032	35394	37343
潍坊市	24304	34106	42564	46831	49712	51654	52723	57281
济宁市	20061	32422	38226	40788	41676	43575	43543	47380
泰安市	15690	21905	25251	25742	26265	27244	28267	28873
威海市	10721	12033	15189	15869	15563	14826	14841	16594
日照市	6064	9205	10641	11048	11325	13032	13258	13863
莱芜市	3912	4941	5598					
临沂市	19946	33708	43728	47543	49346	52098	54561	58166
德州市	9428	15154	18047	19206	18883	19530	20419	21473
聊城市	13183	18940	25329	25978	25436	26057	25870	27482
滨州市	11874	14944	16031	16812	17449	20160	21634	21963
菏泽市	14033	24971	37414	37914	39460	40795	43847	46051

2–105　各市卫生机构人员数

单位：人

地区	2010	2015	2018	2019	2020	2021	2022	2023
全　省	508821	856367	961792	1001908	1029008	1055684	1078752	1136036
济南市	47120	89117	104347	122370	126681	131269	137111	146933
青岛市	51766	84976	102991	108728	114244	115880	118110	124019
淄博市	30172	44879	49901	51936	53125	54617	55490	56986
枣庄市	16597	28966	34322	35523	36335	37017	38104	39535
东营市	14846	20058	22155	23460	24185	25239	26278	27302
烟台市	41948	58958	63772	65337	68010	70345	71860	75304
潍坊市	55426	81125	85992	90749	93723	95587	96987	100795
济宁市	38938	75640	80774	84680	85928	89703	90568	95223
泰安市	30971	48852	52462	53006	54163	54169	55220	57682
威海市	20185	25050	29131	30552	30671	31251	31038	31924
日照市	12671	21476	24830	26079	26989	29117	29859	30172
莱芜市	7083	11111	11777					
临沂市	36415	75054	89112	94104	96476	101278	103051	109890
德州市	22598	42199	45206	46895	47161	47732	48827	50413
聊城市	23809	43320	49189	50483	52679	52656	53957	61583
滨州市	21152	32995	34275	35449	35498	36820	38169	40301
菏泽市	37124	72591	81556	82557	83140	83004	84123	87974

2-106 各市卫生技术人员数

单位：人

地　区	2010	2015	2018	2019	2020	2021	2022	2023
全　省	440906	618644	738618	783098	814248	853225	876461	934824
济南市	38791	67471	82834	97532	102172	108401	113536	122212
青岛市	43294	66164	83975	90361	94854	97043	99121	104894
淄博市	26351	34194	39842	42098	43700	45380	46311	47943
枣庄市	14639	21023	27414	28537	29715	30978	31601	32832
东营市	12671	15858	18513	19723	20528	21723	22671	23645
烟台市	36896	45936	50093	51661	53896	56015	56793	59700
潍坊市	50414	59417	66871	72182	75506	78450	80275	84533
济宁市	33046	51827	60623	64963	66552	71663	73014	77626
泰安市	26817	34864	38705	39889	41328	42803	43820	46384
威海市	18058	19654	23541	24862	25053	25518	25595	26466
日照市	11382	14858	18695	19821	20805	22962	23709	24240
莱芜市	6022	7632	8832					
临沂市	31661	49854	65103	71110	74475	80039	82630	90205
德州市	19807	27581	33155	35268	36069	38067	39159	40961
聊城市	20433	29606	36716	38597	41281	42438	43860	51770
滨州市	18661	24411	26874	28142	28877	30774	32094	34119
菏泽市	31963	48294	56832	58352	59437	60971	62272	67294

2-107　各市二氧化硫排放量

单位：万吨

地　区	2010	2015	2017	2018	2019	2020	2021	2022
全　省	153.8	152.6	41.6	34.1	28.2	19.3	16.5	14.6
济南市	8.2	10.0	2.6	2.1	1.7	1.6	1.4	1.3
青岛市	11.3	9.2	1.6	1.2	1.0	0.5	0.6	0.6
淄博市	16.8	18.8	3.2	2.5	2.0	1.6	1.1	0.8
枣庄市	8.2	7.1	1.2	1.0	0.9	0.5	0.4	0.4
东营市	7.5	5.0	1.9	1.5	1.4	1.1	0.8	0.8
烟台市	9.7	8.3	2.6	2.2	1.8	2.1	1.8	1.3
潍坊市	12.2	12.2	3.4	2.7	2.4	1.5	1.0	0.9
济宁市	12.0	12.4	2.1	2.0	2.1	1.2	1.1	1.0
泰安市	8.1	8.0	1.2	0.9	0.9	1.0	1.1	1.0
威海市	5.2	4.2	0.7	0.5	0.4	0.6	0.5	0.4
日照市	5.4	5.9	1.6	1.3	1.0	1.2	0.9	0.7
莱芜市	6.2	7.3						
临沂市	9.6	10.2	3.2	3.0	3.1	1.7	1.4	1.2
德州市	11.5	8.1	1.7	1.7	1.5	1.1	0.7	0.6
聊城市	7.5	7.1	3.9	3.2	2.5	0.9	0.8	0.8
滨州市	7.4	9.8	7.9	6.4	3.7	2.0	2.0	1.9
菏泽市	7.1	9.1	2.9	1.9	1.8	1.1	1.0	0.8

注：1. 自2011年开始，二氧化硫排放量统计口径调整，与往年数据不可比。
　　2. 按照国家统一部署，以第二次全国污染源普查成果为基准，依法对2016-2019年污染源统计初步数据进行更新。济南市排放量含原莱芜市。

2-108　各市废水排放量

单位：万吨

地　区	2010	2015	2017	2018	2019	2020	2021	2022
全　省	436371	550230	357803	371738	374309	376378	371082	366156
济南市	28567	39454	28398	28714	29261	46493	49649	44595
青岛市	38156	53235	35326	38889	42090	30655	30841	33965
淄博市	34735	36488	21196	22283	22825	20256	22009	19563
枣庄市	24809	22952	13677	14693	15791	10829	11187	14677
东营市	17893	19738	15620	16239	17433	18721	19769	20499
烟台市	25502	36784	23298	21659	21422	28573	31552	31151
潍坊市	45733	56732	39070	40745	40431	43290	34251	36069
济宁市	33493	45571	31454	31771	30563	21221	20128	22650
泰安市	15172	29013	15368	15900	15660	16640	14019	7607
威海市	11403	15580	8880	12155	8855	5870	5739	6227
日照市	14982	16029	12727	12646	12815	12753	12602	15424
莱芜市	5790	5923						
临沂市	32259	46572	30082	30864	31400	29023	36044	35528
德州市	30198	25852	21220	21704	21193	19002	17598	15278
聊城市	30941	34385	16180	14576	14915	19198	17874	17359
滨州市	24220	34994	26363	27870	28175	29825	23934	24012
菏泽市	22520	30928	18943	21032	21481	24028	23887	21550

注：1.自2011年开始，废水排放量统计口径调整，与往年数据不可比。
　　2.自2016年开始，废水排放量统计口径调整，与2015年数据不可比。按照国家统一部署，以第二次全国污染源普查成果为基准，依法对2016-2019年污染源统计初步数据进行更新，济南市排放量含原莱芜市。

2-109　各市化学需氧量排放量

单位：吨

地　区	2010	2015	2017	2018	2019	2020	2021	2022
全　省	620533	1757630	316890	292047	275674	1534845	1562795	1420555
济南市	47354	107743	20167	19756	19131	49922	44799	39166
青岛市	46634	146506	12782	12912	12764	40793	41152	38060
淄博市	36404	58144	13720	12542	11475	29673	20214	17843
枣庄市	37387	49243	15853	15504	14673	31327	24085	26084
东营市	29753	63512	7538	7219	6800	14938	15035	13478
烟台市	41974	140274	17578	17175	16250	30982	28046	30479
潍坊市	41280	161749	22354	21949	20344	43658	40004	38301
济宁市	38017	130872	26702	26562	26100	48811	47648	37106
泰安市	25711	108865	16609	17674	17922	30168	30710	32844
威海市	14314	30330	5400	5069	4902	15333	13017	12553
日照市	23095	42948	6221	6319	6433	26942	20602	16517
莱芜市	10388	17980						
临沂市	32439	145679	23195	23256	23555	52566	46942	44149
德州市	67429	147325	28337	27488	25969	38893	36411	36707
聊城市	45897	141994	17778	17213	14932	36041	34125	32997
滨州市	45921	132422	21922	21314	20809	31861	32535	28474
菏泽市	36536	132046	30826	30670	31818	47098	43908	36367

注：1.自2011年开始，化学需氧量排放量统计口径调整，与往年数据不可比。
　　2.自2016年开始，化学需氧量排放量统计口径调整，与往年数据不可比。按照国家统一部署，以第二次全国污染源普查成果为基准，依法对2016—2019年污染源统计初步数据进行更新，济南市排放量含原莱芜市。另外，农业大型畜禽数据由省级打包填报，不分到各市，因此全省排放量数据不等于16市排放量相加之和。
　　3.自2020年开始，化学需氧量排放量统计口径调整，与往年数据不可比。济南市排放量含原莱芜市。另外，农业源数据由省级打包填报，不分到各市，因此全省排放量数据不等于16市排放量相加之和。

三、各县(市、区)经济社会发展主要统计指标

3-1　各县(市、区)地区生产总值

单位：亿元

地　　区	2015	2018	2019	2020	2021	2022	2023
济南市							
历下区	1128.97	1523.27	1685.39	1892.57	2925.33	3122.30	3335.72
市中区	748.87	983.95	1060.52	1047.12	1235.39	1272.21	1350.35
槐荫区	409.70	549.30	605.06	630.28	701.75	747.02	801.84
天桥区	371.19	499.67	554.90	578.55	715.99	732.00	794.74
历城区	1481.06	1980.93	2132.94	2364.76	1827.32	1938.26	2105.00
长清区	230.00	282.53	317.94	341.78	371.63	389.10	400.40
章丘区	814.44	884.07	911.03	1008.04	1273.08	1273.23	1339.14
济阳区	197.19	199.30	228.94	244.11	269.72	311.92	352.55
莱芜区	514.02	717.23	755.78	814.70	922.60	1000.30	1030.19
钢城区	179.10	266.96	278.07	301.72	334.64	344.99	350.10
平阴县	195.02	210.57	223.17	234.60	267.30	276.09	281.21
商河县	147.43	149.97	162.98	181.06	210.24	230.33	246.10
青岛市							
市南区	931.14	1139.76	1217.47	1272.32	1400.58	1501.49	1577.97
市北区	649.10	854.93	912.75	962.18	1063.56	1128.31	1203.19
黄岛区	2494.60	3356.44	3554.44	3721.68	4368.53	4705.93	5003.38
崂山区	553.98	754.55	818.14	886.42	1011.08	1085.89	1150.89
李沧区	335.60	471.55	518.03	545.88	601.21	615.71	633.50
城阳区	824.17	1055.49	1121.83	1209.63	1334.20	1352.95	1397.42
即墨区	870.21	1124.60	1201.05	1278.36	1452.52	1517.51	1594.73
胶州市	829.63	1066.06	1147.59	1225.86	1456.27	1545.38	1637.50
平度市	587.43	638.75	684.70	715.70	821.14	850.50	875.61
莱西市	405.85	487.23	526.35	551.87	625.50	664.65	686.16
淄博市							
淄川区	383.61	444.39	460.17	454.58	508.39	521.95	540.95
张店区	730.68	928.32	948.73	964.54	1096.84	1182.66	1232.71
博山区	189.95	223.15	226.96	231.99	257.09	268.00	280.47
临淄区	606.62	722.97	732.53	733.34	862.07	898.15	931.55
周村区	187.32	220.62	225.87	236.54	265.00	271.78	281.29
桓台县	497.55	605.08	611.52	580.33	667.08	699.66	726.18
高青县	138.86	176.18	176.37	179.78	205.22	216.91	225.47
沂源县	205.52	252.27	260.28	268.53	307.51	328.38	343.16
枣庄市							
市中区	203.12	247.79	253.40	260.92	294.75	311.41	331.17
薛城区	258.08	310.27	322.18	325.83	364.37	386.53	409.63
峄城区	122.13	140.56	141.33	142.93	160.11	167.91	179.20
台儿庄区	93.23	106.33	114.67	116.16	129.01	137.60	148.12

注：表中2015、2018年数据为根据第四次全国经济普查结果修订数据，2023年数据为初步核算数(以下相关表同)。

3–1 续表1

单位：亿元

地 区	2015	2018	2019	2020	2021	2022	2023
山亭区	97.20	113.40	113.98	116.53	126.56	132.99	142.54
滕州市	607.51	719.29	748.35	749.37	856.52	900.49	946.08
东营市							
东营区	1235.78	1439.49	1497.09	1437.33	1603.52	1712.08	1744.52
河口区	231.68	313.63	336.18	357.81	468.90	535.85	591.09
垦利区	226.12	256.51	265.03	268.59	321.17	347.63	375.61
利津县	189.64	211.67	228.66	241.26	284.21	302.75	329.52
广饶县	513.59	563.51	589.22	622.18	729.43	783.70	858.31
烟台市							
芝罘区	758.13	912.16	953.87	984.82	1097.20	1212.87	1301.34
福山区	1452.23	1775.75	1938.19	2025.39	2397.90	2559.88	2717.84
牟平区	246.91	311.28	331.20	309.91	331.63	373.41	413.78
莱山区	283.51	384.90	427.49	443.63	500.26	574.89	597.29
蓬莱区				440.28	489.16	534.01	573.98
长岛县	56.64	73.06	74.37				
蓬莱市	292.40	332.29	356.95				
龙口市	858.70	1005.86	1066.31	1067.91	1236.64	1391.92	1511.40
莱阳市	344.18	416.85	438.41	440.02	479.20	505.44	514.39
莱州市	576.09	650.82	651.90	652.53	701.31	763.41	820.26
招远市	541.82	631.39	682.16	684.75	746.11	804.34	868.45
栖霞市	231.99	283.27	297.35	248.85	272.74	290.21	309.30
海阳市	314.05	406.80	434.83	420.36	459.58	498.68	534.42
潍坊市							
潍城区	223.24	275.03	292.48	307.64	363.95	370.83	391.73
寒亭区	364.69	482.89	499.15	508.81	607.19	639.34	661.50
坊子区	157.79	201.91	213.30	223.99	261.90	272.21	279.33
奎文区	582.99	755.55	804.26	868.97	1022.71	1075.52	1109.80
临朐县	233.33	292.54	308.04	321.83	389.42	409.19	430.31
昌乐县	272.04	305.94	315.62	330.34	405.30	423.38	419.14
青州市	442.04	521.27	549.33	564.75	676.79	703.25	733.57
诸城市	525.20	614.06	636.75	652.76	767.39	805.50	830.53
寿光市	620.72	746.97	768.11	786.57	953.58	1002.08	1028.74
安丘市	249.73	310.46	319.14	329.83	403.86	423.56	460.74
高密市	429.23	501.25	500.05	510.25	614.55	646.78	679.51
昌邑市	369.92	441.88	444.06	450.40	527.86	554.47	581.14
济宁市							
任城区	699.48	836.03	844.15	850.22	949.11	985.84	1022.29
兖州区	588.56	687.19	693.67	697.64	802.66	827.61	859.41
微山县	314.21	376.50	379.72	382.05	427.90	443.27	448.79
鱼台县	143.50	176.74	177.78	184.69	219.06	232.71	246.30

注：2020年，经国务院批复同意撤销原烟台市蓬莱市、长岛县，合并设立烟台市蓬莱区。

3-1 续表2

单位：亿元

地 区	2015	2018	2019	2020	2021	2022	2023
金乡县	171.14	207.46	209.17	216.03	245.64	260.15	275.29
嘉祥县	227.80	276.50	278.56	285.09	326.88	352.64	371.74
汶上县	183.14	214.65	216.21	223.50	250.52	265.41	282.54
泗水县	141.71	175.65	176.67	184.46	202.47	216.64	226.70
梁山县	193.23	229.46	231.55	238.46	268.19	285.96	300.53
曲阜市	304.92	352.20	355.06	360.82	400.03	426.81	441.59
邹城市	690.41	804.46	807.64	810.99	949.98	1008.90	1041.29
泰安市							
泰山区	362.44	444.44	485.37	501.24	528.72	553.81	581.65
岱岳区	419.39	473.84	534.59	553.05	602.68	637.40	648.47
宁阳县	200.44	227.31	245.19	251.75	273.82	297.62	311.07
东平县	160.87	190.10	207.37	216.88	237.89	255.55	266.41
新泰市	410.28	465.89	500.80	522.05	590.69	629.57	643.43
肥城市	521.08	602.28	690.28	721.48	762.85	821.69	872.83
威海市							
环翠区	951.05	1158.70	1211.11	1244.95	1466.88	1461.31	1512.48
文登区	440.87	530.29	544.47	543.66	579.98	593.55	611.91
荣成市	753.29	904.18	930.79	918.08	1002.55	1030.08	1049.81
乳山市	254.91	305.92	277.36	277.22	310.34	321.65	339.34
日照市							
东港区	637.47	803.23	890.74	901.72	1015.32	1047.38	1088.75
岚山区	344.26	452.61	490.26	512.14	556.45	575.88	607.59
五莲县	153.13	186.36	194.13	195.76	212.44	223.26	230.77
莒县	261.40	347.83	374.25	386.62	427.74	454.20	463.75
临沂市							
兰山区	849.24	1081.25	1142.22	1185.73	1312.16	1356.06	1448.82
罗庄区	352.23	428.16	461.29	469.55	536.90	549.07	572.93
河东区	389.00	486.74	512.67	541.91	661.90	691.26	707.85
沂南县	181.81	211.82	220.56	232.63	273.71	289.69	306.51
郯城县	229.02	279.56	306.45	321.47	365.07	384.21	411.23
沂水县	342.26	401.50	423.11	444.66	513.40	542.83	573.33
兰陵县	215.85	248.94	260.53	278.27	325.77	341.24	360.82
费县	321.43	385.75	390.70	410.71	472.54	500.19	526.55
平邑县	188.62	229.24	230.78	244.50	282.49	296.62	314.80
莒南县	226.59	270.10	287.63	297.29	342.59	366.22	393.42
蒙阴县	138.69	162.33	167.25	174.13	197.15	207.69	220.16
临沭县	148.42	182.37	197.06	204.40	234.43	250.73	268.77

3-1 续表3

单位：亿元

地 区	2015	2018	2019	2020	2021	2022	2023
德州市							
德城区	535.33	662.28	696.86	707.53	791.89	846.64	896.33
陵城区	192.22	224.74	233.09	230.06	260.98	276.13	292.46
宁津县	195.18	223.60	235.52	237.09	270.05	280.61	296.20
庆云县	130.80	159.36	162.81	163.99	183.40	192.35	205.05
临邑县	215.20	260.94	271.04	266.29	301.01	320.67	336.91
齐河县	305.91	324.27	336.83	343.01	400.89	424.48	426.44
平原县	172.46	224.10	233.52	236.30	262.67	280.13	293.57
夏津县	159.42	187.34	195.92	196.48	223.53	232.95	239.78
武城县	150.20	165.39	177.13	177.83	201.62	202.53	212.56
乐陵市	191.24	226.62	237.25	241.05	271.98	282.40	298.65
禹城市	188.56	235.17	242.30	245.89	280.78	292.47	307.32
聊城市							
东昌府区	516.77	671.95	723.02	761.36	866.34	907.42	943.16
茌平区	275.66	295.29	301.09	303.78	345.84	375.32	394.21
阳谷县	226.71	262.40	270.10	283.13	318.15	333.08	347.33
莘 县	170.51	199.00	213.21	229.46	258.05	275.55	286.02
东阿县	157.77	171.84	166.84	148.73	168.54	176.46	184.52
冠 县	172.70	195.27	205.88	218.57	247.32	265.65	277.81
高唐县	130.50	142.41	146.42	153.87	169.03	184.08	193.06
临清市	198.33	225.19	233.25	238.22	269.27	287.66	300.24
滨州市							
滨城区	528.13	596.39	641.96	663.65	746.83	775.03	804.72
沾化区	143.71	150.80	158.10	163.41	176.45	190.92	207.86
惠民县	166.36	179.53	190.09	200.41	227.03	235.38	243.41
阳信县	169.70	206.92	219.22	224.26	255.25	273.47	291.74
无棣县	241.95	313.42	326.75	337.76	388.42	417.11	437.58
博兴县	313.07	347.79	366.81	380.91	441.89	466.69	481.35
邹平市	595.94	537.72	554.26	567.44	636.25	646.43	652.19
菏泽市							
牡丹区	589.99	767.60	834.93	852.79	963.26	1021.43	1077.27
定陶区	141.49	183.04	206.56	213.26	253.13	272.34	286.36
曹 县	331.57	413.11	454.61	457.05	529.54	548.71	582.04
单 县	240.00	305.36	333.62	341.50	397.01	436.12	455.05
成武县	107.30	135.98	147.67	155.38	176.74	224.66	243.74
巨野县	252.72	317.33	346.59	343.09	396.54	425.72	447.61
郓城县	325.36	404.23	435.25	426.98	498.58	515.20	531.24
鄄城县	165.39	209.48	233.70	242.60	277.39	294.74	311.13
东明县	308.33	384.60	417.05	418.27	484.49	506.43	530.04

3-2　各县(市、区)第一产业增加值

单位：亿元

地　　区	2015	2018	2019	2020	2021	2022	2023
济南市							
历下区							
市中区	3.47	2.28	1.77	1.62	1.73	1.78	1.83
槐荫区	3.88	2.63	2.33	2.13	2.42	2.47	2.49
天桥区	3.72	4.82	4.83	5.14	4.57	4.70	5.33
历城区	42.96	43.31	40.42	40.60	38.60	37.94	38.44
长清区	29.38	31.12	32.05	33.91	39.13	40.39	41.40
章丘区	74.38	76.47	76.86	82.14	95.11	98.61	100.65
济阳区	46.35	38.44	40.79	42.10	47.32	48.99	49.82
莱芜区	44.90	51.14	57.47	61.21	71.41	73.94	74.77
钢城区	8.06	9.17	9.94	10.54	12.27	12.50	12.85
平阴县	28.12	29.93	31.87	34.20	40.08	41.24	42.17
商河县	40.87	43.41	44.73	48.08	56.12	57.98	59.78
青岛市							
市南区							
市北区							
黄岛区	67.78	73.70	78.58	82.25	92.15	92.45	95.76
崂山区	5.78	8.32	6.63	5.94	6.92	7.44	8.15
李沧区							
城阳区	15.82	17.55	17.23	17.95	20.15	20.93	21.54
即墨区	60.19	70.83	74.63	76.97	85.07	88.66	91.30
胶州市	53.14	53.27	56.49	57.79	63.94	65.93	67.95
平度市	104.06	101.36	109.60	113.40	124.17	127.07	130.92
莱西市	51.25	61.87	66.88	68.91	74.38	75.42	77.12
淄博市							
淄川区	8.06	6.56	8.13	8.48	9.87	10.02	9.91
张店区	1.98	2.05	2.12	2.15	2.49	2.46	2.46
博山区	11.03	8.86	8.26	8.70	9.82	10.06	10.62
临淄区	34.95	36.21	37.29	39.74	46.42	48.71	49.68
周村区	10.33	9.51	9.02	9.42	10.70	10.92	10.93
桓台县	19.40	13.27	13.19	13.82	16.14	16.39	16.98
高青县	24.46	33.32	34.55	36.34	41.84	44.13	45.42
沂源县	30.06	36.10	36.74	38.53	43.29	45.94	48.20
枣庄市							
市中区	9.02	10.05	9.93	10.47	11.75	12.14	12.63
薛城区	15.44	15.26	15.71	16.41	18.46	18.75	19.05
峄城区	18.28	20.69	21.46	22.36	24.90	25.97	27.01
台儿庄区	15.63	17.99	19.14	19.89	22.54	23.55	24.79

3-2 续表1

单位：亿元

地 区	2015	2018	2019	2020	2021	2022	2023
山亭区	17.15	17.91	17.64	18.60	20.41	21.73	23.31
滕州市	68.22	74.99	74.99	77.96	87.77	91.99	94.03
东营市							
东营区	24.48	19.28	17.72	19.02	23.26	24.72	24.99
河口区	18.70	22.78	23.15	24.80	27.96	29.03	30.50
垦利区	19.60	27.99	28.81	30.82	35.99	38.13	38.77
利津县	28.13	31.87	32.38	34.87	40.11	42.00	43.38
广饶县	42.16	44.61	43.67	47.05	54.56	57.64	57.60
烟台市							
芝罘区	5.59	6.36	6.76	7.80	8.24	8.55	8.66
福山区	26.18	32.90	32.25	40.61	44.90	47.47	51.40
牟平区	41.48	48.45	48.60	50.49	54.42	58.67	69.59
莱山区	3.60	3.68	9.22	8.71	9.45	10.18	4.19
蓬莱区				99.67	112.47	115.88	122.45
长岛县	32.96	42.93	44.09				
蓬莱市	42.30	47.47	50.97				
龙口市	27.56	30.48	33.64	35.97	40.68	43.45	44.31
莱阳市	42.39	46.07	53.63	56.57	62.04	64.60	65.96
莱州市	63.93	77.05	84.99	86.75	88.57	93.34	97.78
招远市	39.30	44.85	46.36	48.64	55.01	57.52	59.25
栖霞市	48.18	52.73	58.96	53.79	59.27	63.73	70.44
海阳市	63.72	77.08	80.95	83.75	91.10	98.98	102.14
潍坊市							
潍城区	9.93	6.55	5.85	6.00	6.50	6.56	6.75
寒亭区	24.07	28.12	28.42	30.73	36.30	37.58	39.30
坊子区	19.39	21.23	21.22	21.72	25.34	25.95	27.07
奎文区	0.40	0.40	0.22	0.19			
临朐县	32.99	35.87	36.77	39.09	45.02	45.99	47.81
昌乐县	35.92	44.86	45.73	47.95	56.80	58.91	60.90
青州市	50.68	59.24	60.82	62.80	72.38	74.84	78.67
诸城市	63.00	68.35	69.70	69.44	79.56	81.44	84.35
寿光市	93.16	99.44	101.23	106.33	126.92	131.56	137.51
安丘市	48.40	51.79	51.86	53.74	63.50	64.98	68.56
高密市	49.81	47.93	47.36	48.45	55.51	57.12	59.01
昌邑市	34.93	47.81	48.23	49.19	59.74	61.71	64.27
济宁市							
任城区	36.53	34.86	34.13	36.85	42.13	43.50	45.60
兖州区	40.96	34.39	33.67	34.89	38.15	39.56	39.52
微山县	48.33	59.35	57.29	57.85	61.71	64.90	66.84
鱼台县	38.16	47.67	50.03	49.77	57.31	59.96	63.91

3-2 续表2

单位：亿元

地 区	2015	2018	2019	2020	2021	2022	2023
金乡县	51.63	60.87	65.02	67.74	75.46	78.69	82.22
嘉祥县	31.88	38.91	39.97	41.80	47.88	49.86	50.10
汶上县	38.96	37.86	37.78	39.29	41.50	43.63	42.59
泗水县	37.78	47.74	48.25	51.75	56.06	59.38	62.04
梁山县	43.61	49.05	53.06	57.08	66.97	69.46	70.25
曲阜市	29.69	25.30	26.06	27.95	31.30	32.83	33.20
邹城市	49.59	55.24	58.57	60.64	65.32	68.87	71.62
泰安市							
泰山区	10.49	15.73	11.71	11.52	11.72	10.71	20.34
岱岳区	56.81	57.03	61.84	65.25	71.50	76.09	68.37
宁阳县	52.83	52.51	55.94	57.51	62.46	68.64	71.02
东平县	44.07	48.22	48.36	51.05	56.55	60.92	63.92
新泰市	56.09	57.51	55.31	57.71	62.85	67.99	69.33
肥城市	50.60	54.37	55.53	56.62	62.27	66.26	68.86
威海市							
环翠区	36.81	42.91	43.09	42.52	48.60	50.85	53.40
文登区	56.80	68.75	67.66	70.11	76.99	79.78	81.53
荣成市	92.57	122.44	127.79	135.21	161.13	158.26	165.28
乳山市	34.84	47.11	50.07	53.82	62.45	65.91	68.47
日照市							
东港区	46.57	46.30	51.46	52.46	57.74	60.29	64.68
岚山区	40.90	48.48	46.58	47.64	54.97	57.97	61.73
五莲县	21.69	24.45	24.99	25.46	29.06	31.59	32.93
莒县	39.06	47.22	44.74	45.77	52.92	58.04	59.13
临沂市							
兰山区	8.08	8.83	9.71	10.46	10.07	10.62	11.77
罗庄区	7.54	9.14	10.31	11.10	12.24	12.89	13.21
河东区	16.63	17.35	19.35	20.84	24.64	25.97	25.97
沂南县	36.55	38.99	44.19	47.56	52.59	55.42	57.40
郯城县	27.82	30.38	33.30	35.87	38.99	41.13	42.86
沂水县	35.98	38.90	43.31	46.72	51.55	54.48	56.29
兰陵县	58.09	58.18	64.00	68.98	75.20	79.71	83.00
费县	33.40	34.36	37.85	40.65	44.20	46.72	48.73
平邑县	36.31	37.98	41.72	44.96	49.26	51.69	53.49
莒南县	37.70	42.09	46.62	50.21	55.41	58.35	60.01
蒙阴县	29.28	30.94	33.97	36.45	40.06	42.45	44.21
临沭县	19.60	22.54	25.15	27.12	29.94	31.57	32.60

3-2 续表3

单位：亿元

地 区	2015	2018	2019	2020	2021	2022	2023
德州市							
德城区	11.95	7.03	7.97	8.81	9.63	9.46	9.60
陵城区	30.21	31.53	33.23	34.12	37.29	36.66	37.63
宁津县	24.69	22.51	21.82	23.20	25.88	25.85	26.21
庆云县	10.73	11.71	12.00	12.34	14.35	14.24	14.45
临邑县	33.58	34.98	29.47	30.02	32.62	31.95	32.42
齐河县	42.08	49.27	40.56	43.08	50.30	52.23	53.65
平原县	28.54	40.07	41.86	44.67	49.95	51.65	52.67
夏津县	21.38	22.66	23.71	25.64	28.85	29.08	29.45
武城县	17.32	14.22	16.74	17.88	20.81	20.30	20.85
乐陵市	37.78	42.33	40.11	41.39	43.95	44.78	45.54
禹城市	41.08	43.82	44.41	45.85	53.30	53.58	55.47
聊城市							
东昌府区	38.68	42.88	43.80	45.10	49.41	52.82	54.36
茌平区	27.20	26.54	27.21	28.44	32.16	34.39	35.67
阳谷县	46.84	53.30	54.53	59.48	66.12	70.65	72.77
莘县	56.31	63.41	65.76	70.09	81.37	87.01	89.58
东阿县	16.80	19.02	19.16	20.05	23.09	24.69	25.57
冠县	46.48	50.70	51.66	53.66	59.69	63.76	66.63
高唐县	21.23	24.59	24.70	25.21	27.86	29.78	30.87
临清市	25.74	30.48	30.78	31.22	34.51	36.90	38.41
滨州市							
滨城区	22.05	21.64	22.27	23.66	25.14	26.22	26.91
沾化区	36.12	40.38	39.33	40.99	45.22	46.81	49.08
惠民县	35.89	42.60	43.30	46.73	54.99	57.04	57.98
阳信县	23.20	28.70	29.02	31.12	38.08	43.22	43.28
无棣县	38.17	47.60	42.27	45.15	49.33	51.68	51.96
博兴县	22.39	21.82	23.55	25.00	31.68	35.49	36.68
邹平市	36.85	31.08	30.50	30.51	34.87	36.15	37.33
菏泽市							
牡丹区	34.40	35.78	38.62	39.35	43.85	46.47	47.31
定陶区	22.82	24.98	27.25	29.13	32.65	34.52	35.33
曹县	37.77	41.54	44.18	48.38	54.55	57.87	58.76
单县	38.67	42.30	45.66	48.70	54.60	57.97	59.79
成武县	24.21	26.38	28.50	30.47	33.32	35.16	36.01
巨野县	28.56	32.58	35.01	37.59	42.71	45.35	46.37
郓城县	36.99	40.56	43.69	47.04	55.67	58.61	59.81
鄄城县	25.74	28.70	30.40	32.33	36.20	38.05	38.67
东明县	24.78	28.31	30.26	33.00	37.36	39.17	40.09

3-3　各县(市、区)第二产业增加值

单位：亿元

地　区	2015	2018	2019	2020	2021	2022	2023
济南市							
历下区	185.75	272.37	320.93	431.05	835.40	873.28	940.77
市中区	166.84	268.55	288.74	214.21	339.95	334.56	351.62
槐荫区	119.38	152.86	182.58	181.71	193.87	207.36	227.81
天桥区	110.37	163.22	190.31	203.21	239.68	246.30	269.39
历城区	659.79	761.76	806.71	899.12	502.36	536.34	561.04
长清区	105.69	128.29	152.86	161.76	172.06	169.05	167.55
章丘区	489.01	463.38	467.25	524.01	731.12	704.33	735.15
济阳区	95.26	91.26	111.10	116.35	129.97	149.90	183.52
莱芜区	218.73	270.83	293.67	321.40	363.59	415.59	414.74
钢城区	109.52	178.38	183.95	199.01	221.60	227.58	226.52
平阴县	117.64	120.34	128.04	131.34	151.08	155.54	153.70
商河县	47.94	38.05	46.08	51.95	65.44	75.38	80.18
青岛市							
市南区	88.05	117.92	131.09	135.59	135.02	152.97	159.93
市北区	122.94	153.85	171.17	176.54	208.27	231.60	243.62
黄岛区	1188.14	1385.38	1355.64	1399.31	1638.33	1675.69	1702.03
崂山区	203.27	234.65	255.82	264.19	309.06	345.69	373.12
李沧区	116.88	134.12	153.05	155.92	173.46	176.52	168.49
城阳区	450.41	534.14	556.25	568.95	650.13	671.69	689.35
即墨区	438.19	551.10	586.67	630.19	737.60	759.49	775.51
胶州市	398.05	491.77	534.29	567.80	707.90	738.16	756.52
平度市	242.04	238.96	246.20	254.70	312.06	327.95	336.56
莱西市	177.14	191.88	193.01	199.12	237.18	249.84	244.42
淄博市							
淄川区	223.24	252.14	248.76	237.45	262.02	262.36	265.03
张店区	321.52	386.28	383.28	378.35	434.26	485.87	506.39
博山区	94.91	114.07	113.63	114.23	124.30	129.35	134.67
临淄区	381.26	450.00	442.32	435.58	526.98	544.25	558.62
周村区	89.08	100.87	99.57	98.63	114.02	115.20	118.04
桓台县	299.67	357.01	352.11	319.15	377.70	392.75	413.13
高青县	57.63	72.15	71.53	68.05	79.69	86.11	89.15
沂源县	87.76	105.59	106.64	103.72	125.10	136.12	135.95
枣庄市							
市中区	78.36	92.79	89.56	91.44	99.07	104.49	107.30
薛城区	115.54	130.29	128.55	119.15	128.99	137.11	143.12
峄城区	52.42	56.51	58.75	56.33	60.96	63.99	69.74
台儿庄区	40.35	43.63	46.40	43.83	47.47	52.12	57.01

3-3 续表1

单位：亿元

地区	2015	2018	2019	2020	2021	2022	2023
山亭区	39.00	43.85	42.81	42.85	43.03	43.88	45.97
滕州市	325.32	371.48	370.91	329.75	374.08	384.05	399.72
东营市							
东营区	797.80	870.72	881.66	787.82	877.08	927.49	920.11
河口区	131.54	174.67	187.31	199.27	293.98	350.57	388.49
垦利区	136.30	140.34	143.17	141.84	178.20	186.85	200.57
利津县	91.44	97.74	108.07	112.93	141.84	154.25	169.31
广饶县	336.33	343.61	354.91	374.07	466.46	493.37	544.40
烟台市							
芝罘区	192.28	207.44	189.54	188.30	213.64	268.16	294.24
福山区	929.65	1042.64	1107.17	1125.05	1368.40	1467.54	1527.12
牟平区	88.17	95.06	99.96	100.20	113.52	137.00	149.00
莱山区	111.39	139.41	150.22	145.22	166.74	200.61	207.60
蓬莱区				121.14	138.02	162.12	167.43
长岛县	2.99	3.47	3.18				
蓬莱市	102.41	112.57	117.76				
龙口市	452.69	494.67	525.10	505.68	601.04	695.53	745.82
莱阳市	159.09	181.09	182.85	174.83	195.76	212.49	213.19
莱州市	297.84	288.37	284.56	284.20	304.87	355.78	378.62
招远市	263.11	286.84	297.53	282.28	282.12	311.08	333.61
栖霞市	79.76	89.64	87.20	53.98	59.29	64.87	68.05
海阳市	109.67	134.86	140.41	140.55	156.76	181.83	193.61
潍坊市							
潍城区	114.25	133.18	142.99	148.31	182.21	186.63	195.86
寒亭区	155.15	200.35	201.30	194.84	243.98	262.82	263.97
坊子区	58.21	69.79	76.14	76.14	93.00	98.51	99.59
奎文区	256.51	353.11	380.81	417.65	499.77	531.19	520.87
临朐县	99.60	119.25	125.03	126.81	158.55	169.15	176.47
昌乐县	105.38	116.95	114.95	118.20	151.10	160.22	149.95
青州市	194.95	212.73	225.32	224.36	274.68	288.78	302.28
诸城市	236.90	239.06	238.17	237.97	291.23	308.12	314.60
寿光市	289.65	332.60	328.48	326.94	399.36	435.85	450.88
安丘市	81.60	92.16	88.15	88.86	115.78	123.51	143.18
高密市	163.22	175.44	163.17	162.83	203.54	220.25	231.13
昌邑市	180.89	201.62	191.46	187.63	222.13	238.74	249.11
济宁市							
任城区	298.07	343.64	317.57	303.63	349.20	348.17	357.43
兖州区	323.47	361.18	358.37	347.94	404.13	405.64	421.77
微山县	125.44	139.89	134.58	125.24	149.60	149.30	145.89
鱼台县	49.90	55.73	50.91	50.90	59.73	61.03	63.27

3-3 续表2

单位：亿元

地区	2015	2018	2019	2020	2021	2022	2023
金乡县	52.34	59.29	54.33	53.21	62.06	60.42	63.50
嘉祥县	109.45	125.39	121.04	118.34	138.04	150.13	157.72
汶上县	77.96	87.49	84.79	85.23	100.08	101.47	107.89
泗水县	48.16	54.13	48.77	47.65	54.89	54.32	58.03
梁山县	83.06	91.44	83.24	81.01	92.77	93.95	96.71
曲阜市	101.44	113.73	114.48	107.74	117.93	122.80	125.61
邹城市	363.28	401.68	391.91	372.33	451.42	461.10	475.77
泰安市							
泰山区	106.83	123.42	132.78	136.24	133.25	137.89	140.78
岱岳区	169.96	189.69	208.45	222.95	242.55	261.47	277.39
宁阳县	76.21	84.90	87.32	88.52	95.66	102.73	110.66
东平县	53.88	62.88	68.97	69.41	75.95	82.39	88.73
新泰市	169.54	186.37	194.55	202.34	245.63	264.70	278.21
肥城市	260.87	307.01	344.13	360.92	378.98	420.20	453.00
威海市							
环翠区	462.18	527.73	551.71	545.26	662.74	633.17	654.50
文登区	196.31	221.19	226.02	222.44	238.29	228.40	239.58
荣成市	330.43	339.57	322.23	286.38	310.99	331.21	340.47
乳山市	118.08	116.78	96.38	90.66	92.50	91.79	97.03
日照市							
东港区	242.05	285.71	309.80	298.00	320.90	320.60	322.42
岚山区	203.10	278.19	302.90	320.61	336.38	340.82	359.32
五莲县	64.89	76.62	76.42	73.99	78.49	78.02	79.51
莒县	100.17	130.56	142.76	142.74	158.77	167.63	173.09
临沂市							
兰山区	345.12	407.66	397.21	397.49	447.59	465.86	500.49
罗庄区	177.29	198.46	207.20	202.77	240.04	238.61	249.00
河东区	192.01	232.98	236.20	249.92	311.72	320.71	322.42
沂南县	75.34	83.69	79.10	82.06	104.42	113.36	118.75
郯城县	65.80	79.05	82.43	85.66	105.14	112.03	119.73
沂水县	144.06	165.76	163.01	172.17	207.51	220.42	230.55
兰陵县	52.87	62.76	57.84	61.35	87.83	91.00	97.78
费县	186.71	222.14	212.14	219.02	258.98	276.78	290.10
平邑县	66.21	77.65	71.95	75.89	94.41	101.20	108.89
莒南县	112.72	122.64	127.53	131.01	156.03	169.33	187.32
蒙阴县	37.36	43.55	39.35	40.27	48.00	50.34	53.85
临沭县	56.82	66.37	68.52	66.79	79.91	86.63	95.33

3－3 续表3

单位：亿元

地　区	2015	2018	2019	2020	2021	2022	2023
德州市							
德城区	250.88	286.55	296.65	300.26	344.29	371.65	393.75
陵城区	78.21	88.28	88.45	88.08	103.34	107.67	115.35
宁津县	93.24	104.50	107.67	104.11	121.31	125.67	132.97
庆云县	57.25	61.48	61.52	59.29	65.40	68.33	73.50
临邑县	99.15	119.07	125.30	98.00	110.98	114.96	123.24
齐河县	157.10	162.98	169.93	162.11	190.38	202.16	173.98
平原县	65.37	81.32	81.37	81.25	88.65	93.67	99.94
夏津县	81.73	89.00	89.93	86.92	100.35	104.06	109.77
武城县	76.69	85.39	86.17	84.81	94.81	94.93	100.77
乐陵市	71.43	79.99	83.74	82.49	95.19	98.02	104.31
禹城市	56.26	73.88	72.97	77.76	90.17	92.70	99.80
聊城市							
东昌府区	195.76	227.03	236.76	246.27	297.07	314.35	326.02
茌平区	165.60	162.58	165.53	169.31	197.97	217.38	226.95
阳谷县	91.10	94.11	91.11	93.87	107.39	112.03	116.64
莘　县	30.90	34.47	36.43	40.94	48.68	53.80	55.87
东阿县	99.30	101.94	93.11	69.86	81.48	84.66	88.76
冠　县	50.97	49.03	51.80	61.49	74.73	81.25	84.39
高唐县	56.88	50.08	51.66	56.67	63.26	70.76	74.39
临清市	72.32	78.86	80.47	81.11	97.29	105.67	110.52
滨州市							
滨城区	219.51	233.51	248.05	247.31	289.66	302.77	306.62
沾化区	52.91	46.34	50.89	50.58	52.06	62.12	66.67
惠民县	60.43	54.65	57.43	59.30	68.83	72.94	72.99
阳信县	72.66	81.94	86.51	84.46	99.77	109.26	117.18
无棣县	112.98	142.13	154.81	155.83	190.84	213.92	224.62
博兴县	158.56	150.30	152.07	157.38	185.37	201.86	202.62
邹平市	373.14	298.93	291.26	287.49	326.21	325.23	309.75
菏泽市							
牡丹区	259.89	309.50	324.47	311.23	344.65	372.99	398.68
定陶区	59.39	71.45	77.48	75.81	94.20	101.52	109.28
曹　县	156.44	186.56	197.93	182.28	218.24	215.72	233.38
单　县	97.12	115.52	120.19	113.48	135.71	151.56	158.32
成武县	29.47	35.35	36.79	36.26	44.31	52.38	58.44
巨野县	117.85	139.10	148.27	136.15	158.67	172.45	182.23
郓城县	180.63	217.60	222.17	199.53	236.35	238.97	243.00
鄄城县	59.42	71.53	75.47	76.07	89.04	94.18	100.84
东明县	200.53	240.25	250.98	251.75	295.58	302.38	315.36

3-4 各县(市、区)第三产业增加值

单位：亿元

地　　区	2015	2018	2019	2020	2021	2022	2023
济南市							
历下区	943.22	1250.90	1364.47	1461.52	2089.93	2249.02	2394.95
市中区	578.55	713.12	770.01	831.29	893.71	935.87	996.91
槐荫区	286.44	393.81	420.15	446.44	505.47	537.20	571.53
天桥区	257.10	331.63	359.76	370.19	471.73	481.01	520.02
历城区	778.31	1175.86	1285.80	1425.04	1286.36	1363.99	1505.52
长清区	94.93	123.12	133.03	146.10	160.44	179.65	191.46
章丘区	251.04	344.22	366.91	401.88	446.85	470.29	503.34
济阳区	55.59	69.59	77.05	85.67	92.43	113.03	119.21
莱芜区	250.39	395.26	404.64	432.10	487.60	510.76	540.68
钢城区	61.52	79.40	84.17	92.17	100.77	104.90	110.72
平阴县	49.26	60.31	63.25	69.06	76.14	79.31	85.33
商河县	58.62	68.52	72.17	81.03	88.69	96.97	106.14
青岛市							
市南区	843.09	1021.84	1086.38	1136.73	1265.56	1348.51	1418.04
市北区	526.16	701.08	741.58	785.63	855.29	896.71	959.57
黄岛区	1238.69	1897.36	2120.22	2240.12	2638.05	2937.79	3205.59
崂山区	344.92	511.58	555.69	616.29	695.10	732.76	769.62
李沧区	218.72	337.43	364.98	389.96	427.75	439.19	465.01
城阳区	357.95	503.80	548.35	622.73	663.92	660.33	686.53
即墨区	371.83	502.67	539.75	571.20	629.85	669.37	727.92
胶州市	378.44	521.03	556.81	600.27	684.43	741.29	813.02
平度市	241.33	298.43	328.90	347.60	384.91	395.48	408.13
莱西市	177.46	233.48	266.46	283.84	313.94	339.39	364.62
淄博市							
淄川区	152.31	185.69	203.27	208.64	236.50	249.57	266.01
张店区	407.18	539.99	563.33	584.04	660.08	694.33	723.86
博山区	84.02	100.21	105.07	109.06	122.98	128.59	135.19
临淄区	190.41	236.76	252.91	258.03	288.67	305.18	323.25
周村区	87.91	110.24	117.28	128.49	140.27	145.66	152.31
桓台县	178.48	234.80	246.21	247.36	273.23	290.51	296.07
高青县	56.78	70.72	70.30	75.38	83.69	86.67	90.90
沂源县	87.69	110.58	116.90	126.28	139.11	146.32	159.01
枣庄市							
市中区	115.74	144.95	153.90	159.01	183.93	194.78	211.24
薛城区	127.11	164.72	177.92	190.27	216.92	230.67	247.46
峄城区	51.43	63.36	61.11	64.25	74.25	77.95	82.45
台儿庄区	37.26	44.70	49.14	52.44	59.00	61.93	66.32

3-4 续表1

单位：亿元

地 区	2015	2018	2019	2020	2021	2022	2023
山亭区	41.04	51.64	53.54	55.08	63.12	67.38	73.26
滕州市	213.98	272.82	302.45	341.66	394.67	424.45	452.33
东营市							
东营区	413.50	549.49	597.72	630.49	703.18	759.87	799.43
河口区	81.44	116.18	125.72	133.74	146.96	156.25	172.10
垦利区	70.22	88.18	93.05	95.93	106.98	122.65	136.27
利津县	70.07	82.06	88.22	93.47	102.26	106.50	116.83
广饶县	135.10	175.29	190.64	201.06	208.41	232.69	256.31
烟台市							
芝罘区	560.27	698.37	757.57	788.72	875.32	936.15	998.44
福山区	496.40	700.21	798.77	859.74	984.60	1044.87	1139.32
牟平区	117.27	167.77	182.64	159.22	163.69	177.73	195.19
莱山区	168.51	241.81	268.06	289.70	324.07	364.10	385.51
蓬莱区				219.47	238.67	256.02	284.10
长岛县	20.70	26.67	27.10				
蓬莱市	147.69	172.25	188.22				
龙口市	378.45	480.72	507.57	526.27	594.91	652.93	721.27
莱阳市	142.71	189.68	201.93	208.62	221.40	228.35	235.24
莱州市	214.32	285.40	282.35	281.57	307.88	314.29	343.85
招远市	239.40	299.69	338.27	353.83	408.98	435.75	475.59
栖霞市	104.04	140.90	151.19	141.08	154.18	161.61	170.82
海阳市	140.66	194.87	213.47	196.06	211.72	217.87	238.66
潍坊市							
潍城区	99.06	135.30	143.64	153.33	175.24	177.63	189.12
寒亭区	185.47	254.42	269.43	283.24	326.91	338.94	358.23
坊子区	80.20	110.89	115.94	126.13	143.56	147.75	152.67
奎文区	326.08	402.04	423.23	451.13	522.94	544.33	588.93
临朐县	100.74	137.42	146.24	155.93	185.85	194.05	206.02
昌乐县	130.75	144.13	154.95	164.19	197.40	204.25	208.29
青州市	196.41	249.30	263.19	277.59	329.73	339.63	352.61
诸城市	225.30	306.66	328.88	345.35	396.60	415.94	431.58
寿光市	237.91	314.93	338.40	353.30	427.30	434.67	440.35
安丘市	119.73	166.51	179.13	187.23	224.58	235.06	249.00
高密市	216.20	277.88	289.52	298.97	355.50	369.41	389.38
昌邑市	154.10	192.45	204.37	213.58	245.99	254.03	267.76
济宁市							
任城区	364.89	457.53	492.45	509.74	557.78	594.17	619.26
兖州区	224.13	291.62	301.63	314.81	360.38	382.41	398.12
微山县	140.45	177.26	187.84	198.96	216.59	229.07	236.06
鱼台县	55.44	73.33	76.84	84.02	102.02	111.72	119.12

3-4 续表2

单位：亿元

地 区	2015	2018	2019	2020	2021	2022	2023
金乡县	67.17	87.30	89.82	95.08	108.12	121.04	129.57
嘉祥县	86.47	112.20	117.54	124.95	140.96	152.65	163.92
汶上县	66.21	89.30	93.65	98.98	108.94	120.31	132.06
泗水县	55.77	73.78	79.64	85.06	91.52	102.94	106.63
梁山县	66.55	88.97	95.24	100.37	108.45	122.55	133.57
曲阜市	173.79	213.17	214.52	225.13	250.80	271.18	282.78
邹城市	277.54	347.53	357.15	378.02	433.24	478.93	493.90
泰安市							
泰山区	245.12	305.29	340.88	353.48	383.75	405.22	420.53
岱岳区	192.62	227.12	264.30	264.86	288.63	299.84	302.70
宁阳县	71.40	89.90	101.93	105.72	115.71	126.24	129.39
东平县	62.91	79.00	90.04	96.41	105.39	112.23	113.76
新泰市	184.65	222.01	250.94	262.00	282.20	296.88	295.89
肥城市	209.61	240.90	290.62	303.95	321.60	335.22	349.97
威海市							
环翠区	452.06	588.06	616.31	657.17	755.54	777.29	804.58
文登区	187.76	240.35	250.79	251.11	264.70	285.37	290.80
荣成市	330.29	442.17	480.77	496.49	530.43	540.61	544.06
乳山市	101.99	142.03	130.91	132.74	155.39	163.95	173.84
日照市							
东港区	348.85	471.22	529.48	551.26	636.69	666.49	701.65
岚山区	100.26	125.94	140.78	143.89	165.10	177.09	186.54
五莲县	66.55	85.29	92.72	96.31	104.90	113.65	118.33
莒县	122.17	170.05	186.75	198.11	216.06	228.53	231.53
临沂市							
兰山区	496.04	664.76	735.30	777.78	854.50	879.58	936.57
罗庄区	167.40	220.56	243.78	255.68	284.62	297.57	310.72
河东区	180.36	236.41	257.12	271.15	325.54	344.57	359.46
沂南县	69.92	89.14	97.27	103.01	116.70	120.90	130.36
郯城县	135.40	170.13	190.72	199.94	220.94	231.06	248.63
沂水县	162.22	196.84	216.79	225.77	254.34	267.93	286.50
兰陵县	104.89	128.00	138.69	147.94	162.74	170.53	180.05
费县	101.32	129.25	140.71	151.04	169.36	176.69	187.73
平邑县	86.10	113.61	117.11	123.65	138.83	143.73	152.41
莒南县	76.17	105.37	113.48	116.07	131.16	138.54	146.08
蒙阴县	72.05	87.84	93.93	97.41	109.09	114.90	122.10
临沭县	72.00	93.46	103.39	110.49	124.58	132.53	140.83

3－4 续表3

单位：亿元

地 区	2015	2018	2019	2020	2021	2022	2023
德州市							
德城区	272.50	368.70	392.24	398.45	437.97	465.54	492.97
陵城区	83.80	104.93	111.41	107.86	120.35	131.80	139.48
宁津县	77.25	96.59	106.03	109.78	122.86	129.09	137.02
庆云县	62.82	86.17	89.29	92.35	103.66	109.78	117.10
临邑县	82.47	106.89	116.27	138.28	157.41	173.76	181.25
齐河县	106.73	112.02	126.34	137.82	160.21	170.09	198.82
平原县	78.55	102.71	110.29	110.38	124.06	134.81	140.97
夏津县	56.31	75.68	82.28	83.92	94.33	99.80	100.56
武城县	56.19	65.78	74.22	75.15	86.00	87.29	90.94
乐陵市	82.03	104.30	113.40	117.18	132.84	139.60	148.80
禹城市	91.22	117.47	124.92	122.28	137.31	146.19	152.05
聊城市							
东昌府区	282.33	402.04	442.46	469.99	519.86	540.25	562.79
茌平区	82.86	106.17	108.35	106.03	115.71	123.55	131.59
阳谷县	88.77	114.99	124.46	129.78	144.64	150.39	157.92
莘 县	83.30	101.12	111.02	118.43	128.00	134.74	140.58
东阿县	41.67	50.88	54.57	58.82	63.97	67.11	70.19
冠 县	75.25	95.54	102.42	103.42	112.90	120.64	126.79
高唐县	52.39	67.74	70.06	71.99	77.91	83.55	87.80
临清市	100.27	115.85	122.00	125.89	137.47	145.10	151.31
滨州市							
滨城区	286.58	341.24	371.64	392.68	432.04	446.04	471.19
沾化区	54.68	64.08	67.88	71.84	79.17	81.99	92.11
惠民县	70.04	82.28	89.36	94.39	103.20	105.40	112.44
阳信县	73.85	96.28	103.70	108.69	117.40	121.00	131.28
无棣县	90.79	123.69	129.68	136.79	148.25	151.51	160.99
博兴县	132.12	175.67	191.19	198.53	224.84	229.34	242.05
邹平市	185.95	207.71	232.50	249.44	275.17	285.06	305.11
菏泽市							
牡丹区	295.71	422.31	471.84	502.21	574.76	601.97	631.28
定陶区	59.29	86.61	101.84	108.31	126.28	136.31	141.75
曹 县	137.36	185.01	212.50	226.40	256.74	275.11	289.90
单 县	104.21	147.54	167.77	179.32	206.70	226.59	236.94
成武县	53.63	74.25	82.38	88.66	99.11	137.11	149.29
巨野县	106.31	145.65	163.31	169.35	195.16	207.92	219.02
郓城县	107.73	146.08	169.39	180.41	206.57	217.62	228.44
鄄城县	80.23	109.25	127.83	134.20	152.15	162.50	171.62
东明县	83.02	116.04	135.81	133.52	151.55	164.88	174.60

3-5 各县(市、区)人均地区生产总值

单位：元

地 区	2015	2018	2019	2020	2021	2022	2023
济南市							
历下区	146508	192688	211347	233236	302939	319237	338583
市中区	96975	124313	133476	122869	135556	139184	147919
槐荫区	79347	102514	111890	103297	102753	108658	116494
天桥区	50133	66131	73321	75587	92349	93559	100748
历城区	117190	139249	144697	146592	114713	120460	129768
长清区	37795	46500	52089	56577	59853	61357	62029
章丘区	72938	77644	79537	90476	116194	115147	120648
济阳区	36108	35061	40102	44760	51547	57934	64291
莱芜区	48800	66593	69897	79156	94379	101868	104847
钢城区	54468	80125	83505	97208	116276	120162	122482
平阴县	55673	58202	60849	67844	81769	83688	85243
商河县	24906	25255	27476	32282	39772	43698	46770
青岛市							
市南区	178414	225405	243640	258917	287446	306990	322397
市北区	60457	78459	83589	87706	96551	102211	108827
黄岛区	150891	186407	193271	197604	225304	237811	250088
崂山区	123725	158303	168238	178300	199483	211262	223278
李沧区	53244	68153	73127	74906	80516	81341	82616
城阳区	91180	104004	106597	110564	117878	116785	118823
即墨区	71119	88586	92720	96400	107419	111116	116532
胶州市	90398	111612	118995	124903	144586	150365	157839
平度市	45913	51912	56723	59963	69047	71703	74139
莱西市	54623	67251	72781	76681	86947	92505	95859
淄博市							
淄川区	56289	66674	69722	69672	78558	80692	83979
张店区	67499	77586	77733	77061	86030	92179	95708
博山区	43567	52630	54037	55916	62613	65446	68845
临淄区	92827	110293	112179	112701	132697	138496	144494
周村区	47184	54610	55429	57897	65118	67115	70068
桓台县	101334	122734	124419	118351	136194	142934	148913
高青县	41953	54125	54605	56605	65565	69412	72674
沂源县	38850	48005	49862	51830	59699	64068	67772
枣庄市							
市中区	35667	40912	41523	42623	48056	50830	54370
薛城区	49407	53941	55026	55030	61337	64648	68107
峄城区	33606	38727	38966	39408	44168	46772	50664
台儿庄区	32067	35680	38154	38216	42291	44989	48311

3-5 续表1

单位：元

地　区	2015	2018	2019	2020	2021	2022	2023
山亭区	22207	28353	28824	29089	31153	33029	35778
滕州市	37610	44628	46741	47240	54394	57600	61018
东营市							
东营区	146800	161559	165142	155918	181928	186900	185548
河口区	94070	126823	136466	145927	170719	240623	241212
垦利区	90106	100218	103224	104285	123258	145527	145386
利津县	71765	84198	92915	100255	117771	137790	137588
广饶县	99475	107982	112932	119317	140349	163879	163676
烟台市							
芝罘区	90958	106911	110427	112899	124838	137740	147854
福山区	222633	231579	241972	227482	264319	281863	299239
牟平区	54302	67803	73445	68458	73191	82824	90643
莱山区	77630	91643	94328	94098	103488	118435	124905
蓬莱区				93398	103690	113704	122802
长岛县	137817	187344	193683				
蓬莱市	64053	78057	83264				
龙口市	120148	138663	146542	146400	169705	191342	208025
莱阳市	40407	50533	53862	54876	60407	64074	65599
莱州市	66066	76021	77460	78533	85328	93475	101035
招远市	96891	114237	124629	125782	138181	150260	163135
栖霞市	42088	53987	58299	56744	62844	67373	72419
海阳市	50272	66842	72860	71490	79095	86419	93274
潍坊市							
潍城区	47666	54908	56750	58927	69700	70229	73788
寒亭区	66280	82355	83165	83842	99900	105020	110012
坊子区	31002	38650	40854	42980	50200	51355	51980
奎文区	77919	92152	94468	100392	117100	78539	124952
临朐县	28587	35957	38090	39913	48300	49823	51813
昌乐县	45678	51586	53760	56590	69500	73604	73575
青州市	46224	54437	57238	58738	70400	73130	76213
诸城市	48565	56876	59050	60519	71200	75539	78262
寿光市	53645	64405	66101	67587	81800	84189	86037
安丘市	28954	36088	37656	39258	48100	50789	55395
高密市	48547	56811	56891	58132	70100	75527	79856
昌邑市	64332	77026	78233	79816	93900	101104	108430
济宁市							
任城区	53245	62098	62477	59681	63349	65687	68139
兖州区	97248	111347	112172	112222	128498	132399	137001
微山县	49155	58155	58777	60647	69660	72382	73991
鱼台县	32405	38934	38938	42121	52062	55546	59464

3-5 续表2

单位：元

地 区	2015	2018	2019	2020	2021	2022	2023
金乡县	27007	32259	32574	33838	38813	41369	44113
嘉祥县	27649	33061	33360	34429	39948	43341	46033
汶上县	26503	30661	30924	32222	36556	39028	41901
泗水县	26186	31843	31934	33643	37419	40346	42629
梁山县	26183	30706	31026	32275	36867	39673	42032
曲阜市	47363	54055	54639	56720	64288	68840	71629
邹城市	60992	69827	69910	69833	81650	87275	90705
泰安市							
泰山区	45919	54449	58872	60046	62870	65957	69818
岱岳区	42316	46548	51998	53036	58177	60913	62332
宁阳县	27310	32006	35458	37316	41336	45355	47776
东平县	22143	26576	29425	31289	35032	37921	39754
新泰市	31567	35633	37939	39115	43064	47686	49226
肥城市	55585	64772	74892	79788	86633	93210	99975
威海市							
环翠区	95286	105322	107392	107783	124740	122495	125242
文登区	75369	94132	96838	96488	103236	106466	110743
荣成市	105054	125589	129953	128565	140335	144249	147435
乳山市	48796	62746	58238	59324	67385	71217	76523
日照市							
东港区	60795	73018	79156	78010	86587	89371	93163
岚山区	86815	116337	128357	134348	146395	151687	161271
五莲县	32574	39630	41856	43358	47777	50255	52122
莒 县	27052	35724	38426	39684	43900	46625	47804
临沂市							
兰山区	56692	62937	65288	65611	67665	73242	73384
罗庄区	46468	50461	53576	53045	64246	59439	66838
河东区	49808	56434	58691	60545	72020	71160	75191
沂南县	22812	26379	27450	28887	34113	36439	38882
郯城县	26723	31950	34923	36435	41443	44051	47585
沂水县	34712	41201	43485	45851	53345	56931	60679
兰陵县	18959	22306	23408	25109	29652	31335	33470
费 县	41025	48614	49176	51545	59488	63585	67580
平邑县	21040	25642	25829	27389	31825	33739	36148
莒南县	26105	31739	33899	35222	40948	44137	47690
蒙阴县	28420	33401	34414	35855	40843	43454	46510
临沭县	25241	31068	33599	34878	40211	43412	47000

3-5 续表3

单位：元

地 区	2015	2018	2019	2020	2021	2022	2023
德州市							
德城区	76950	93017	94362	80196	78642	83793	88338
陵城区	33901	39532	41365	44073	53745	57158	60948
宁津县	43229	49089	51877	51290	57183	59773	63616
庆云县	44115	53209	54180	53053	57847	61072	65689
临邑县	41746	50229	52426	53982	63726	68388	72532
齐河县	50985	53554	55309	57814	69508	73649	74293
平原县	38886	50134	52595	55063	62629	66937	70693
夏津县	31725	36987	38758	40877	48885	51186	53079
武城县	40160	43928	47361	49131	56914	57300	60723
乐陵市	29219	34388	36360	40059	48755	51011	54473
禹城市	37674	46476	48075	49765	57643	60471	64132
聊城市							
东昌府区	38483	46730	49537	51578	58142	60833	58142
茌平区	53068	56874	58109	58684	66997	73113	77077
阳谷县	30725	36628	38212	40309	45587	48011	50319
莘县	18062	21198	22734	24566	27812	29864	31218
东阿县	44461	48447	47250	42585	48909	51581	54104
冠县	23195	26546	28245	30223	34489	37301	39538
高唐县	27926	30669	31703	33577	37268	40862	43032
临清市	26040	28597	29466	29978	33958	36459	38218
滨州市							
滨城区	70072	73533	77498	78381	87109	90188	93426
沾化区	41824	44361	46811	48684	52765	57334	62647
惠民县	28152	30736	32819	35010	39931	41451	42892
阳信县	39915	48772	51783	53130	60609	65346	70545
无棣县	54419	68477	70880	72699	83262	89903	95343
博兴县	63081	68951	72499	75033	86917	91940	94997
邹平市	76678	69111	71388	73219	82218	83507	84535
菏泽市							
牡丹区	38782	45682	49408	50352	56757	60213	63571
定陶区	27560	34657	39059	39869	47129	51168	54215
曹县	24180	30098	33073	33106	38442	40181	42901
单县	23086	29582	32477	33252	38913	43195	45268
成武县	17742	22778	24785	26091	29870	38384	42049
巨野县	28121	35126	38306	37494	43186	46808	49484
郓城县	30123	36491	39261	38289	44437	46050	47918
鄄城县	22657	28093	31317	32465	37236	39886	42348
东明县	42243	50742	54904	55002	64013	67398	70951

3-6 各县(市、区)地区生产总值指数

(上年=100)

地 区	2015	2018	2019	2020	2021	2022	2023
济南市							
历下区	109.5	109.1	106.7	104.5	109.8	104.6	105.8
市中区	109.2	108.4	106.7	106.8	105.5	103.1	106.2
槐荫区	109.1	107.8	107.2	100.2	105.8	103.5	106.4
天桥区	106.6	110.3	107.0	102.5	107.1	100.6	107.0
历城区	110.7	108.7	109.0	105.9	109.6	102.7	107.2
长清区	80.3	111.4	108.6	103.1	103.7	100.5	103.1
章丘区	110.9	101.6	103.0	107.2	103.6	100.4	106.2
济阳区	88.7	101.5	106.4	102.4	104.3	104.0	113.9
莱芜区	109.4	106.7	106.3	102.8	106.0	103.4	104.5
钢城区	112.4	112.1	108.9	105.5	103.2	102.1	103.8
平阴县	109.6	103.6	107.1	102.4	107.1	102.7	103.5
商河县	110.4	91.9	103.4	105.5	110.3	105.7	107.0
青岛市							
市南区	106.7	107.2	105.4	102.2	106.2	104.7	105.5
市北区	107.9	106.0	105.5	102.4	106.5	104.6	106.2
黄岛区	112.0	109.0	105.6	103.9	110.3	104.8	106.0
崂山区	109.3	108.1	107.4	105.5	110.1	105.7	107.0
李沧区	108.1	110.5	108.0	102.1	105.4	102.5	104.5
城阳区	108.6	108.6	106.2	105.1	104.0	101.1	105.3
即墨区	110.6	108.2	107.1	105.8	106.9	102.6	106.6
胶州市	109.0	107.8	107.9	105.5	111.2	105.0	106.8
平度市	105.1	104.3	106.0	103.5	109.7	102.3	105.2
莱西市	107.2	106.0	106.5	103.7	108.4	104.6	104.6
淄博市							
淄川区	106.7	105.5	105.7	102.1	107.7	101.9	105.5
张店区	107.3	106.7	103.7	103.9	108.6	107.7	105.2
博山区	106.5	105.5	103.9	103.6	107.1	103.4	106.2
临淄区	106.1	105.4	103.0	103.1	110.4	104.1	105.6
周村区	108.1	103.9	103.1	105.1	108.5	101.7	104.5
桓台县	108.2	107.1	102.4	97.8	110.8	102.9	105.5
高青县	107.1	105.5	101.0	104.0	108.4	105.0	106.1
沂源县	107.7	107.7	105.0	104.1	112.1	107.3	106.0
枣庄市							
市中区	107.0	104.9	102.8	105.2	108.1	104.7	106.5
薛城区	107.4	103.6	104.0	103.1	108.6	105.0	106.2
峄城区	105.2	102.7	100.6	105.2	108.3	104.3	107.7
台儿庄区	106.8	102.0	106.9	104.5	107.8	105.2	107.7

3-6 续表1

(上年=100)

地 区	2015	2018	2019	2020	2021	2022	2023
山亭区	107.6	104.4	100.6	106.0	107.0	103.9	106.2
滕州市	107.2	104.7	104.3	101.0	108.5	104.2	106.0
东营市							
东营区	104.3	102.9	103.7	101.8	102.2	100.8	104.0
河口区	112.4	107.0	109.9	112.1	126.5	107.5	109.5
垦利区	106.0	104.2	102.5	103.7	112.4	105.5	108.2
利津县	105.2	103.3	107.4	108.1	110.7	107.5	109.2
广饶县	106.2	104.7	104.2	108.2	110.0	107.9	109.8
烟台市							
芝罘区	107.9	105.4	103.2	102.5	108.6	105.1	106.1
福山区	108.8	106.9	107.4	104.9	111.8	105.0	106.6
牟平区	108.3	105.6	106.5	100.4	104.7	105.7	107.0
莱山区	110.8	110.3	107.4	105.4	109.1	106.1	106.2
蓬莱区				102.6	107.7	104.4	106.3
长岛县	105.1	100.5	101.5				
蓬莱市	108.4	106.3	106.1				
龙口市	107.3	105.8	106.0	104.8	109.6	105.8	107.6
莱阳市	109.8	106.7	103.5	104.3	104.8	104.1	105.2
莱州市	108.4	106.0	100.4	101.6	102.6	104.9	106.7
招远市	108.4	106.1	107.4	103.6	103.2	105.3	107.3
栖霞市	108.4	106.3	103.1	99.6	105.8	104.0	105.3
海阳市	110.2	108.2	105.5	98.5	106.0	104.7	106.6
潍坊市							
潍城区	107.3	107.1	106.8	104.9	109.9	101.0	106.4
寒亭区	110.2	106.8	103.6	103.9	109.8	104.3	104.8
坊子区	108.2	107.1	105.8	104.7	109.1	103.4	104.9
奎文区	107.9	107.1	107.3	106.4	106.7	104.3	104.8
临朐县	108.1	107.0	105.8	104.2	111.0	104.4	106.5
昌乐县	108.2	106.5	103.5	104.1	110.7	103.5	100.8
青州市	108.1	106.5	105.4	103.7	110.5	103.1	105.4
诸城市	108.0	106.3	104.6	103.4	110.1	103.8	105.6
寿光市	108.3	106.3	103.7	103.1	110.5	104.0	105.1
安丘市	108.4	106.0	101.5	103.2	110.1	104.5	106.1
高密市	108.5	106.4	100.8	102.5	110.9	104.3	105.9
昌邑市	108.6	106.2	101.4	102.0	110.1	104.0	105.9
济宁市							
任城区	108.2	106.4	103.8	103.2	108.0	103.3	105.7
兖州区	109.2	106.5	104.1	103.8	108.9	105.2	107.2
微山县	108.3	104.9	104.2	102.8	107.8	104.1	105.9
鱼台县	108.0	105.6	102.9	103.0	109.3	104.4	106.2

3-6 续表2

(上年=100)

地区	2015	2018	2019	2020	2021	2022	2023
金乡县	109.3	105.4	104.0	104.0	108.8	104.3	106.7
嘉祥县	108.1	105.9	103.8	103.6	108.8	104.0	106.5
汶上县	110.6	107.2	103.5	103.9	108.6	104.5	106.9
泗水县	109.2	105.1	103.0	103.5	108.0	104.4	105.6
梁山县	108.0	106.7	104.6	103.8	108.9	103.9	106.6
曲阜市	108.4	103.4	105.0	103.2	108.3	104.6	106.3
邹城市	108.9	105.1	103.1	104.0	108.7	105.0	107.0
泰安市							
泰山区	108.3	105.0	105.8	103.2	106.3	103.6	105.9
岱岳区	108.8	107.8	107.5	104.4	107.6	102.4	106.0
宁阳县	107.6	105.7	106.0	103.2	106.2	104.5	106.4
东平县	106.2	105.5	105.0	103.5	106.9	104.3	106.4
新泰市	105.7	105.5	106.1	103.6	105.3	104.4	106.6
肥城市	106.8	105.6	106.8	103.5	104.7	105.3	106.7
威海市							
环翠区	109.2	107.4	105.2	103.7	109.0	100.5	105.4
文登区	109.0	105.7	103.2	103.5	107.1	101.1	106.1
荣成市	109.4	105.7	103.6	102.0	105.8	102.8	105.5
乳山市	108.4	106.1	97.2	102.1	105.8	102.1	106.8
日照市							
东港区	108.6	106.2	107.6	102.5	108.5	102.9	105.1
岚山区	105.0	110.2	109.1	107.3	103.1	104.1	107.4
五莲县	109.5	102.8	102.5	101.4	103.9	103.2	105.3
莒县	107.5	108.5	106.3	103.0	108.5	106.0	104.5
临沂市							
兰山区	110.2	107.7	109.0	103.7	108.3	104.2	105.7
罗庄区	112.1	107.6	108.5	105.3	109.3	103.2	105.7
河东区	110.8	109.7	109.0	103.5	110.3	103.9	106.5
沂南县	114.0	108.2	103.7	100.9	108.7	104.4	105.8
郯城县	110.9	107.4	105.8	107.0	109.2	104.7	107.2
沂水县	111.8	107.6	107.0	103.0	108.0	104.9	106.5
兰陵县	110.5	107.5	105.4	100.4	108.0	104.3	106.1
费县	110.8	108.0	108.6	100.7	108.3	104.4	106.6
平邑县	112.0	109.0	108.0	100.2	109.3	104.2	106.5
莒南县	110.4	106.4	106.3	105.8	108.4	104.9	107.0
蒙阴县	110.4	107.0	103.1	100.5	107.8	104.3	106.2
临沭县	109.1	107.3	108.2	104.3	108.7	105.0	107.1

3-6　续表3

(上年=100)

地　区	2015	2018	2019	2020	2021	2022	2023
德州市							
德城区	107.5	106.9	106.4	104.1	108.6	104.7	106.9
陵城区	109.0	107.1	105.5	100.9	108.2	104.2	106.6
宁津县	108.2	105.7	106.6	103.7	108.3	104.0	106.1
庆云县	109.1	106.9	103.7	103.3	107.9	104.0	106.6
临邑县	107.8	107.5	107.0	103.0	108.4	104.7	106.8
齐河县	108.0	107.1	107.5	104.3	109.0	104.4	101.6
平原县	103.6	107.8	107.1	103.8	107.1	105.0	106.1
夏津县	107.4	106.9	104.4	103.1	108.2	103.8	105.3
武城县	107.1	104.9	105.1	103.4	107.6	103.7	106.2
乐陵市	110.2	107.1	107.3	104.1	108.5	104.1	107.1
禹城市	108.8	105.8	103.6	103.9	108.8	104.7	106.4
聊城市							
东昌府区	108.2	107.4	105.6	105.2	109.8	104.3	105.8
茌平区	109.4	101.7	102.0	103.3	107.8	104.5	106.0
阳谷县	108.4	104.7	101.3	104.9	108.5	102.9	106.7
莘　县	108.0	103.7	105.2	103.3	108.4	104.9	105.8
东阿县	108.3	102.1	97.1	88.4	107.8	103.8	106.7
冠　县	108.7	103.1	104.0	104.3	108.7	104.8	106.3
高唐县	108.6	102.7	100.1	104.8	106.0	105.0	106.9
临清市	108.2	104.9	102.8	103.2	108.3	103.9	106.6
滨州市							
滨城区	108.6	106.3	105.2	103.9	109.0	104.0	105.2
沾化区	105.4	100.5	105.0	103.3	105.1	105.6	105.8
惠民县	105.2	98.6	104.5	104.5	107.8	103.9	105.0
阳信县	107.2	111.4	105.0	102.9	107.8	104.6	106.7
无棣县	113.0	110.4	105.7	104.3	109.4	105.0	106.1
博兴县	104.0	106.9	103.6	104.3	109.5	103.7	104.5
邹平市	108.2	94.2	101.5	102.7	107.2	102.7	103.5
菏泽市							
牡丹区	109.7	108.3	105.7	103.8	108.2	104.4	106.5
定陶区	109.5	108.7	109.1	106.3	110.4	105.9	107.4
曹　县	109.8	107.9	108.3	104.1	109.7	103.1	107.1
单　县	109.2	107.6	105.6	104.7	109.2	106.2	106.3
成武县	109.0	107.4	104.7	105.9	108.7	106.4	107.6
巨野县	109.3	107.8	106.2	101.2	107.5	105.7	106.9
郓城县	109.1	108.2	104.6	101.1	107.8	102.6	106.4
鄄城县	108.9	107.2	108.0	106.0	110.2	104.7	107.1
东明县	109.4	108.1	106.0	105.0	108.8	102.1	106.5

3-7　各县(市、区)第一产业增加值指数

(上年=100)

地　　区	2015	2018	2019	2020	2021	2022	2023
济南市							
历下区							
市中区	100.0	99.9	93.2	95.3	101.6	103.3	104.8
槐荫区	95.2	97.7	90.5	95.0	107.8	102.9	102.8
天桥区	86.5	118.9	99.8	100.4	89.8	118.4	118.4
历城区	98.7	103.0	95.2	99.4	93.4	99.0	103.3
长清区	120.7	104.7	101.0	102.8	109.4	103.5	104.5
章丘区	98.6	105.8	102.5	103.2	108.3	103.8	104.4
济阳区	109.2	94.1	102.2	99.6	106.2	102.4	103.4
莱芜区	97.7	100.2	103.4	103.0	110.4	103.8	103.0
钢城区	98.6	100.2	103.3	102.8	110.2	102.3	104.8
平阴县	99.2	105.6	101.6	103.5	110.5	103.0	104.2
商河县	115.9	104.9	102.8	103.9	110.1	103.4	105.0
青岛市							
市南区							
市北区							
黄岛区	104.7	103.8	99.8	103.4	106.3	100.7	104.1
崂山区	102.6	129.4	85.7	89.4	105.0	100.9	103.5
李沧区							
城阳区	88.4	92.9	92.7	102.6	104.6	101.2	103.2
即墨区	99.9	113.6	102.4	102.9	106.2	102.2	104.2
胶州市	99.5	102.7	102.3	102.8	106.5	102.3	104.1
平度市	99.4	90.8	102.3	103.0	107.0	103.1	104.3
莱西市	110.2	107.4	102.4	103.0	108.6	102.1	103.8
淄博市							
淄川区	100.8	104.0	102.1	102.1	107.2	102.5	103.5
张店区	99.0	101.0	95.1	99.0	107.1	101.7	102.9
博山区	104.5	103.5	99.4	102.8	107.3	103.5	104.3
临淄区	104.3	103.8	101.8	103.3	107.9	104.4	104.5
周村区	100.6	101.1	98.6	101.7	107.2	102.9	104.4
桓台县	104.2	103.6	101.1	102.5	107.5	103.0	104.4
高青县	104.9	103.6	101.7	102.8	107.4	106.0	104.5
沂源县	104.4	103.7	102.3	103.0	106.8	107.0	104.9
枣庄市							
市中区	103.9	102.4	97.7	102.7	107.3	104.7	104.5
薛城区	103.9	100.2	101.6	102.2	107.5	103.3	104.1
峄城区	104.1	102.9	102.3	101.7	107.0	103.7	104.5
台儿庄区	104.0	102.2	104.9	101.3	107.6	104.0	104.8

3-7 续表1

(上年=100)

地 区	2015	2018	2019	2020	2021	2022	2023
山亭区	103.8	102.5	97.4	102.0	107.7	104.0	104.9
滕州市	103.9	102.8	99.0	102.1	108.2	105.0	103.9
东营市							
东营区	104.0	101.3	106.2	101.5	112.0	108.4	104.0
河口区	103.9	103.5	104.2	108.2	108.2	101.0	104.3
垦利区	104.0	111.2	101.3	104.0	108.6	106.5	104.7
利津县	102.2	101.8	99.5	104.6	107.8	104.2	104.6
广饶县	101.8	100.5	100.3	104.7	106.8	107.0	103.7
烟台市							
芝罘区	97.4	91.6	105.9	101.4	100.1	102.8	100.0
福山区	96.8	95.9	96.2	101.3	107.3	105.0	104.6
牟平区	105.1	104.1	104.6	103.1	108.7	106.3	105.3
莱山区	101.9	97.5	93.8	91.4	106.1	105.6	102.5
蓬莱区				103.8	110.3	102.8	104.6
长岛县	102.9	96.6	103.7				
蓬莱市	102.6	107.0	104.2				
龙口市	105.0	102.2	101.9	101.8	108.3	105.7	105.3
莱阳市	103.7	103.8	104.0	102.9	109.0	105.9	105.3
莱州市	108.7	106.0	102.8	102.1	102.1	105.0	105.4
招远市	106.6	105.3	102.2	101.8	108.4	105.1	104.0
栖霞市	104.9	103.5	102.7	102.3	107.1	105.7	104.2
海阳市	105.3	104.3	103.8	102.6	108.4	106.2	104.3
潍坊市							
潍城区	103.9	100.2	101.5	102.3	104.7	102.5	103.9
寒亭区	103.6	101.9	101.4	103.3	106.9	102.5	104.4
坊子区	104.3	104.0	101.5	102.7	106.8	102.6	105.0
奎文区	94.2	77.3	60.2	91.3			
临朐县	104.0	103.8	101.1	102.9	107.6	102.7	105.3
昌乐县	104.5	102.3	101.3	102.7	107.9	102.4	103.7
青州市	103.9	104.1	101.4	102.4	107.6	102.7	105.2
诸城市	104.3	102.6	101.2	102.4	107.6	102.7	105.2
寿光市	104.6	100.2	101.1	102.9	107.5	102.6	104.5
安丘市	103.8	102.2	101.3	102.7	107.7	102.8	105.4
高密市	101.8	101.4	99.1	101.1	108.1	101.6	103.9
昌邑市	104.1	101.8	100.3	102.4	107.6	102.4	104.3
济宁市							
任城区	102.8	100.0	99.8	101.8	107.4	102.9	104.3
兖州区	103.4	98.2	99.8	102.7	107.0	103.9	104.2
微山县	104.3	104.1	99.5	99.7	105.1	104.9	104.4
鱼台县	102.5	103.6	101.0	102.8	108.8	105.4	104.7

3-7 续表2

(上年=100)

地 区	2015	2018	2019	2020	2021	2022	2023
金乡县	104.7	103.9	102.3	103.3	106.8	105.2	104.0
嘉祥县	104.2	103.6	101.8	102.5	108.6	104.4	104.7
汶上县	104.6	103.5	101.6	102.5	108.0	104.4	104.8
泗水县	104.1	104.3	102.4	103.6	107.9	105.5	104.7
梁山县	104.8	101.2	100.9	103.0	108.1	104.5	104.7
曲阜市	103.7	96.7	96.9	101.1	107.7	104.6	103.5
邹城市	104.5	103.4	101.6	102.6	108.7	105.7	105.2
泰安市							
泰山区	91.2	97.5	73.8	101.1	98.0	101.9	103.3
岱岳区	106.2	102.8	100.8	102.2	106.8	105.0	103.7
宁阳县	106.7	100.3	100.1	100.2	107.9	105.7	104.8
东平县	103.7	102.4	99.0	104.0	107.1	104.0	105.0
新泰市	103.3	101.0	90.1	102.0	107.9	105.1	105.2
肥城市	102.4	102.6	97.6	101.1	107.9	104.6	105.0
威海市							
环翠区	109.7	103.7	96.9	97.5	106.9	104.6	105.2
文登区	104.5	106.0	100.0	102.1	105.9	104.5	104.4
荣成市	103.3	102.3	102.8	104.4	108.2	100.8	104.2
乳山市	122.1	110.5	102.7	105.3	107.7	105.5	105.1
日照市							
东港区	103.4	102.6	99.9	101.9	107.0	103.5	104.9
岚山区	104.0	103.4	100.1	102.3	107.0	103.4	104.8
五莲县	104.3	103.7	100.6	101.9	108.0	103.4	105.7
莒县	104.2	103.3	100.2	102.3	108.0	104.3	105.8
临沂市							
兰山区	100.4	103.5	103.0	100.4	106.8	104.3	104.2
罗庄区	103.4	107.0	106.0	111.8	107.5	104.6	104.4
河东区	103.5	103.5	103.6	106.6	107.3	104.7	104.3
沂南县	101.9	103.7	103.2	101.8	107.4	104.9	105.3
郯城县	103.3	103.7	102.9	101.1	107.1	104.8	105.1
沂水县	103.7	104.1	102.8	100.7	107.0	105.2	104.9
兰陵县	104.1	103.9	103.4	101.9	106.9	105.4	105.0
费县	126.4	103.7	103.1	101.6	106.7	104.5	104.9
平邑县	103.3	103.9	103.0	100.5	107.2	104.4	104.8
莒南县	110.5	103.7	103.0	113.2	107.1	104.9	103.9
蒙阴县	104.2	103.6	102.9	101.3	106.8	105.1	105.0
临沭县	104.1	103.8	102.9	100.8	107.4	105.3	104.4

3－7　续表3

(上年=100)

地　区	2015	2018	2019	2020	2021	2022	2023
德州市							
德城区	115.8	103.2	99.9	105.5	106.3	100.6	104.0
陵城区	106.4	103.6	99.4	100.1	108.1	100.2	104.2
宁津县	103.7	102.0	99.3	102.8	108.0	100.5	104.0
庆云县	105.7	107.4	100.4	101.2	107.9	101.3	103.9
临邑县	104.1	101.2	99.9	100.9	107.0	100.7	103.9
齐河县	104.6	100.2	96.7	103.4	108.4	104.5	104.5
平原县	127.6	99.3	102.1	103.4	108.0	104.1	104.4
夏津县	122.9	104.0	100.7	101.7	108.2	101.6	103.8
武城县	103.6	106.8	99.3	102.6	108.0	100.3	103.3
乐陵市	122.4	107.6	100.8	102.6	106.2	102.4	104.6
禹城市	111.5	95.8	100.3	102.6	108.3	102.4	104.3
聊城市							
东昌府区	104.6	103.3	101.1	102.9	107.4	105.2	104.4
茌平区	104.5	100.5	101.6	103.1	107.9	105.2	104.7
阳谷县	105.0	103.3	101.0	103.4	107.3	105.7	104.3
莘　县	103.8	103.3	101.7	103.2	108.4	105.5	104.4
东阿县	104.1	103.4	101.7	103.3	108.3	105.4	104.6
冠　县	104.8	103.4	101.5	103.1	107.4	105.5	104.8
高唐县	104.5	103.2	100.0	102.8	108.1	105.6	104.5
临清市	105.1	103.3	100.4	102.7	107.5	105.4	104.8
滨州市							
滨城区	104.3	103.4	100.7	102.9	107.9	104.7	104.0
沾化区	104.9	103.8	101.0	102.8	107.7	104.5	105.3
惠民县	104.9	103.5	100.7	103.2	108.6	104.9	104.7
阳信县	105.2	103.8	101.1	102.7	107.9	104.8	103.6
无棣县	104.5	103.1	99.9	102.0	107.7	104.8	104.8
博兴县	105.0	103.4	100.3	102.8	108.1	104.8	104.4
邹平市	104.9	103.6	100.9	102.4	108.5	104.0	104.5
菏泽市							
牡丹区	102.6	101.9	103.3	101.9	106.6	105.2	103.8
定陶区	103.1	102.5	103.8	104.1	108.4	105.2	104.3
曹　县	102.6	102.7	103.1	105.2	108.0	105.6	104.2
单　县	102.6	102.5	103.5	103.3	107.6	105.5	104.5
成武县	102.5	102.1	103.2	103.5	108.3	105.0	103.9
巨野县	102.6	103.8	103.5	104.0	108.6	105.7	104.3
郓城县	102.8	102.5	103.7	103.8	107.0	104.9	104.4
鄄城县	103.1	103.1	103.1	103.2	107.0	104.7	103.9
东明县	103.4	103.9	103.5	105.4	108.0	104.5	104.0

3−8 各县(市、区)第二产业增加值指数

(上年=100)

地　区	2015	2018	2019	2020	2021	2022	2023
济南市							
历下区	110.7	131.8	112.1	102.2	100.9	105.2	109.1
市中区	112.0	119.5	108.4	110.3	106.2	97.1	106.4
槐荫区	110.1	107.4	117.0	98.7	98.5	108.3	111.3
天桥区	112.2	115.9	111.5	104.8	111.0	102.9	109.5
历城区	112.3	107.3	113.1	110.6	107.4	107.3	107.3
长清区	58.6	112.7	115.5	106.1	99.1	98.5	100.6
章丘区	114.1	94.0	103.3	111.2	101.1	98.7	108.1
济阳区	74.2	102.0	109.9	103.1	101.9	106.0	126.2
莱芜区	110.1	96.3	109.2	106.3	102.8	106.7	103.8
钢城区	114.9	116.6	110.9	106.8	101.8	103.2	104.1
平阴县	112.1	101.4	111.2	101.9	106.2	101.6	101.7
商河县	99.3	83.4	108.7	109.4	116.1	108.1	110.0
青岛市							
市南区	97.8	107.8	110.0	101.7	94.0	115.5	108.5
市北区	103.4	107.6	108.9	101.3	108.7	110.1	106.9
黄岛区	111.2	108.2	98.9	102.1	108.0	102.2	105.0
崂山区	102.2	102.9	108.5	102.2	108.7	109.0	111.3
李沧区	104.1	107.9	113.5	100.3	101.5	101.4	102.0
城阳区	108.1	110.7	105.5	102.4	102.8	100.4	106.2
即墨区	109.3	113.8	108.6	107.5	106.6	100.2	105.9
胶州市	108.3	112.0	110.2	106.2	113.5	103.9	105.9
平度市	104.8	107.6	105.1	103.4	113.0	102.3	106.4
莱西市	101.6	106.4	100.5	102.2	110.4	103.2	101.3
淄博市							
淄川区	107.5	105.1	101.9	102.7	105.0	98.3	104.3
张店区	106.6	106.5	100.8	105.7	106.5	111.7	106.7
博山区	105.5	108.5	101.3	106.4	105.5	100.0	107.8
临淄区	106.8	106.4	99.8	104.0	111.0	103.5	105.9
周村区	106.5	102.9	97.1	106.3	110.1	96.4	105.7
桓台县	108.3	107.5	98.2	96.4	112.3	101.8	108.6
高青县	108.2	105.3	100.1	104.7	109.0	105.9	107.2
沂源县	108.9	110.0	102.3	104.8	117.8	106.4	102.6
枣庄市							
市中区	109.7	104.6	96.8	104.5	100.7	102.1	104.7
薛城区	105.4	101.4	98.9	100.8	102.2	103.5	107.3
峄城区	103.3	100.8	104.3	103.5	102.7	102.3	111.7
台儿庄区	105.2	100.4	105.7	105.4	103.1	106.9	112.5

3-8 续表1

(上年=100)

地 区	2015	2018	2019	2020	2021	2022	2023
山亭区	107.4	100.4	97.8	106.1	97.2	100.0	106.7
滕州市	106.9	102.1	100.5	95.6	105.2	100.7	107.0
东营市							
东营区	102.0	101.0	105.4	102.3	96.4	101.3	101.8
河口区	111.9	108.6	113.2	114.2	142.2	112.0	111.1
垦利区	106.5	102.0	102.9	103.6	115.8	103.0	109.6
利津县	106.3	102.6	111.8	110.8	115.8	112.8	111.5
广饶县	106.5	102.0	104.4	110.1	115.7	107.9	111.6
烟台市							
芝罘区	103.0	102.3	89.3	102.6	107.5	111.4	111.6
福山区	107.2	105.5	105.8	104.4	112.3	105.7	106.8
牟平区	107.2	102.6	106.2	102.2	106.4	110.9	109.4
莱山区	110.3	110.1	107.7	104.9	106.1	108.1	105.9
蓬莱区				105.6	107.0	109.6	106.2
长岛县	109.6	100.7	91.3				
蓬莱市	109.1	106.1	105.2				
龙口市	106.1	104.5	107.2	106.5	110.3	110.2	108.8
莱阳市	108.9	100.9	102.2	107.2	104.3	106.9	105.5
莱州市	106.9	98.7	101.5	103.3	98.6	111.8	106.7
招远市	105.7	106.1	104.5	104.8	90.2	110.9	108.6
栖霞市	105.3	104.7	98.5	95.2	102.3	105.5	107.2
海阳市	108.4	111.7	104.6	100.5	104.5	112.3	107.1
潍坊市							
潍城区	107.3	107.1	107.6	104.0	111.2	100.5	107.2
寒亭区	110.2	106.8	100.8	103.4	109.9	105.6	105.4
坊子区	108.2	107.1	109.1	103.1	110.4	103.9	105.5
奎文区	107.9	107.1	107.9	108.1	103.8	104.1	102.5
临朐县	108.1	107.0	105.2	103.2	111.5	104.7	106.2
昌乐县	108.2	106.5	99.2	104.4	112.0	103.9	97.2
青州市	108.1	106.5	105.5	102.9	109.7	103.2	106.4
诸城市	108.0	106.3	100.9	103.2	110.8	103.9	105.5
寿光市	108.3	106.3	99.4	102.7	111.5	106.6	106.4
安丘市	108.4	106.0	95.1	102.9	110.1	105.0	107.4
高密市	108.5	106.4	93.8	104.0	111.2	106.2	106.2
昌邑市	108.6	106.2	95.5	101.8	112.7	105.2	105.8
济宁市							
任城区	105.1	105.7	95.8	103.6	105.1	104.2	104.4
兖州区	105.8	105.7	101.6	105.0	107.6	103.7	109.0
微山县	106.2	105.1	99.3	101.2	108.6	106.3	106.5
鱼台县	106.8	104.5	98.3	101.2	103.2	103.8	104.8

3-8 续表2

(上年=100)

地 区	2015	2018	2019	2020	2021	2022	2023
金乡县	108.7	102.8	101.3	101.6	108.7	97.4	107.0
嘉祥县	103.6	106.1	100.6	102.5	107.5	105.3	108.3
汶上县	107.6	104.7	99.7	101.8	110.7	104.2	108.3
泗水县	106.9	105.4	93.8	103.1	109.8	97.8	104.9
梁山县	103.7	104.5	101.5	101.3	109.6	97.8	105.6
曲阜市	107.6	103.2	105.6	102.7	102.0	108.3	107.9
邹城市	111.2	104.9	100.1	105.2	105.8	106.6	108.8
泰安市							
泰山区	106.7	101.8	108.6	104.5	97.1	106.7	102.9
岱岳区	108.6	108.0	108.2	105.3	106.5	104.1	107.6
宁阳县	107.0	103.6	104.4	104.2	102.2	104.4	109.7
东平县	104.7	106.0	101.8	105.6	103.5	107.1	109.7
新泰市	104.8	105.9	100.7	102.8	102.7	106.6	110.6
肥城市	106.6	105.9	108.5	103.3	101.4	108.7	108.3
威海市							
环翠区	105.7	108.9	106.3	103.1	108.7	96.7	105.2
文登区	107.8	102.6	104.2	105.4	107.8	97.4	107.2
荣成市	105.4	104.7	94.8	98.3	98.6	103.0	107.9
乳山市	104.5	96.5	88.3	101.4	101.7	100.0	108.1
日照市							
东港区	107.5	105.5	108.4	101.6	100.6	99.1	102.9
岚山区	105.2	110.9	110.7	110.6	97.3	101.2	109.8
五莲县	109.9	99.1	101.4	100.2	98.4	100.2	105.9
莒县	108.9	106.6	109.0	102.1	104.6	105.3	106.3
临沂市							
兰山区	110.9	105.0	105.9	96.5	105.9	105.9	106.9
罗庄区	107.4	105.3	108.4	102.9	109.4	101.8	107.1
河东区	110.1	110.2	109.0	100.7	111.1	103.5	106.6
沂南县	116.0	108.4	102.3	95.5	109.7	107.5	106.9
郯城县	109.6	109.0	106.8	104.3	113.6	105.9	109.4
沂水县	110.0	111.3	108.0	97.9	107.2	105.6	107.6
兰陵县	110.6	110.3	107.3	92.5	109.7	104.8	110.1
费县	104.3	108.0	110.2	95.7	109.1	105.9	107.2
平邑县	112.8	109.6	110.5	87.6	113.6	107.1	109.3
莒南县	110.9	105.3	106.7	104.2	109.7	106.0	110.9
蒙阴县	110.1	108.7	105.1	90.8	110.1	104.1	108.7
临沭县	110.2	106.3	110.8	101.7	110.7	105.9	111.7

3-8 续表3

(上年=100)

地 区	2015	2018	2019	2020	2021	2022	2023
德州市							
德城区	104.8	105.3	106.5	105.0	105.3	104.4	107.4
陵城区	109.1	108.2	109.6	99.8	110.8	103.1	107.7
宁津县	108.9	105.1	106.5	104.1	109.5	101.7	107.3
庆云县	103.1	105.3	102.6	102.2	106.0	104.6	109.3
临邑县	107.9	107.8	107.4	103.1	106.4	102.6	109.5
齐河县	108.3	107.6	105.3	105.0	109.7	105.4	95.0
平原县	87.4	109.8	107.5	105.6	104.9	104.6	108.1
夏津县	100.9	104.1	103.1	102.9	108.3	103.3	107.4
武城县	107.1	104.1	105.4	104.2	106.9	100.7	108.6
乐陵市	86.7	107.4	106.4	104.6	109.4	102.6	108.9
禹城市	105.9	106.7	98.7	105.3	110.5	102.3	108.3
聊城市							
东昌府区	108.3	106.6	102.6	106.9	111.1	105.4	105.8
茌平区	110.8	98.2	103.6	105.0	107.3	104.8	105.4
阳谷县	109.1	100.4	96.8	107.2	107.5	101.8	107.8
莘县	105.6	101.1	108.5	104.0	111.4	106.9	107.1
东阿县	109.5	102.1	92.9	78.2	107.3	103.4	108.2
冠县	109.4	94.1	108.3	109.2	112.7	105.5	107.2
高唐县	109.2	92.0	99.3	107.6	104.4	106.2	107.7
临清市	109.0	107.5	103.7	104.6	110.0	104.8	107.2
滨州市							
滨城区	111.1	107.3	104.9	103.6	108.8	103.6	101.6
沾化区	105.8	96.8	110.3	102.6	97.8	111.6	104.7
惠民县	104.2	93.8	106.2	107.8	108.0	106.6	102.8
阳信县	106.0	107.7	106.4	101.9	109.5	107.1	105.9
无棣县	118.0	113.4	109.2	104.8	113.2	107.9	106.2
博兴县	101.3	98.1	101.2	106.8	108.1	106.0	103.1
邹平市	107.5	89.2	98.0	99.4	105.7	102.7	96.4
菏泽市							
牡丹区	109.8	105.6	102.3	98.8	102.4	105.1	107.3
定陶区	110.7	106.8	107.7	104.0	111.5	105.7	108.7
曹县	110.7	107.1	104.5	99.9	110.3	101.1	108.3
单县	110.6	106.2	101.2	99.9	107.0	106.7	106.9
成武县	112.2	105.8	101.7	104.6	109.4	109.8	108.5
巨野县	110.4	106.2	105.3	95.8	102.7	104.9	107.7
郓城县	110.1	107.7	99.9	96.8	106.3	101.1	106.3
鄄城县	111.5	105.8	104.3	105.4	108.7	104.1	107.9
东明县	110.0	108.3	103.5	103.1	107.8	101.5	106.7

3-9　各县(市、区)第三产业增加值指数

(上年=100)

地　　区	2015	2018	2019	2020	2021	2022	2023
济南市							
历下区	109.2	104.9	105.5	105.2	113.6	104.4	104.5
市中区	108.3	104.6	106.1	105.9	105.3	105.3	106.1
槐荫区	108.8	108.1	103.4	100.9	108.7	101.7	104.6
天桥区	104.5	107.6	104.9	101.3	105.5	99.3	105.6
历城区	109.7	109.9	106.7	102.9	110.9	101.0	107.3
长清区	114.9	112.1	103.6	99.6	107.5	101.9	105.1
章丘区	108.6	115.3	102.8	102.2	106.6	102.4	103.9
济阳区	111.4	106.0	103.9	102.9	106.8	102.3	103.5
莱芜区	110.7	115.6	104.4	100.0	107.8	101.0	105.2
钢城区	105.0	105.5	104.7	102.5	105.2	100.0	103.1
平阴县	106.7	107.8	101.4	102.8	107.2	104.8	106.3
商河县	117.0	89.8	100.5	103.8	106.7	105.5	106.2
青岛市							
市南区	108.0	107.1	104.9	102.2	107.6	103.6	105.1
市北区	109.1	103.4	104.6	102.7	106.0	103.3	106.0
黄岛区	113.0	109.8	111.1	105.1	111.8	106.5	106.6
崂山区	114.7	110.4	107.3	107.3	110.7	104.3	105.1
李沧区	111.0	111.7	105.6	102.9	106.9	102.9	105.4
城阳区	110.4	106.8	107.7	108.5	105.0	101.6	104.5
即墨区	114.3	101.5	106.1	104.2	107.3	105.2	107.5
胶州市	111.4	105.1	106.1	104.9	109.5	106.3	107.8
平度市	108.1	106.7	108.3	103.8	108.2	102.1	104.5
莱西市	112.1	105.3	113.0	105.1	107.0	106.2	107.1
淄博市							
淄川区	105.4	106.1	111.3	101.2	110.9	105.8	106.7
张店区	108.0	106.8	105.9	102.5	109.9	105.2	104.3
博山区	108.3	102.5	107.4	100.6	108.8	106.9	104.7
临淄区	104.4	103.9	109.8	101.2	109.7	104.9	105.1
周村区	110.5	105.2	109.3	104.5	107.4	105.8	103.7
桓台县	108.4	106.8	109.2	99.2	109.0	104.4	101.4
高青县	106.4	106.4	101.7	103.7	108.5	103.8	105.8
沂源县	107.2	106.8	108.4	103.8	109.1	108.3	109.2
枣庄市							
市中区	104.7	105.3	107.1	105.9	112.3	106.0	107.4
薛城区	110.7	105.7	108.2	104.8	112.8	105.9	105.7
峄城区	108.7	104.3	97.0	107.9	113.6	106.1	105.6
台儿庄区	110.5	103.6	108.7	104.8	111.7	104.4	105.0

3-9 续表1

(上年=100)

地 区	2015	2018	2019	2020	2021	2022	2023
山亭区	109.4	108.7	104.1	107.4	114.3	106.4	106.3
滕州市	109.0	109.0	110.8	107.1	111.7	107.2	105.5
东营市							
东营区	105.2	100.4	100.7	108.3	109.2	100.0	106.5
河口区	115.2	105.7	105.2	109.7	106.6	99.9	107.1
垦利区	105.3	105.9	102.1	103.9	108.8	109.1	107.2
利津县	104.5	104.7	104.8	105.6	105.7	101.8	107.6
广饶县	106.3	112.2	104.7	105.1	100.1	108.4	107.5
烟台市							
芝罘区	110.0	106.5	107.4	102.5	108.9	103.6	104.7
福山区	112.9	109.7	110.6	105.9	111.3	104.1	106.5
牟平区	110.4	108.3	107.2	98.5	102.3	102.2	106.0
莱山区	111.5	110.6	107.8	106.2	110.7	105.1	106.4
蓬莱区				100.2	106.9	102.3	107.3
长岛县	108.6	105.8	99.9				
蓬莱市	108.9	106.2	107.3				
龙口市	109.0	107.5	105.0	103.2	109.1	101.5	106.4
莱阳市	112.8	114.3	104.8	101.8	104.1	101.3	104.8
莱州市	110.8	115.6	98.6	99.6	106.9	98.4	107.1
招远市	112.7	106.2	111.2	102.8	112.8	101.7	106.8
栖霞市	113.0	108.6	106.4	100.7	106.6	102.7	104.9
海阳市	114.0	107.2	106.8	95.4	105.9	98.7	107.2
潍坊市							
潍城区	106.3	110.2	106.2	106.0	108.8	101.5	105.7
寒亭区	110.2	107.3	106.4	104.4	110.1	103.5	104.3
坊子区	107.7	104.6	104.3	106.3	108.8	103.2	104.4
奎文区	107.1	110.4	106.6	104.8	109.4	104.5	106.8
临朐县	108.3	105.6	107.7	105.4	111.5	104.6	107.1
昌乐县	104.9	107.0	108.0	104.3	110.6	103.5	102.7
青州市	108.1	106.0	106.3	104.7	111.8	103.1	104.7
诸城市	107.5	106.2	108.6	103.7	110.1	103.9	105.7
寿光市	107.8	106.9	109.4	103.5	110.5	102.0	104.0
安丘市	108.6	105.4	105.4	103.5	110.9	104.7	105.7
高密市	108.9	106.9	106.0	101.7	111.2	103.7	106.1
昌邑市	105.9	107.2	108.4	102.1	108.3	103.2	106.5
济宁市							
任城区	110.8	107.5	110.5	103.0	109.8	102.8	106.5
兖州区	114.2	108.9	108.1	102.5	110.6	106.8	105.5
微山县	112.0	105.0	110.0	104.8	108.1	102.5	105.9
鱼台县	112.5	107.9	108.0	104.5	113.4	104.1	107.8

3-9 续表2

(上年=100)

地区	2015	2018	2019	2020	2021	2022	2023
金乡县	113.3	108.3	107.2	106.1	110.4	107.6	108.4
嘉祥县	113.1	106.5	108.3	105.1	110.2	102.7	105.3
汶上县	111.4	111.9	108.3	106.6	107.0	104.8	106.5
泗水县	115.9	105.4	110.5	103.7	107.0	107.4	106.6
梁山县	108.1	112.5	110.2	106.7	108.9	108.5	108.3
曲阜市	109.8	104.6	105.8	103.8	111.4	103.0	106.0
邹城市	106.1	105.5	107.2	102.9	111.6	103.5	105.6
泰安市							
泰山区	110.0	107.0	106.5	102.8	110.2	102.6	107.0
岱岳区	110.0	108.9	108.7	104.2	108.7	100.8	105.2
宁阳县	108.8	111.6	111.1	104.1	108.7	103.8	104.8
东平县	109.5	107.0	111.5	101.6	109.2	102.5	104.8
新泰市	107.6	106.4	115.3	104.6	106.8	102.4	103.6
肥城市	108.2	106.1	107.0	104.2	108.0	101.5	105.0
威海市							
环翠区	113.3	104.8	104.7	104.7	109.5	103.4	105.6
文登区	111.8	108.7	103.0	102.1	106.7	103.4	105.7
荣成市	115.0	107.3	111.2	104.1	109.2	103.3	104.5
乳山市	109.0	114.6	103.3	101.6	107.7	102.2	106.6
日照市							
东港区	109.9	107.0	108.0	103.1	112.9	104.7	106.2
岚山区	104.7	111.4	108.7	101.4	114.9	109.8	103.8
五莲县	110.7	106.2	104.0	102.4	107.0	105.3	104.7
莒县	107.0	111.5	105.8	103.9	111.4	106.9	103.0
临沂市							
兰山区	109.1	111.2	108.2	104.8	109.5	103.1	105.1
罗庄区	105.9	108.7	107.5	104.6	109.3	104.2	104.7
河东区	111.6	109.4	106.2	103.9	110.1	104.3	106.5
沂南县	109.4	105.3	105.9	104.6	108.4	101.4	105.0
郯城县	113.7	105.8	109.4	101.2	107.6	103.7	106.6
沂水县	109.6	107.0	108.1	101.9	108.8	103.6	105.9
兰陵县	108.0	105.4	103.8	103.9	107.8	103.1	104.7
费县	109.0	107.3	109.5	104.5	107.7	102.0	106.0
平邑县	105.4	108.1	109.2	102.4	107.4	102.0	105.2
莒南县	114.3	107.2	104.9	99.5	107.6	103.8	103.9
蒙阴县	106.8	102.1	105.3	102.4	107.2	103.7	105.5
临沭县	113.4	107.6	107.2	105.6	107.9	104.0	104.9

3-9 续表3

(上年=100)

地 区	2015	2018	2019	2020	2021	2022	2023
德州市							
德城区	110.2	108.3	106.5	103.4	111.2	104.9	106.6
陵城区	109.9	107.4	104.0	102.2	106.0	106.5	106.5
宁津县	108.3	107.7	108.9	103.3	107.2	106.9	105.3
庆云县	115.8	108.1	105.0	104.4	109.0	104.1	105.3
临邑县	109.1	109.5	108.9	103.5	110.1	106.9	105.7
齐河县	108.6	108.7	114.3	103.4	108.3	103.2	108.5
平原县	115.6	109.2	108.4	102.3	108.3	105.7	105.3
夏津县	113.3	111.6	107.2	103.7	108.1	104.9	103.7
武城县	108.3	105.5	106.9	102.4	108.3	107.8	104.5
乐陵市	138.2	106.7	110.6	104.0	108.5	105.7	106.8
禹城市	110.0	108.7	108.0	103.3	107.8	107.0	105.9
聊城市							
东昌府区	108.6	108.4	107.9	104.5	109.3	103.6	105.8
茌平区	107.8	108.7	99.5	100.5	108.5	103.9	107.4
阳谷县	109.6	109.6	105.4	103.6	109.8	102.5	107.0
莘 县	112.1	104.9	106.3	103.1	107.4	103.9	106.3
东阿县	106.6	101.5	104.9	103.2	108.2	103.8	105.7
冠 县	110.9	108.3	103.2	102.3	107.0	104.2	106.4
高唐县	109.5	113.2	100.8	103.3	106.5	104.0	107.1
临清市	108.4	103.4	102.7	102.2	107.3	103.0	106.6
滨州市							
滨城区	106.8	105.7	105.7	104.2	109.1	104.1	107.5
沾化区	105.3	101.7	103.3	104.2	108.7	102.3	106.7
惠民县	106.6	100.1	105.4	102.6	107.3	101.8	106.5
阳信县	109.5	117.5	104.9	103.8	106.3	102.6	108.1
无棣县	108.3	109.2	103.4	104.5	105.8	101.5	106.5
博兴县	107.7	117.6	106.5	102.3	110.8	101.7	105.5
邹平市	111.0	101.9	107.7	107.7	108.8	102.5	111.2
菏泽市							
牡丹区	110.8	111.2	108.5	107.6	112.0	104.0	106.3
定陶区	111.4	112.5	112.0	108.9	110.2	106.1	107.2
曹 县	111.4	110.1	113.8	108.1	109.7	104.1	106.8
单 县	110.4	110.4	110.0	108.9	110.9	106.2	106.5
成武县	109.6	110.4	106.8	107.4	108.5	105.6	108.4
巨野县	110.1	110.5	107.8	106.2	111.1	106.2	106.9
郓城县	109.8	110.8	112.4	106.6	109.7	103.5	107.1
鄄城县	109.0	109.4	112.2	107.1	111.8	105.0	107.4
东明县	110.1	108.7	112.8	109.0	110.7	102.8	106.8

3-10　各县(市、区)人均地区生产总值指数

(上年=100)

地　　区	2015	2018	2019	2020	2021	2022	2023
济南市							
历下区	107.7	108.6	105.8	102.7	109.6	103.3	105.0
市中区	107.5	108.5	106.3	99.5	98.7	102.8	106.3
槐荫区	107.4	106.7	106.3	88.8	94.4	102.8	106.3
天桥区	105.2	110.4	106.8	101.3	105.7	99.7	106.1
历城区	109.2	103.5	105.2	96.7	98.5	101.6	106.3
长清区	107.9	110.9	108.1	104.1	104.1	98.4	101.3
章丘区	109.8	101.0	102.4	110.2	106.1	99.5	105.8
济阳区	87.6	100.5	105.9	107.2	108.8	101.1	111.9
莱芜区	108.2	106.9	105.8	108.0	111.6	102.9	104.4
钢城区	111.2	112.4	109.0	113.2	111.3	102.4	104.3
平阴县	108.2	102.0	105.6	108.6	113.3	101.8	103.5
商河县	109.2	92.1	103.5	111.6	117.0	106.0	107.2
青岛市							
市南区	109.2	108.4	106.1	104.5	107.1	104.3	105.4
市北区	107.4	105.7	105.2	101.9	106.1	104.4	106.0
黄岛区	108.4	106.2	103.4	101.4	107.1	102.7	104.8
崂山区	107.1	105.8	105.3	103.3	108.0	104.2	106.7
李沧区	106.7	107.8	105.5	99.2	102.8	101.1	103.1
城阳区	102.1	107.3	102.5	103.7	100.5	98.7	103.7
即墨区	105.9	108.8	104.7	104.0	104.8	101.6	106.3
胶州市	105.1	106.8	106.8	103.7	108.4	102.9	105.8
平度市	106.2	106.2	108.1	104.7	110.1	102.6	105.6
莱西市	104.8	110.4	108.2	105.4	108.7	104.7	105.0
淄博市							
淄川区	108.1	106.5	106.7	103.3	108.6	102.0	105.9
张店区	103.3	103.8	101.6	101.3	106.6	107.0	104.8
博山区	108.3	106.8	104.8	104.9	108.3	103.7	106.7
临淄区	105.9	105.5	103.4	103.4	110.6	104.2	106.2
周村区	107.8	103.4	102.2	104.9	109.0	102.2	105.4
桓台县	108.9	106.8	102.7	98.0	110.9	103.0	105.9
高青县	108.5	106.2	101.8	105.8	110.0	105.2	106.8
沂源县	108.7	108.2	105.7	104.9	112.7	107.8	107.2
枣庄市							
市中区	105.6	102.4	102.0	104.9	107.9	104.8	107.1
薛城区	104.7	101.1	102.1	101.9	108.3	104.3	105.6
峄城区	105.3	102.8	100.7	105.2	108.4	105.3	109.3
台儿庄区	106.1	101.4	106.0	103.3	107.4	104.9	107.4

3-10 续表1

(上年=100)

地　区	2015	2018	2019	2020	2021	2022	2023
山亭区	109.0	108.6	101.8	104.7	105.5	104.8	107.3
滕州市	106.8	105.3	105.0	101.9	109.3	105.0	106.8
东营市							
东营区	103.6	100.9	102.2	99.9	106.8	100.5	103.0
河口区	111.7	107.1	110.6	112.4	112.1	107.2	109.5
垦利区	105.2	103.5	102.2	103.2	111.0	105.1	107.7
利津县	107.0	105.1	109.7	110.3	110.6	107.1	108.7
广饶县	105.8	104.4	104.2	108.1	111.8	107.6	109.3
烟台市							
芝罘区	107.7	104.2	102.0	101.5	107.8	104.9	106.1
福山区	107.0	101.9	102.8	102.1	109.7	104.9	106.6
牟平区	108.7	105.2	106.4	100.0	104.6	106.2	107.6
莱山区	107.7	104.0	101.6	101.3	106.4	105.7	106.0
蓬莱区				101.7	107.6	104.9	106.9
长岛县	106.9	102.5	102.9				
蓬莱市	108.3	106.2	105.4				
龙口市	106.6	105.5	105.7	104.6	109.7	106.0	107.7
莱阳市	110.5	108.4	104.9	105.9	105.9	104.7	105.8
莱州市	108.8	107.5	102.2	102.9	103.8	105.5	107.3
招远市	108.6	106.9	108.5	104.2	104.0	106.2	107.9
栖霞市	110.0	109.1	106.1	101.1	106.9	104.7	106.2
海阳市	110.9	110.0	107.6	99.9	107.2	105.4	107.3
潍坊市							
潍城区	105.1	104.5	103.8	103.6	109.8	99.0	105.8
寒亭区	107.1	104.8	101.2	102.8	109.7	104.0	106.1
坊子区	108.2	106.8	105.9	104.9	109.0	100.1	104.3
奎文区	104.6	103.6	103.3	104.7	105.7	102.6	104.6
临朐县	108.6	107.5	106.4	104.5	111.1	99.1	105.3
昌乐县	109.0	107.2	104.6	104.7	110.8	106.5	101.8
青州市	108.0	106.5	105.2	103.5	110.5	104.1	105.3
诸城市	108.2	106.5	104.7	103.4	110.2	106.5	106.1
寿光市	108.2	106.3	103.5	102.9	110.4	100.3	104.6
安丘市	109.8	106.9	103.0	104.1	110.2	105.1	106.4
高密市	109.0	106.8	101.2	102.6	111.1	109.1	106.6
昌邑市	109.7	106.9	102.5	102.6	110.5	107.9	108.4
济宁市							
任城区	108.1	105.7	103.5	97.9	102.7	103.1	105.7
兖州区	106.0	106.0	103.9	103.3	108.4	105.1	106.8
微山县	108.0	104.0	105.3	105.4	110.6	104.4	106.9
鱼台县	107.5	104.7	102.3	107.3	113.9	104.8	107.4

3-10 续表2

(上年=100)

地 区	2015	2018	2019	2020	2021	2022	2023
金乡县	108.8	105.3	104.2	104.6	109.8	105.0	107.5
嘉祥县	80.6	105.9	104.0	104.5	110.1	104.6	107.3
汶上县	108.1	107.1	103.6	104.8	109.9	105.3	107.8
泗水县	108.8	104.5	102.8	104.4	109.5	105.2	106.7
梁山县	107.7	106.6	104.8	104.9	110.6	104.8	107.5
曲阜市	108.8	103.4	105.3	105.4	110.8	105.0	106.9
邹城市	108.5	104.5	102.8	103.5	108.5	105.7	107.8
泰安市							
泰山区	107.7	104.0	104.7	101.9	104.1	101.8	108.8
岱岳区	107.9	107.1	106.4	102.9	105.7	104.2	104.6
宁阳县	108.7	107.5	108.8	105.8	108.4	106.9	107.3
东平县	106.6	106.5	106.6	105.2	108.9	106.4	107.0
新泰市	105.7	105.2	105.1	102.4	109.4	105.7	107.9
肥城市	107.0	106.0	107.8	105.5	105.7	106.2	107.7
威海市							
环翠区	106.4	104.1	102.7	101.2	107.1	99.1	104.1
文登区	110.4	106.8	103.5	103.2	107.4	101.9	107.1
荣成市	109.5	106.0	104.2	102.2	105.7	102.9	105.8
乳山市	110.9	109.0	99.7	103.9	107.3	104.2	108.7
日照市							
东港区	107.4	104.1	105.2	99.8	106.9	103.0	103.2
岚山区	103.7	113.2	111.1	107.5	103.4	104.3	108.2
五莲县	109.6	103.0	103.9	104.2	105.5	103.3	105.6
莒 县	107.3	108.4	106.3	103.0	108.4	106.0	104.9
临沂市							
兰山区	104.3	106.1	101.8	100.3	102.3	102.7	105.4
罗庄区	98.7	106.1	103.8	99.7	106.4	101.0	104.6
河东区	106.6	106.8	102.2	103.0	110.5	102.7	105.8
沂南县	105.2	103.6	100.8	104.0	110.4	105.0	106.7
郯城县	110.9	105.4	106.7	102.6	109.2	105.5	108.2
沂水县	105.9	107.2	103.1	104.4	109.7	105.8	107.4
兰陵县	107.9	105.9	100.7	104.6	112.8	104.4	107.2
费 县	107.8	108.3	100.5	104.0	108.2	105.6	107.6
平邑县	106.2	108.1	100.3	104.1	110.0	105.2	107.5
莒南县	109.0	106.8	106.1	103.7	109.3	105.6	107.6
蒙阴县	106.9	103.2	100.5	103.2	108.3	105.6	107.2
临沭县	108.8	108.2	104.4	103.3	109.0	106.2	108.1

3–10 续表3

(上年＝100)

地　　区	2015	2018	2019	2020	2021	2022	2023
德州市							
德城区	107.0	105.7	102.6	87.2	95.2	104.3	106.4
陵城区	109.0	106.8	106.5	108.9	115.8	104.8	107.3
宁津县	108.1	105.4	107.0	101.8	105.4	104.6	106.9
庆云县	108.9	106.4	103.3	100.4	104.7	104.7	107.6
临邑县	107.7	107.2	107.5	107.9	113.0	105.5	107.8
齐河县	108.0	106.6	106.8	107.0	113.3	104.4	102.1
平原县	103.5	107.5	107.8	107.3	109.6	105.3	106.8
夏津县	107.3	106.6	104.6	108.4	113.3	104.3	106.1
武城县	107.1	104.5	105.8	106.8	109.2	104.0	107.3
乐陵市	110.0	106.8	108.4	112.8	116.8	104.9	108.2
禹城市	108.5	105.3	104.1	105.9	110.3	105.4	107.3
聊城市							
东昌府区	105.8	105.1	104.0	104.0	108.7	104.2	106.2
茌平区	109.8	101.9	102.3	103.4	108.1	105.1	106.4
阳谷县	109.9	106.3	102.7	105.5	109.2	103.5	107.3
莘县	108.9	103.9	105.3	103.7	109.2	105.5	106.6
东阿县	108.0	102.5	97.5	89.4	109.3	104.6	107.0
冠县	109.5	104.0	105.0	105.1	109.6	105.5	107.7
高唐县	109.3	103.2	100.6	105.6	107.1	105.7	107.4
临清市	107.1	104.1	102.3	102.8	108.5	104.4	107.0
滨州市							
滨城区	106.1	103.8	103.0	101.6	107.6	103.8	105.0
沾化区	105.8	101.1	105.7	103.9	105.5	106.0	106.2
惠民县	105.6	99.2	105.4	105.7	108.5	104.0	105.1
阳信县	107.3	111.6	105.2	103.2	108.0	105.3	108.0
无棣县	111.3	109.5	104.9	103.5	109.0	105.6	107.3
博兴县	103.4	106.5	103.3	104.0	109.3	103.9	104.7
邹平市	108.1	94.4	101.7	102.9	107.4	102.7	103.8
菏泽市							
牡丹区	106.7	105.1	105.1	103.6	108.1	104.5	106.7
定陶区	109.1	108.4	109.0	105.1	110.1	106.8	108.2
曹县	109.7	107.9	108.1	103.7	110.0	104.0	107.8
单县	109.3	108.2	106.1	104.8	109.9	107.4	106.8
成武县	110.0	107.7	104.9	105.9	109.4	107.6	108.6
巨野县	108.8	107.8	106.0	100.1	107.3	106.7	107.5
郓城县	107.4	107.2	104.5	100.5	107.3	102.9	107.4
鄄城县	108.4	106.8	107.9	105.8	110.6	105.5	107.7
东明县	108.9	107.4	105.8	104.9	109.4	102.9	107.1

3-11 各县(市、区)金融机构人民币存款余额

单位：亿元

地 区	2015	2018	2019	2020	2021	2022	2023
济南市							
历下区						7361.52	11930.82
市中区						0.58	0.51
槐荫区							
天桥区						1241.72	1211.18
历城区							0.55
长清区		418.76	430.27	479.20	540.50	563.37	621.49
章丘区	522.53	807.45	875.18	1016.16	1097.20	1155.23	1303.62
济阳区	156.39	286.34	296.38	348.14	370.43	533.29	656.09
莱芜区	649.61	802.17	686.76	914.19	1022.27	1198.45	1374.61
钢城区	184.50	231.55				289.78	334.34
平阴县	144.64	216.30	236.37	276.63	300.65	342.60	381.79
商河县	138.50	201.48	225.22	251.68	276.97	322.92	358.37
青岛市							
市南区	5262.40	6448.52	7150.52				
市北区							
黄岛区	1292.59	1888.48	1888.48	2476.77	2799.18	3303.85	3680.41
崂山区							
李沧区	554.17						
城阳区	811.03	1218.24	1319.02	1466.08	1574.35	1647.74	1764.98
即墨区	740.76	1030.07	1251.81	1445.04	1512.48	1609.44	1723.90
胶州市	546.47	858.24	992.55	1126.93	1261.15	1417.20	1536.10
平度市	544.95	674.06	762.09	922.75	1023.14	1160.70	1256.16
莱西市	339.16	408.56	487.30	608.28	690.00	776.03	871.80
淄博市							
淄川区	463.20	531.63	586.74	665.79	726.58	786.46	859.06
张店区		1824.92	1969.21	2143.52	2321.85	2637.01	2932.07
博山区	271.49	322.00	356.08	401.03	438.65	509.12	565.32
临淄区	641.36	704.16	762.88	874.27	985.87	1099.67	1220.44
周村区	283.46	351.82	380.50	442.51	456.11	502.13	552.68
桓台县	337.10	405.42	438.88	505.37	570.20	602.44	629.02
高青县	127.65	170.52	182.33	213.06	237.28	268.21	287.51
沂源县	195.71	269.28	289.03	347.19	380.97	447.34	484.10
枣庄市							
市中区	359.31	438.89	477.82	526.57	571.45	636.31	700.90
薛城区	313.40	482.54	501.66	548.41	607.66	695.01	808.65
峄城区	86.54	136.50	139.91	146.08	160.10	174.79	195.65
台儿庄区	78.14	115.79	125.66	138.48	141.08	157.35	188.76

3-11 续表1

单位：亿元

地区	2015	2018	2019	2020	2021	2022	2023
山亭区	81.35	128.31	139.86	149.10	151.04	168.30	188.83
滕州市	505.58	726.73	784.98	881.44	944.70	1078.33	1217.17
东营市							
东营区	2310.51	2295.51	2360.62	2462.19	2604.85	2986.38	3316.27
河口区	228.82	278.47	266.18	290.11	341.02	514.60	573.60
垦利区	342.92	352.94	358.20	373.08	442.77	517.03	592.59
利津县	118.09	180.42	182.02	230.11	291.84	322.60	355.72
广饶县	613.63	566.72	618.11	678.04	832.00	1012.14	1179.41
烟台市							
芝罘区	1567.01	2214.12	2308.24				
福山区	1241.49	1740.25	2156.44	2377.19	2671.80	2853.30	2932.64
牟平区	349.91	393.81	443.41	480.28	523.29	602.64	673.37
莱山区	415.44	437.98	555.54	636.25	673.71	829.92	938.16
蓬莱区	422.74	473.71	504.81	559.32	595.83	667.54	759.78
龙口市	821.31	853.25	976.46	1074.36	1272.16	1480.99	1575.07
莱阳市	346.68	427.85	497.60	536.49	604.26	688.02	820.11
莱州市	593.27	734.28	776.32	873.69	960.52	1079.70	1211.64
招远市	472.66	575.38	620.12	664.79	727.46	841.68	894.55
栖霞市	221.22	271.41	289.98	321.80	377.56	418.32	451.97
海阳市	319.18	388.15	420.23	462.02	515.87	598.23	659.54
潍坊市							
潍城区			660.18	512.96			
寒亭区		499.77	916.92	509.77			
坊子区		290.18	305.07	352.91	392.96	440.42	480.19
奎文区			1063.63	2730.13			4911.43
临朐县	317.39	464.86	507.83	577.39	641.05	695.13	765.57
昌乐县	269.88	366.03	399.72	452.27	518.76	593.09	645.50
青州市	662.07	724.54	789.23	934.23	1008.54	1133.69	1311.47
诸城市	554.32	693.31	767.49	930.53	1028.03	1150.08	1267.90
寿光市	844.52	965.98	1064.35	1288.92	1431.13	1578.72	1766.38
安丘市	361.21	464.77	497.04	582.65	654.99	738.34	807.36
高密市	393.80	553.50	604.70	678.23	767.18	815.69	888.42
昌邑市	359.09	432.17	447.09	526.50	575.30	646.16	708.60
济宁市							
任城区	1821.36	2394.07	2531.33	2264.08	2398.24	2714.90	3115.15
兖州区	364.69	453.10	488.84	543.19	594.67	637.32	711.66
微山县	185.83	250.95	255.22	287.69	315.90	371.63	419.40
鱼台县	113.98	170.11	193.62	214.65	229.33	263.19	280.87

3—11 续表2

单位：亿元

地 区	2015	2018	2019	2020	2021	2022	2023
金乡县	188.22	270.09	293.91	327.25	375.10	427.71	496.75
嘉祥县	238.27	372.41	415.88	469.26	506.54	570.06	634.97
汶上县	206.30	290.62	325.23	367.92	390.80	451.85	489.78
泗水县	142.69	204.17	223.79	259.88	280.35	315.91	358.70
梁山县	230.08	365.38	412.68	471.43	517.31	595.25	652.93
曲阜市	262.94	356.15	383.87	425.40	468.89	532.95	582.02
邹城市	705.59	811.75	891.24	937.35	1180.52	1188.79	1007.70
泰安市							
泰山区	225.48	528.05	667.77	797.59	929.76		1913.78
岱岳区	491.80	652.44	695.00	786.00	864.27		1110.19
宁阳县	197.83	306.64	330.96	371.92	412.40	473.16	526.85
东平县	223.91	290.48	325.85	369.96	405.52	465.43	521.50
新泰市	506.18	687.80	747.41	835.40	901.53	1023.16	1087.72
肥城市	422.42	567.69	656.35	739.21	812.66	957.22	1075.88
威海市							
环翠区	1468.77	1883.85	2278.35	2579.97	2896.21	3222.01	3609.54
文登区	430.72	603.03	654.37	699.57	759.84	871.43	954.97
荣成市	610.59	805.42	895.47	981.56	1077.90	1215.98	1372.94
乳山市	280.34	389.73	422.77	471.68	512.09	576.99	657.50
日照市							
东港区	1098.59	1497.62	1623.45	1847.12	1933.79	2177.21	2393.61
岚山区	184.52	236.56	253.57	289.75	321.15	352.09	398.50
五莲县	205.15	272.17	295.32	342.27	361.31	404.63	470.26
莒县	356.62	498.04	556.60	647.99	689.81	786.52	848.98
临沂市							
兰山区	1676.80	2348.55	2579.54	3010.26	3178.35	3336.26	3677.63
罗庄区	464.48	397.68	433.49	422.50	469.74	591.20	637.11
河东区	381.68	499.06	588.33	766.38	856.45	902.36	972.44
沂南县	246.11	361.14	414.55	487.72	550.67	608.79	677.15
郯城县	202.14	287.17	319.77	368.56	421.11	475.47	525.07
沂水县	364.83	477.15	529.41	617.63	685.85	765.14	861.16
兰陵县	263.36	352.41	405.26	475.07	537.60	584.99	648.39
费县	237.14	334.45	373.92	431.05	477.76	540.12	604.98
平邑县	220.97	308.81	349.14	391.27	443.55	502.47	551.29
莒南县	300.53	448.05	487.24	564.93	610.53	681.96	784.26
蒙阴县	167.31	229.04	259.25	297.67	327.38	367.52	418.90
临沭县	236.93	302.75	318.01	358.66	402.08	440.81	489.53

3-11 续表3

单位：亿元

地 区	2015	2018	2019	2020	2021	2022	2023
德州市							
德城区	843.57	1146.26	1258.77	1371.69	1526.73	1724.25	1956.03
陵城区	167.78	222.00	242.14	283.35	313.98	365.44	400.74
宁津县	182.88	262.95	302.04	344.58	378.04	430.74	483.53
庆云县	95.10	149.47	163.32	188.10	210.66	234.57	256.49
临邑县	177.10	237.65	274.87	320.72	350.15	403.37	450.06
齐河县	209.90	327.18	341.67	377.73	425.60	468.14	508.31
平原县	159.08	218.63	242.81	283.36	311.19	354.69	396.11
夏津县	145.50	203.33	217.46	250.97	280.51	320.68	355.01
武城县	140.81	187.47	210.32	247.46	279.79	326.60	368.85
乐陵市	173.70	246.12	272.53	314.12	346.39	384.97	438.86
禹城市	174.89	254.93	275.17	314.17	353.96	396.07	442.67
聊城市							
东昌府区	1011.37	1353.38	1491.82	1619.22	1844.23	2046.88	2276.58
茌平区	240.45	344.19	384.74	429.72	492.67	617.27	747.01
阳谷县	292.83	373.98	403.28	452.83	492.36	539.09	580.12
莘县	222.81	325.31	376.38	448.47	500.70	579.44	639.24
东阿县	156.26	212.84	231.60	265.00	297.24	328.34	372.96
冠县	216.77	298.79	329.86	376.03	415.21	476.12	527.56
高唐县	181.81	231.87	260.17	305.93	319.66	370.45	402.47
临清市	269.98	365.45	403.90	469.14	536.78	589.06	640.50
滨州市							
滨城区	765.80	1410.94	1078.52	1261.16	1405.77	1681.53	1781.09
沾化区	114.55	152.20	165.61	194.69	214.97	230.90	251.01
惠民县	169.22	230.44	252.55	280.59	309.46	358.04	402.30
阳信县	119.08	162.08	172.60	208.57	217.59	252.73	276.25
无棣县	166.07	243.10	241.38	275.84	311.59	374.90	419.94
博兴县	431.59	448.96	445.37	511.80	564.04	657.76	707.96
邹平市	608.97	598.50	601.94	709.97	743.63	802.32	917.58
菏泽市							
牡丹区	749.54	981.03	1189.99	1418.03	1618.16	1890.68	2081.48
定陶区	147.27	240.70	261.59	306.28	336.68	380.47	423.83
曹县	272.83	430.49	492.95	569.14	637.75	712.98	804.54
单县	235.30	362.93	415.50	473.30	518.47	602.66	674.60
成武县	162.21	240.24	277.36	316.12	347.98	406.08	451.38
巨野县	258.98	401.90	461.11	531.44	591.52	673.44	738.36
郓城县	320.46	489.99	556.68	640.28	717.99	810.63	893.09
鄄城县	195.45	294.59	335.27	393.87	427.29	480.09	523.72
东明县	208.43	308.02	347.53	383.55	423.82	456.14	518.40

3-12 各县(市、区)金融机构人民币住户存款余额

单位：亿元

地区	2015	2018	2019	2020	2021	2022	2023
济南市							
历下区							5762.58
市中区							
槐荫区							
天桥区							
历城区							
长清区		255.28	290.58	337.60	405.60	469.49	528.25
章丘区	368.81	510.60	575.67	662.56	735.30	832.77	930.08
济阳区	114.67	169.06	190.57	230.61	254.16	339.36	413.99
莱城区	367.39	433.44					
钢城区	107.89	124.76					
平阴县	103.76	135.67	154.39	186.57	215.61	254.31	289.19
商河县	103.94	144.05	167.10	193.98	219.86	255.27	292.07
青岛市							
市南区							
市北区							
黄岛区	656.53	811.02	811.02	118.16	1288.77	1563.75	1838.00
崂山区							
李沧区	328.46						
城阳区	400.82	548.08	620.08				
即墨区	471.43	580.53	662.72	777.13	862.90	1020.26	1156.10
胶州市	356.44	442.33	508.44	613.66	706.33	854.80	973.00
平度市	405.05	484.22	552.67	664.86	756.01	882.80	995.20
莱西市	248.95	285.21	329.32	392.21	444.27	527.95	610.58
淄博市							
淄川区	338.58	403.29	441.67	496.56	553.41	630.24	699.27
张店区		869.73	974.49	1094.07	1244.04	1503.26	1734.65
博山区	209.20	258.39	290.47	333.97	375.15	434.68	490.35
临淄区	403.53	474.57	523.84	599.70	678.29	795.10	897.30
周村区	213.42	263.65	288.54	330.16	359.67	409.52	460.91
桓台县	175.77	216.72	244.07	283.01	321.43	378.62	427.73
高青县	90.63	120.95	138.74	163.00	187.35	218.59	246.08
沂源县	131.92	182.23	206.02	246.19	284.46	329.73	377.77
枣庄市							
市中区	233.05	289.64	325.01	368.18	402.13	456.13	514.70
薛城区	187.93	255.71	287.23	326.64	362.89	425.40	501.90
峄城区	58.19	83.20	95.19	108.96	121.17	140.21	159.59
台儿庄区	57.18	80.01	90.48	101.19	109.57	125.85	144.68

3—12 续表1

单位：亿元

地　区	2015	2018	2019	2020	2021	2022	2023
山亭区	57.42	83.57	94.28	107.07	119.31	136.64	155.03
滕州市	389.51	511.69	572.15	652.00	716.98	840.48	968.79
东营市							
东营区	719.56		971.27	1138.35	1275.94	1529.84	1765.15
河口区	138.91	160.08	162.12	184.34	223.81	343.92	390.47
垦利区	144.01	180.42	202.60	231.33	269.70	315.95	359.05
利津县	71.82	104.60	119.33	140.50	161.77	190.35	215.28
广饶县	230.59	290.25	330.95	389.79	447.49	519.66	608.98
烟台市							
芝罘区	312.57	441.08	453.16				
福山区	404.43	562.92	677.44	703.70	876.98	1108.46	986.60
牟平区	227.44	271.89	305.58	346.56	386.70	448.03	501.54
莱山区	206.71	190.38	315.13	347.72	408.97	518.41	601.85
蓬莱区	266.36	322.88	366.36	415.97	460.16	530.33	601.71
龙口市	447.93	543.96	609.56	691.85	742.43	859.38	974.41
莱阳市	265.97	320.83	364.93	417.23	470.01	542.82	621.79
莱州市	462.80	546.80	613.30	713.67	798.64	916.25	1032.07
招远市	296.19	365.79	410.92	463.56	507.78	570.88	638.44
栖霞市	178.80	222.23	246.38	279.40	316.61	368.06	409.71
海阳市	233.44	302.09	339.88	384.68	439.02	503.37	566.80
潍坊市							
潍城区			288.34	224.04			
寒亭区		242.35	400.47	318.67			
坊子区		198.58	220.74	262.00	293.26	338.02	371.69
奎文区			464.54	1045.50			2440.10
临朐县	243.48	323.99	368.28	427.52	479.89	547.99	608.07
昌乐县	189.00	248.44	282.39	327.60	367.97	423.83	473.41
青州市	454.52	571.06	640.17	738.75	818.22	933.75	1057.00
诸城市	360.56	484.19	564.82	667.94	746.13	841.27	947.48
寿光市	468.04	607.93	684.32	785.75	871.05	1034.60	1190.84
安丘市	263.05	328.56	381.43	448.23	506.66	574.21	653.82
高密市	274.72	386.61	436.80	513.55	572.93	652.75	730.80
昌邑市	267.04	323.23	359.82	421.70	468.76	534.34	604.88
济宁市							
任城区	921.52	1207.53	1018.26	1162.64	1293.27	1505.83	1744.86
兖州区	242.13	305.47	339.85	384.94	427.47	489.35	541.93
微山县	125.28	174.61	197.66	227.72	254.18	301.49	343.60
鱼台县	93.66	129.63	147.96	166.48	187.27	212.04	242.88

3-12 续表2

单位：亿元

地 区	2015	2018	2019	2020	2021	2022	2023
金乡县	154.66	216.24	241.52	273.42	303.45	350.55	410.86
嘉祥县	197.33	293.53	331.82	380.65	426.32	486.92	550.20
汶上县	157.21	222.10	252.97	285.49	318.97	373.11	419.77
泗水县	115.36	166.37	184.23	211.26	235.46	269.87	308.02
梁山县	189.82	298.21	347.94	404.56	453.57	520.80	584.17
曲阜市	180.36	247.36	280.20	319.64	359.50	415.54	469.66
邹城市	325.26	410.46	462.23	526.33	578.54	672.31	774.68
泰安市							
泰山区	160.03	264.32	313.71	404.41	516.98		
岱岳区	303.60	410.52	450.00	517.00	621.38		823.87
宁阳县	155.57	224.22	253.05	294.19	334.74	383.99	429.56
东平县	167.50	228.56	261.37	302.87	342.84	398.26	450.19
新泰市	368.17	497.95	563.82	643.64	733.65	843.97	946.81
肥城市	304.01	411.25	461.00	537.97	615.09	723.71	817.43
威海市							
环翠区	551.10	880.30	1154.25	1345.82	1522.53	1798.40	2091.86
文登区	259.14	393.74	451.79	516.75	580.28	668.72	748.44
荣成市	319.44	489.32	567.14	660.22	743.97	857.19	979.30
乳山市	195.71	297.19	336.97	384.46	427.42	489.31	550.41
日照市							
东港区	487.08		716.76	838.09	923.45	1080.14	1238.58
岚山区	113.88	164.84	186.58	217.79	243.69	278.82	310.52
五莲县	149.52	204.46	228.81	262.67	289.77	327.92	370.84
莒 县	249.12	380.12	430.15	502.93	553.91	637.36	719.61
临沂市							
兰山区	800.80	1025.57	1173.12	1453.76	1628.76	1642.75	2193.01
罗庄区	155.72	259.90	281.51	285.42	318.20	364.70	486.86
河东区	275.06	290.96	333.05	355.51	407.30	346.62	462.72
沂南县	204.48	292.43	335.65	395.51	448.37	514.67	575.18
郯城县	172.85	242.57	269.30	311.93	354.84	405.98	456.56
沂水县	284.45	375.62	423.05	491.46	555.45	637.68	722.67
兰陵县	197.69	281.43	321.18	372.61	425.17	495.14	558.22
费 县	186.67	257.15	295.03	337.02	379.63	431.75	487.20
平邑县	168.91	234.00	265.44	312.49	356.44	416.66	466.84
莒南县	232.85	315.71	357.70	418.95	473.09	537.77	603.07
蒙阴县	128.39	175.14	198.49	232.91	268.17	309.66	351.56
临沭县	147.59	195.10	216.32	245.55	279.47	319.33	360.30

3-12　续表3

单位：亿元

地　区	2015	2018	2019	2020	2021	2022	2023
德州市							
德城区	462.17	599.66	684.11	806.80	909.48	1083.35	1258.18
陵城区	135.84	172.10	196.85	229.16	261.22	303.71	339.96
宁津县	153.24	207.96	237.32	277.60	312.86	363.67	412.21
庆云县	69.44	99.47	114.27	133.97	147.77	171.80	197.37
临邑县	138.30	179.23	204.33	241.11	271.84	317.18	356.97
齐河县	149.46	195.48	225.62	261.42	297.07	344.12	386.11
平原县	126.80	167.21	192.95	228.01	259.28	303.97	343.40
夏津县	116.05	153.84	175.86	208.72	234.50	269.63	301.69
武城县	114.81	149.81	172.08	204.59	231.84	272.84	312.25
乐陵市	135.47	183.73	208.08	241.39	273.08	311.34	351.07
禹城市	125.92	167.12	194.81	227.28	260.79	303.46	349.31
聊城市							
东昌府区	496.53	688.95	784.93	911.43	1015.07	1197.63	1374.32
茌平区	164.60	241.11	278.86	317.07	354.68	403.58	450.31
阳谷县	205.97	267.88	302.47	342.98	385.39	438.72	495.57
莘　县	183.68	275.28	326.88	387.07	446.36	511.31	576.10
东阿县	109.13	152.74	175.38	202.00	229.25	262.05	294.76
冠　县	154.09	230.86	261.91	299.07	336.41	381.71	433.06
高唐县	121.07	182.36	208.90	242.27	269.00	305.74	341.40
临清市	219.03	304.73	344.94	398.92	448.13	514.40	575.23
滨州市							
滨城区	323.05	521.39	479.97	567.65	656.04	786.96	915.49
沾化区	66.49	92.88	104.74	129.11	145.95	169.99	198.38
惠民县	111.05	158.57	183.65	220.60	251.80	290.99	331.39
阳信县	75.43	109.46	122.56	143.54	168.50	194.46	216.32
无棣县	98.32	143.72	152.52	181.23	207.04	242.19	281.03
博兴县	198.71	258.52	280.73	318.58	363.59	429.50	491.04
邹平市	251.39	340.09	383.03	435.76	480.36	537.79	586.20
菏泽市							
牡丹区	435.06	554.95	736.28	875.45	995.96	1173.20	1346.50
定陶区	116.55	178.10	216.42	253.78	287.73	330.13	367.55
曹　县	230.37	357.30	407.47	473.57	540.14	620.12	704.06
单　县	200.56	292.71	343.10	394.85	446.30	520.84	586.48
成武县	133.76	204.13	238.30	274.14	309.27	362.79	409.26
巨野县	208.92	316.62	377.81	441.53	500.99	568.78	648.34
郓城县	276.98	412.70	478.88	563.42	643.82	732.26	812.26
鄄城县	168.52	260.05	292.05	339.22	383.52	431.66	476.89
东明县	141.54	213.62	245.65	299.70	343.25	390.95	438.68

3-13 各县(市、区)金融机构人民币贷款余额

单位：亿元

地　区	2015	2018	2019	2020	2021	2022	2023
济南市							
历下区						11049.62	7578.85
市中区						0.46	0.63
槐荫区							
天桥区						1139.33	1321.66
历城区							0.59
长清区		205.89	223.92	249.30	330.00	343.72	405.53
章丘区	309.22	478.38	604.86	732.02	882.06	1027.66	1135.25
济阳区	89.12	148.55	189.30	236.39	294.79	383.57	479.57
莱城区	390.97	641.28	493.79	694.73	783.88	974.66	1061.57
钢城区	248.38	184.05				256.50	285.15
平阴县	69.30	138.21	165.33	182.92	209.30	214.60	239.27
商河县	77.60	123.36	136.44	165.63	195.41	217.25	246.53
青岛市							
市南区	6946.20	9658.80	10925.94				
市北区							
黄岛区	1100.17	1639.79	1639.79	2310.40	2701.42	3126.19	3633.39
崂山区							
李沧区	490.42						
城阳区	635.31	846.23	1049.03	1321.19	1420.52	1554.61	1747.69
即墨区	697.72	880.82	1000.16	1169.90	1309.67	1436.19	1605.00
胶州市	478.37	739.06	845.41	1046.16	1175.88	1354.20	1590.50
平度市	262.26	408.45	462.88	546.10	642.00	800.80	958.52
莱西市	247.88	369.62	415.24	545.77	653.07	717.77	814.93
淄博市							
淄川区	222.90	278.14	284.04	331.41	379.68	414.05	477.80
张店区		1335.64	1630.57	1802.49	2004.37	2159.77	2405.02
博山区	128.81	151.28	155.58	172.83	205.21	226.90	252.41
临淄区	521.67	535.88	561.80	522.75	544.04	620.34	653.57
周村区	132.37	160.47	174.51	207.65	242.98	263.76	304.16
桓台县	368.99	409.46	433.91	445.53	445.17	482.53	547.58
高青县	120.20	136.00	141.33	160.96	183.87	216.28	251.82
沂源县	138.44	190.90	208.66	236.29	282.40	333.02	378.35
枣庄市							
市中区	288.20	284.06	363.68	393.42	455.73	501.47	548.15
薛城区	209.44	335.74	409.53	463.23	553.42	661.24	813.17
峄城区	72.71	96.02	94.65	96.16	112.38	127.87	142.27
台儿庄区	55.62	76.63	81.52	98.44	115.85	138.41	162.02

3-13 续表1

单位：亿元

地　区	2015	2018	2019	2020	2021	2022	2023
山亭区	39.66	71.30	70.15	79.39	87.00	99.58	115.81
滕州市	415.50	491.39	538.25	599.68	686.81	784.76	911.09
东营市							
东营区	1461.83	1998.59	1846.07	1939.85	1912.92	2076.54	2310.39
河口区	147.38	178.88	158.57	165.58	199.54	296.65	335.59
垦利区	407.83	417.66	410.30	412.79	418.41	468.36	533.08
利津县	121.82	154.06	174.67	183.46	229.73	241.48	284.89
广饶县	853.96	793.29	672.77	600.57	600.52	640.13	712.12
烟台市							
芝罘区	1240.06	1746.72	1820.70				
福山区	771.79	1221.11	1408.70	1670.25	1954.46	2094.46	2326.63
牟平区	185.78	230.70	232.33	254.63	279.38	311.30	348.33
莱山区	290.48	353.72	348.70	428.54	471.38	578.34	678.56
蓬莱区	297.30	356.49	341.74	372.86	397.20	464.71	548.47
龙口市	596.63	583.07	594.78	716.22	760.60	1012.13	1349.87
莱阳市	179.04	211.82	234.87	290.94	296.44	325.91	366.99
莱州市	265.77	303.43	290.04	331.94	374.28	422.86	495.27
招远市	270.77	282.39	287.49	308.90	374.77	429.42	502.01
栖霞市	117.31	125.53	124.51	135.83	145.24	166.27	191.10
海阳市	212.61	318.56	303.67	301.85	328.74	387.59	555.22
潍坊市							
潍城区				489.36	428.48		
寒亭区			286.51	679.67	371.30		
坊子区			165.52	192.60	220.86	258.15	293.37	342.99
奎文区				788.42	2184.62			4272.61
临朐县	220.69	275.59	307.11	364.28	441.45	512.42	573.66
昌乐县	222.22	292.93	330.67	397.43	460.45	516.05	558.57
青州市	456.69	498.01	536.08	611.83	691.59	773.48	844.41
诸城市	491.34	538.49	579.05	675.42	785.34	908.25	1024.58
寿光市	748.81	734.17	836.57	929.94	1103.07	1214.46	1332.46
安丘市	280.69	379.95	419.11	473.02	544.84	614.32	667.77
高密市	342.44	474.71	519.30	576.78	695.34	755.34	812.49
昌邑市	226.20	262.41	291.49	340.20	391.92	465.43	506.49
济宁市							
任城区	1376.24	1871.17	2121.62	2135.22	2409.49	2769.96	3158.27
兖州区	294.03	315.12	297.02	299.55	353.67	465.03	544.99
微山县	95.37	98.12	128.81	152.17	172.65	190.67	228.64
鱼台县	47.53	69.78	111.15	153.11	201.88	216.73	244.62

3−13 续表2

单位：亿元

地 区	2015	2018	2019	2020	2021	2022	2023
金乡县	109.68	152.59	172.43	201.25	250.58	294.40	361.01
嘉祥县	115.16	169.94	195.10	236.15	286.64	331.19	391.97
汶上县	119.78	146.07	167.46	203.10	243.27	269.04	317.86
泗水县	84.04	100.45	117.02	135.45	162.78	187.16	211.40
梁山县	94.97	145.67	174.99	212.05	260.80	290.08	323.64
曲阜市	141.05	179.51	207.59	247.32	288.80	326.40	369.69
邹城市	539.35	582.35	684.71	807.67	970.34	1069.71	1166.83
泰安市							
泰山区	153.22	400.79	529.25	630.72	732.52		1610.02
岱岳区	250.30	452.39	496.00	517.00	658.02		816.40
宁阳县	101.91	140.60	173.31	207.36	253.23	294.87	344.43
东平县	150.42	236.52	258.88	275.78	288.45	297.00	354.40
新泰市	360.18	410.06	428.05	506.23	570.43	625.57	716.05
肥城市	269.13	316.90	334.57	359.32	425.61	484.14	574.67
威海市							
环翠区	948.59	1387.33	1610.62	1954.47	2368.64	2727.27	3091.92
文登区	288.44	393.92	437.20	492.45	565.31	674.52	752.99
荣成市	416.12	552.00	629.65	701.30	816.22	910.40	1078.63
乳山市	189.10	185.49	206.54	248.39	298.14	342.96	422.26
日照市							
东港区	1293.72	1619.63	1791.39	2100.89	2359.70	2650.71	2912.97
岚山区	283.45	219.31	206.59	223.41	252.98	281.27	339.71
五莲县	162.60	156.02	176.20	198.33	218.12	240.13	274.07
莒 县	303.43	340.70	379.91	451.67	534.69	613.45	635.60
临沂市							
兰山区	1373.50	2272.94	2684.29	3161.87	3621.49	3847.53	4216.92
罗庄区	394.61	410.37	452.62	505.92	565.75	688.01	743.12
河东区	295.63	445.91	528.02	661.30	819.20	892.53	964.02
沂南县	119.06	187.54	228.60	278.82	350.65	409.70	473.59
郯城县	109.99	178.81	214.76	255.43	306.62	346.65	392.35
沂水县	248.41	330.96	364.70	378.11	435.21	493.93	563.57
兰陵县	167.22	240.90	286.03	355.25	428.29	478.22	535.78
费 县	121.73	193.56	231.37	293.35	380.27	435.30	496.86
平邑县	126.59	172.98	208.45	255.84	304.28	353.97	398.27
莒南县	186.89	274.12	295.01	366.06	407.19	453.24	523.78
蒙阴县	87.20	136.73	156.53	189.33	212.14	235.21	274.57
临沭县	168.81	243.50	265.93	307.49	338.95	379.36	445.28

3-13 续表3

单位：亿元

地　　区	2015	2018	2019	2020	2021	2022	2023
德州市							
德城区	586.20	754.28	874.54	958.09	1018.03	810.05	1292.79
陵城区	79.12	95.96	109.70	129.56	152.12	177.64	203.93
宁津县	66.31	97.81	104.29	133.32	163.01	183.98	208.81
庆云县	63.52	72.96	84.12	105.26	143.68	168.27	189.44
临邑县	113.77	115.88	126.90	141.01	169.32	190.02	233.72
齐河县	146.36	193.34	240.73	291.22	342.16	411.14	454.43
平原县	62.33	81.93	88.46	104.49	129.50	145.52	178.58
夏津县	65.91	104.75	124.83	141.69	167.92	180.28	196.23
武城县	87.79	94.55	94.84	108.65	127.97	149.02	176.84
乐陵市	121.85	152.63	169.81	195.07	223.85	263.73	305.50
禹城市	152.85	191.37	197.98	226.57	265.48	309.02	339.34
聊城市							
东昌府区	762.99	1108.64	1198.12	1331.00	1473.94	1553.41	1709.03
茌平区	202.04	216.15	216.51	226.33	267.17	348.27	389.95
阳谷县	184.27	222.69	256.60	273.59	329.05	367.54	330.58
莘县	117.53	156.40	171.33	202.03	232.62	288.42	327.53
东阿县	108.12	127.22	138.06	156.54	171.70	189.28	210.97
冠县	150.24	202.00	211.89	226.09	224.54	254.06	288.53
高唐县	178.05	202.50	204.24	216.01	178.18	201.87	224.48
临清市	169.09	228.61	248.59	254.26	258.18	279.71	306.28
滨州市							
滨城区	563.34	1280.63	1002.60	1104.85	1232.77	1330.23	1460.72
沾化区	82.86	91.11	98.41	119.76	138.05	174.79	196.36
惠民县	122.87	177.66	189.03	206.29	175.55	207.20	241.26
阳信县	90.72	137.42	140.39	170.79	178.04	226.13	257.58
无棣县	132.35	175.87	182.06	200.81	231.94	281.76	312.20
博兴县	411.52	384.70	367.53	391.91	404.10	463.54	528.63
邹平市	709.12	724.25	702.69	709.72	707.13	791.84	895.64
菏泽市							
牡丹区	536.32	722.28	1065.14	1247.55	1394.24	1613.05	1915.33
定陶区	83.18	128.90	143.49	178.89	187.51	202.14	222.03
曹县	176.41	209.79	259.02	300.74	357.35	390.41	438.43
单县	149.52	196.78	222.10	263.13	304.46	356.80	407.44
成武县	91.06	102.77	109.51	121.60	146.22	181.29	210.92
巨野县	150.06	215.17	247.58	275.56	320.37	360.10	377.04
郓城县	165.01	206.15	246.66	273.55	329.37	359.03	423.98
鄄城县	94.03	119.06	129.75	156.57	178.51	210.39	240.09
东明县	189.83	193.09	201.75	203.75	239.23	270.33	318.08

3-14　各县(市、区)农村居民人均可支配收入

单位：元

地　　区	2015	2018	2019	2020	2021	2022	2023
济南市							
历下区							
市中区	16188						
槐荫区							
天桥区	13186	16723	18285	19205	21150	22278	
历城区	15718	19781	21666	22942	25428	26917	28893
长清区	13990	17755	19431	20417	22607	23858	25704
章丘区	16665	21012	22924	24208	26727	28226	30210
济阳区	13226	16754	18302	19236	21240	22453	24225
莱城区	13370	16981	18458	19324	21506	22663	24302
钢城区	14135	18085	19695	20507	22808	24002	25668
平阴县	11793	14787	16124	16929	18862	19957	21482
商河县	11735	14815	16168	17046	18793	19924	21541
青岛市							
市南区							
市北区							
黄岛区	16799	21022	22830	23937	26412	28155	30191
崂山区	19181	23884	25453	26623	29615	31374	33570
李沧区							
城阳区	18230	22932	24400	25485	28069	29753	31904
即墨区	16912	21194	23002	23730	26513	28141	30111
胶州市	17220	21394	22785	24026	26305	27868	29911
平度市	16032	20122	21819	22812	25196	26718	28722
莱西市	16447	20441	22138	23300	25875	27591	29633
淄博市							
淄川区	14416	18069	19768	20723	22769	24316	26140
张店区	16865	21148	22988	24041	26434	28363	
博山区	13548	17099	18672	19604	21584	22982	24729
临淄区	16671	21054	22950	24133	26542	28376	30362
周村区	14150	17780	19327	20371	22463	23985	25640
桓台县	15622	19668	21457	22462	24752	26408	28389
高青县	11556	15359	16818	17760	19636	20998	22615
沂源县	13536	17517	19128	20172	22287	23769	25457
枣庄市							
市中区	12548	16080	17495	18475	20415	21864	23484
薛城区	11576	14791	16167	17089	18917	20203	21636
峄城区	12209	15438	16827	17736	19527	20796	22261
台儿庄区	10585	13436	14659	15392	16854	17933	19267

3-14 续表1

单位：元

地 区	2015	2018	2019	2020	2021	2022	2023
山亭区	10214	13115	14348	15180	16865	17860	19230
滕州市	12925	16441	17871	18807	20801	22195	23852
东营市							
东营区	15900	20079	21867	23079	25525	27006	28853
河口区	14420	18292	19886	20909	23188	24626	26347
垦利区	14442	18244	19815	20854	23252	24694	26595
利津县	13677	17208	18706	19762	21837	23300	25138
广饶县	15993	20109	21880	23071	25747	27369	29433
烟台市							
芝罘区							
福山区	17438	21855	23956	25208	28031	30532	33146
牟平区	16061	20023	21872	23081	25551	27811	30103
莱山区	17722	22296	24488	25689	28361	30347	32721
蓬莱区	16980	21360	23401	24481	27138	28927	31167
龙口市	17704	22034	24134	25477	28101	29816	32214
莱阳市	13269	16498	18107	18963	21011	22471	24209
莱州市	16849	20906	22828	24021	26532	28275	30501
招远市	16946	21359	23349	24591	27038	28739	31059
栖霞市	12569	15676	17155	18087	19907	21392	23026
海阳市	15013	18809	20663	21664	23907	25634	27564
潍坊市							
潍城区	15601	19566	21279	22597	25138	26870	28698
寒亭区	14754	18610	20285	21584	24023	25666	27399
坊子区	14598	18484	20147	21447	23755	25418	27305
奎文区							
临朐县	13606	17146	18655	19867	22051	23577	25242
昌乐县	14297	17930	19508	20756	23108	24734	26472
青州市	14936	18865	20582	21899	24323	26025	27819
诸城市	15833	20089	21897	23211	25725	27529	29635
寿光市	16218	20627	22484	23900	26527	28293	30303
安丘市	14047	17629	19163	20351	22626	24232	25977
高密市	14408	18168	19749	21013	23355	24973	26843
昌邑市	15082	18934	20562	21857	24176	25897	27701
济宁市							
任城区	12975	16512	18089	19156	21263	22624	24353
兖州区	13921	17798	19585	20858	23252	24810	26869
微山县	12113	15637	17219	18235	20281	21802	23633
鱼台县	11588	15161	16810	17702	19844	21392	23274

注：2015、2018-2019年蓬莱区农村居民人均可支配收入按照原蓬莱市和长岛县农村居民人均可支配收入与户籍人口计算。

3—14 续表2

单位：元

地 区	2015	2018	2019	2020	2021	2022	2023
金乡县	12580	16309	18056	19049	21469	23079	24843
嘉祥县	11772	15256	16856	17918	19941	21417	23301
汶上县	12079	15499	17090	18013	20036	21499	23141
泗水县	9495	12379	13715	14525	16222	17520	19079
梁山县	11452	14886	16478	17484	19586	21075	22655
曲阜市	12111	15527	17111	18240	20343	21889	23772
邹城市	13276	16962	18651	19714	21922	23522	25569
泰安市							
泰山区	14200	18070	19696	20760	22856	24295	
岱岳区	12758	16221	17794	18773	20763	22059	23904
宁阳县	12605	16086	17679	18704	20724	21988	23756
东平县	12126	15517	17146	18175	20192	21541	23128
新泰市	13350	16957	18585	19626	21667	23039	24754
肥城市	14009	17811	19503	20595	22696	24146	26006
威海市							
环翠区	15768	19820	21480	22592	24829	26242	28168
文登区	17413	21733	23587	24861	27422	28793	30935
荣成市	17856	22307	24229	25463	27957	29500	31636
乳山市	13775	17266	18769	19809	21818	22992	24739
日照市							
东港区	11076	14561	15922	16916	18756	19806	
岚山区	12481	15969	17524	18478	20437	21602	23093
五莲县	12020	15361	16858	17858	19560	20968	22541
莒县	11757	15112	16599	17569	19625	21097	22595
临沂市							
兰山区	11621	14416	15811	16791	18773	20109	21723
罗庄区	11506	14319	15702	16656	18655	19861	21399
河东区	11319	14207	15678	16683	18661	20048	21722
沂南县	10284	13044	14372	15326	17126	18360	19819
郯城县	10887	13620	14987	15851	17681	18886	20430
沂水县	11218	14042	15436	16436	18294	19515	21133
兰陵县	11092	14092	15383	16308	18199	19420	20892
费县	10584	13320	14683	15618	17529	18809	20378
平邑县	10721	13523	14816	15716	17566	18721	20257
莒南县	10284	13024	14319	15277	17020	18134	19556
蒙阴县	10042	12792	13992	14945	16724	17983	19515
临沭县	10403	13053	14335	15223	17045	18315	19873

3-14 续表3

单位：元

地　区	2015	2018	2019	2020	2021	2022	2023
德州市							
德城区	11606	14961	16442	17363	19255	20854	22522
陵城区	11234	14391	15744	16751	18879	20257	21959
宁津县	11287	14430	15815	16748	18607	19929	21224
庆云县	10942	14105	15417	16265	17989	19374	20866
临邑县	11347	14747	16266	17226	19052	20385	21812
齐河县	11390	14821	16362	17459	19920	21594	23062
平原县	11235	14549	16033	17059	18919	20300	22066
夏津县	10956	13968	15351	16226	18205	19644	20941
武城县	11289	14513	15935	16891	18851	20057	21782
乐陵市	11283	14772	16249	17159	19458	20782	22611
禹城市	11366	14748	16238	17293	19506	20813	22353
聊城市							
东昌府区	10585	13632	15022	15968	17884	19029	20437
茌平区	10938	13881	15186	16082	17867	19064	20437
阳谷县	10349	13304	14648	15600	17394	18542	19914
莘县	10540	13662	15042	16035	17863	19078	20433
东阿县	10421	13424	14726	15624	17452	18499	19886
冠县	10432	13325	14604	15451	17197	18401	19855
高唐县	10693	13633	14969	15882	17629	18793	20221
临清市	10370	13270	14583	15502	17347	18544	20046
滨州市							
滨城区	13638	17091	18563	19603	21759	23108	24761
沾化区	12944	16218	17677	18738	20780	22193	23747
惠民县	12100	15340	16712	17681	19644	20901	22433
阳信县	11570	14798	16131	17083	18928	20083	21567
无棣县	13143	16555	18006	19050	21183	22657	24379
博兴县	13376	16854	18317	19361	21529	23015	24581
邹平市	14678	18485	20113	21319	23686	25060	26712
菏泽市							
牡丹区	9953	13060	14431	15441	17304	18481	19941
定陶区	9731	12786	14129	15076	16960	18232	19782
曹县	9691	12686	14005	14971	16695	17747	19184
单县	9757	12801	14120	15080	16735	18007	19357
成武县	9865	12920	14251	15177	16893	18109	19500
巨野县	9925	13051	14408	15316	17030	18222	19789
郓城县	9977	13176	14520	15449	17256	18378	19922
鄄城县	9506	12433	13689	14592	16399	17596	18991
东明县	9717	12729	14002	14940	16734	17838	19319

3-15　各县(市、区)城镇居民人均可支配收入

单位：元

地　区	2015	2018	2019	2020	2021	2022	2023
济南市							
历下区	44478	56586	61022	62716	67893	70974	
市中区	43945	55082	59290	61192	66270	69342	
槐荫区	39348	49815	53551	55197	59813	62472	
天桥区	39115	48952	52535	54198	58767	60779	
历城区	36823	46188	49837	51393	55484	57821	61253
长清区	30560	39250	42398	43578	46955	48800	51444
章丘区	30477	38942	41785	42793	46329	48013	50279
济阳区	24896	31721	34233	35404	37876	39216	41224
莱芜区	28262	35077	37567	38473	41628	43049	45410
钢城区	33143	40893	43837	44914	48501	50122	52594
平阴县	22456	28508	30740	31706	34294	35918	37721
商河县	21870	27862	29980	30933	33201	34808	36937
青岛市							
市南区	46343	58374	62460	64634	69520	72023	
市北区	42568	53798	57638	59512	64112	66356	
黄岛区	39823	49880	53482	54739	59249	61797	65091
崂山区	44489	56281	60592	62561	67591	70430	74395
李沧区	42089	53281	57271	59344	63949	66507	
城阳区	44140	54971	58599	59976	64738	67133	70355
即墨区	36631	45997	49493	49290	54372	56411	59006
胶州市	35877	45134	48158	50607	53047	55036	57914
平度市	33541	42561	46178	47310	51066	53032	55525
莱西市	33768	43079	46612	47800	51404	53568	56193
淄博市							
淄川区	31580	39385	42261	43580	47079	49513	51741
张店区	35189	43895	47013	48112	51853	54671	
博山区	30580	38305	40949	42114	45557	47835	50227
临淄区	35058	43762	46784	47982	51784	54358	56641
周村区	30179	37812	40495	41694	45059	47363	49447
桓台县	32654	40899	43764	44946	48400	50908	53759
高青县	25131	32069	34476	35241	38155	40237	42490
沂源县	30552	38624	41288	42446	45996	48570	51047
枣庄市							
市中区	26238	32328	34462	35668	38664	40829	43343
薛城区	23935	29824	31673	32718	35401	37242	39426
峄城区	23407	28895	30629	31517	33818	35509	37540
台儿庄区	21669	26882	28441	29237	31284	32723	34730

3-15 续表1

单位：元

地区	2015	2018	2019	2020	2021	2022	2023
山亭区	17725	22139	23556	24192	26031	27176	28789
滕州市	28576	35319	37473	38687	41705	43748	46085
东营市							
东营区	39285	48591	51819	53427	57487	59557	62205
河口区	36531	45244	48248	49717	53645	55737	60554
垦利区	35552	44272	47343	48963	52537	54586	57801
利津县	30401	37925	40512	41663	44663	46226	48990
广饶县	34376	42978	45877	47356	50860	52691	55537
烟台市							
芝罘区	37023	47050	50914	52663	56587	59333	
福山区	36841	46000	49143	52036	55156	57826	61561
牟平区	34532	43631	46558	48203	52036	54815	58297
莱山区	41717	52267	56169	55013	62325	65037	68973
蓬莱区	35944	44824	47926	49850	54074	56806	60169
龙口市	38677	48174	51445	53284	57094	59864	63613
莱阳市	27601	34608	36843	37995	41054	43000	45446
莱州市	36076	44632	47371	48620	52194	54466	57766
招远市	36120	45264	48426	49990	53465	56113	59623
栖霞市	26529	32918	35082	36007	38563	40160	42447
海阳市	34406	43349	46244	47666	51265	52829	55786
潍坊市							
潍城区	32332	40382	43061	44619	48425	50905	53281
寒亭区	29505	37218	39855	41317	44788	46979	48847
坊子区	29282	36778	39273	40635	43846	46117	47952
奎文区	34876	43657	46532	48099	52040	54602	
临朐县	27176	34033	36308	37422	40379	42545	44539
昌乐县	28253	35231	37586	38852	42144	44323	45932
青州市	30017	37893	40464	41867	45346	47681	49965
诸城市	31599	39810	42511	44028	47554	50082	52522
寿光市	32032	40464	43250	44750	48487	51049	53322
安丘市	27282	34125	36406	37669	40740	42887	44893
高密市	30741	38567	41106	42450	45880	48288	50473
昌邑市	28843	36118	38461	39641	42646	44839	46901
济宁市							
任城区	31888	39631	42227	43620	47377	49225	51883
兖州区	30872	38529	41188	42712	46274	48356	51403
微山县	24669	30901	33203	34398	37322	39214	41449
鱼台县	22943	29254	31916	32887	35386	37297	39833

注：2015、2018—2019年蓬莱区城镇居民人均可支配收入按照原蓬莱市和长岛县城镇居民人均可支配收入与户籍人口计算。

3-15 续表2

单位：元

地 区	2015	2018	2019	2020	2021	2022	2023
金乡县	24860	31240	33758	34906	37524	39325	41527
嘉祥县	23307	29592	32107	33265	35577	37356	39522
汶上县	23937	30014	32295	33264	35842	37623	39753
泗水县	19368	24671	26926	27815	30235	31837	34130
梁山县	22834	28981	31519	32722	35307	37016	39422
曲阜市	24034	30109	32553	33725	36457	38225	40748
邹城市	29512	36701	39087	40261	43216	45009	47574
泰安市							
泰山区	32850	40695	43544	44894	47992	49467	
岱岳区	27771	34757	37260	38490	41299	42995	45389
宁阳县	28913	34707	37206	38434	41278	42872	45052
东平县	29426	30490	32685	33829	36434	38054	40356
新泰市	27552	36320	38862	40106	42953	44703	47293
肥城市	24204	36999	39626	40854	43714	45255	47888
威海市							
环翠区	37118	47016	50309	51769	55816	57815	60613
文登区	34461	43410	46363	47615	51234	52847	55542
荣成市	35164	44369	47334	48565	52209	54193	57065
乳山市	30445	38538	41203	42372	45523	47089	49415
日照市							
东港区	27403	34361	36823	37804	40584	42045	
岚山区	26298	33397	36081	37104	39901	41457	43613
五莲县	21550	27345	29387	30347	32105	33774	35260
莒 县	21265	27124	29219	30254	32571	33874	35364
临沂市							
兰山区	30435	37303	39705	41373	44709	46544	49060
罗庄区	30027	37274	39640	41223	44536	46393	48806
河东区	29631	36515	38865	40555	44046	46012	48797
沂南县	27821	34877	37027	38504	41676	43648	45985
郯城县	28609	35511	37633	39162	42229	44020	46620
沂水县	29068	36124	38394	39964	43108	45216	47800
兰陵县	26093	32688	34684	36053	38683	40329	42409
费 县	28948	36073	38333	39915	43283	45224	47873
平邑县	27668	35002	37204	38816	41962	43731	46268
莒南县	25970	32830	34891	36305	39284	41048	43596
蒙阴县	26718	33918	36025	37566	40602	42341	44645
临沭县	29435	36500	38817	40429	43801	45729	48475

3-15 续表3

单位：元

地 区	2015	2018	2019	2020	2021	2022	2023
德州市							
德城区	21647	27438	29523	30704	33498	35207	37284
陵城区	20954	26252	28168	29154	31691	33275	34706
宁津县	21010	26283	28175	29246	31644	33100	34590
庆云县	20797	26147	28090	29045	31281	32814	34619
临邑县	21087	26823	28808	29730	31900	33367	35269
齐河县	21202	26936	29064	30110	32429	34245	35923
平原县	20965	26618	28747	29782	32344	34025	35862
夏津县	20822	25898	27737	28708	30947	32185	33569
武城县	21089	26578	28571	29514	31698	33030	34549
乐陵市	21025	26659	28712	29688	32152	33535	35245
禹城市	21150	26764	28852	30035	32467	33734	35083
聊城市							
东昌府区	22309	28336	30603	31644	34017	35616	37361
茌平区	22711	28371	30414	31174	33481	35122	37089
阳谷县	20159	25796	27757	28590	30820	32145	33752
莘县	19554	24953	26874	27707	29702	31039	32622
东阿县	18094	22878	24571	25210	27076	28159	29651
冠县	20998	26476	28409	29346	31606	33281	35078
高唐县	21436	26928	28840	29705	31844	33436	35375
临清市	20710	26185	28227	29017	31338	32968	34914
滨州市							
滨城区	29303	36305	38666	39903	43016	44693	46404
沾化区	27599	34218	36499	37703	40267	42320	44371
惠民县	27591	34181	36441	37644	40429	42289	44240
阳信县	27325	33929	36098	37253	39972	41731	43411
无棣县	27668	34038	36280	37332	40356	42535	44605
博兴县	28542	35604	37920	39210	42386	44166	45998
邹平市	29038	35701	37980	39195	42096	43780	45416
菏泽市							
牡丹区	22190	28571	30971	32179	35137	36542	38845
定陶区	18734	24170	26224	27221	29611	31180	33333
曹县	20239	25930	28108	29232	31948	33194	35385
单县	19414	25028	27030	28030	30522	32048	33971
成武县	19565	24955	26976	27974	30297	31842	33880
巨野县	21045	27027	29216	30209	32624	34092	36513
郓城县	20639	26626	28836	29874	32210	33563	35912
鄄城县	18539	23767	25716	26693	28855	30240	32085
东明县	19772	25401	27509	28472	30921	32251	34411

3-16　各县(市、区)粮食总产量

单位：万吨

地　区	2015	2018	2019	2020	2021	2022	2023
济南市							
历下区							
市中区	2.78	1.95	1.90	1.90	1.91	1.95	2.05
槐荫区	1.71	1.22	1.31	1.31	1.32	1.36	1.37
天桥区	7.15	6.89	6.80	6.94	7.00	7.03	7.17
历城区	14.16	10.20	10.27	10.41	10.41	10.48	10.73
长清区	30.31	24.76	26.10	26.36	26.45	26.51	26.93
章丘区	59.77	57.59	60.42	62.28	62.48	63.27	64.27
济阳区	57.28	57.43	59.75	61.30	62.26	62.59	63.62
莱芜区	22.12	22.46	19.12	19.34	19.47	19.49	19.79
钢城区	3.00	3.06	2.58	2.42	2.42	2.46	2.58
平阴县	21.13	17.20	19.18	19.43	19.64	19.87	20.30
商河县	70.47	74.18	78.02	79.12	79.71	81.18	84.09
青岛市							
市南区							
市北区							
黄岛区	23.72	26.35	25.35	25.64	26.16	25.88	26.56
崂山区	0.13	0.08	0.10				
李沧区							
城阳区	2.28	0.96	0.94	0.51	0.57	0.57	0.59
即墨区	42.12	44.88	42.86	43.41	44.52	44.24	45.26
胶州市	33.02	36.86	35.91	36.18	38.90	38.63	39.58
平度市	134.11	145.07	142.48	143.35	146.01	145.65	148.93
莱西市	52.43	55.89	54.97	55.48	56.61	56.33	57.73
淄博市							
淄川区	6.59	5.25	5.31	5.77	5.82	5.92	6.04
张店区	3.50	2.14	2.05	2.23	2.25	2.28	2.30
博山区	2.13	1.92	1.96	2.22	2.26	2.32	2.38
临淄区	30.11	32.21	32.34	33.30	33.41	33.71	34.52
周村区	7.00	5.33	5.05	5.42	5.47	5.57	5.62
桓台县	33.15	34.33	33.01	33.55	34.50	34.75	35.32
高青县	44.59	54.87	56.79	57.04	57.53	57.80	58.60
沂源县	3.65	3.19	3.18	3.49	3.52	3.59	3.68
枣庄市							
市中区	7.91	1.95	7.16	7.64	7.67	7.85	8.02
薛城区	20.64	21.85	22.40	22.89	23.00	23.04	23.55
峄城区	28.67	26.51	27.47	27.89	28.57	29.11	29.61
台儿庄区	28.28	25.99	26.87	28.70	29.05	29.57	30.29

注：本表2015年粮食总产量数据系与第三次农业普查衔接数据(以下相关表同)。

3—16 续表1

单位：万吨

地 区	2015	2018	2019	2020	2021	2022	2023
山亭区	14.30	13.55	14.04	14.59	14.73	14.11	14.65
滕州市	71.83	77.18	78.81	78.86	80.08	80.25	81.26
东营市							
东营区	11.92	13.90	12.64	12.96	13.20	14.02	14.49
河口区	9.73	11.73	10.50	10.94	11.12	11.87	12.70
垦利区	16.02	31.42	28.53	29.05	29.36	31.24	32.76
利津县	29.21	37.57	33.69	34.69	35.22	37.64	39.49
广饶县	45.72	51.93	46.64	47.15	47.62	50.76	52.48
烟台市							
芝罘区	0.02	0.03	0.03	0.02	0.03	0.03	0.03
福山区	2.35	1.28	1.17	1.07	1.30	1.29	1.33
牟平区	10.72	9.82	9.63	10.16	10.90	10.93	11.51
莱山区	1.23	0.88	0.87	0.90	1.13	1.16	1.17
蓬莱区	6.44	5.67	4.80	4.84	5.17	5.13	5.10
龙口市	10.34	9.95	9.03	9.45	10.01	9.92	10.10
莱阳市	39.75	40.30	38.49	39.35	41.86	42.21	42.87
莱州市	54.96	54.90	51.83	51.84	52.93	53.43	55.72
招远市	24.67	21.79	21.06	21.19	21.81	22.41	22.87
栖霞市	11.40	9.16	7.72	7.72	8.08	7.99	8.00
海阳市	27.01	29.50	28.13	28.13	30.11	30.22	30.71
潍坊市							
潍城区	7.96	6.53	6.16	6.50	6.52	6.55	6.70
寒亭区	24.27	27.12	27.82	27.08	27.70	27.80	28.41
坊子区	29.70	29.40	29.23	29.96	30.67	30.77	31.44
奎文区	2.45	1.15	1.09	0.90	0.93	0.98	1.00
临朐县	31.27	20.00	16.55	16.55	16.72	16.79	17.16
昌乐县	20.79	19.46	20.64	21.18	21.79	21.84	22.32
青州市	24.24	18.90	17.76	17.79	17.88	17.96	18.36
诸城市	75.90	81.45	76.41	76.79	78.73	78.83	80.61
寿光市	53.05	57.25	56.38	57.76	59.46	59.59	60.89
安丘市	34.54	31.67	32.13	32.37	33.23	33.33	34.08
高密市	77.43	84.94	85.54	85.57	88.17	88.29	90.27
昌邑市	47.44	49.82	51.44	52.56	54.06	54.22	55.42
济宁市							
任城区	53.38	45.47	45.92	45.98	46.01	46.02	46.07
兖州区	32.43	32.62	32.62	32.70	32.78	32.97	33.73
微山县	32.27	32.88	33.52	33.60	33.61	33.61	34.00
鱼台县	28.24	35.73	37.32	37.60	37.99	38.36	38.59

3-16 续表2

单位：万吨

地 区	2015	2018	2019	2020	2021	2022	2023
金乡县	13.77	16.26	22.27	22.28	22.45	22.66	22.97
嘉祥县	65.47	67.10	66.51	67.29	67.40	67.92	69.31
汶上县	63.33	66.51	67.06	67.87	68.95	69.37	70.65
泗水县	24.65	22.25	23.20	23.90	24.69	24.83	25.36
梁山县	62.17	62.18	58.89	61.50	61.60	62.03	63.26
曲阜市	43.99	43.21	43.63	43.85	44.00	44.25	45.13
邹城市	45.09	46.27	44.37	46.23	47.35	47.68	48.77
泰安市							
泰山区	3.95	2.42	2.48	1.53	1.53	1.54	1.56
岱岳区	43.80	42.11	44.14	45.49	45.50	46.07	46.87
宁阳县	56.12	55.69	58.34	60.32	60.36	60.64	61.62
东平县	59.08	61.26	62.02	62.57	62.62	62.97	63.77
新泰市	40.37	36.11	37.37	38.12	38.14	38.26	38.69
肥城市	48.84	49.18	47.92	49.03	49.09	49.28	50.53
威海市							
环翠区	6.51	5.65	4.45	4.49	5.29	5.53	5.71
文登区	25.47	22.29	18.45	20.88	23.28	23.40	24.11
荣成市	21.37	20.81	17.14	20.14	21.82	21.92	22.41
乳山市	23.62	21.78	17.93	20.63	22.27	22.72	23.48
日照市							
东港区	14.38	14.36	14.03	13.45	13.78	13.77	14.06
岚山区	11.82	12.53	12.15	12.40	12.54	12.66	12.98
五莲县	18.26	19.42	19.55	21.13	21.88	22.03	22.59
莒县	33.70	38.81	38.33	37.09	38.91	39.38	39.94
临沂市							
兰山区	14.71	17.90	17.47	17.47	17.52	17.52	17.85
罗庄区	16.73	15.82	16.19	17.03	17.07	16.96	17.23
河东区	30.37	29.04	29.58	29.80	29.87	29.82	30.30
沂南县	31.91	34.56	35.06	35.52	35.55	35.55	36.20
郯城县	72.13	71.56	71.43	72.20	72.35	72.10	73.16
沂水县	29.33	29.47	29.35	30.06	30.11	30.13	30.84
兰陵县	66.80	64.89	65.95	66.74	66.91	66.65	68.36
费县	30.58	28.86	29.76	31.30	31.46	31.28	31.80
平邑县	27.39	27.57	27.99	29.52	29.71	29.55	30.05
莒南县	44.80	47.32	46.93	42.33	42.82	44.13	44.90
蒙阴县	13.88	12.25	12.59	12.93	13.02	13.02	13.21
临沭县	30.38	30.00	30.47	31.58	31.64	31.62	32.63

3-16 续表3

单位：万吨

地 区	2015	2018	2019	2020	2021	2022	2023
德州市							
德城区	33.76	21.58	22.36	21.46	21.50	21.67	22.06
陵城区	87.46	91.75	94.92	94.91	95.41	96.71	98.45
宁津县	56.26	60.52	62.90	63.93	64.17	64.54	65.66
庆云县	24.91	26.88	27.14	27.69	27.70	27.96	28.43
临邑县	72.69	75.43	75.48	78.00	78.16	78.63	80.00
齐河县	101.67	107.21	110.63	110.82	111.20	112.44	114.34
平原县	76.24	80.20	82.81	83.44	83.73	84.29	85.80
夏津县	51.02	58.16	60.04	60.71	61.01	61.56	62.62
武城县	53.99	59.90	62.63	63.67	64.00	64.54	65.66
乐陵市	80.47	80.49	82.61	84.13	84.50	85.08	86.63
禹城市	64.95	67.84	68.66	70.03	70.22	70.83	72.13
聊城市							
东昌府区	82.36	73.17	78.31	79.29	79.98	80.76	82.01
茌平区	62.76	68.19	72.22	73.07	74.10	74.68	76.17
阳谷县	69.91	71.03	75.77	78.06	78.16	79.06	80.86
莘县	69.81	72.16	77.15	79.24	79.34	79.83	81.20
东阿县	42.88	45.01	47.56	48.34	49.01	49.49	50.35
冠县	63.05	65.50	68.70	69.59	69.71	70.17	71.43
高唐县	56.82	60.78	64.48	65.73	66.99	67.42	68.61
临清市	62.25	65.01	68.87	70.56	70.69	71.14	72.26
滨州市							
滨城区	37.96	46.80	44.04	45.60	45.67	46.04	47.03
沾化区	29.45	48.79	39.61	40.80	40.87	41.26	42.26
惠民县	69.38	74.48	74.22	76.05	76.29	76.92	78.67
阳信县	40.93	42.17	42.53	43.68	43.84	44.17	45.15
无棣县	38.96	50.57	42.77	43.82	44.07	44.45	45.51
博兴县	44.64	49.56	47.55	48.94	50.04	50.47	51.57
邹平市	73.59	72.26	68.72	71.36	71.41	71.95	73.53
菏泽市							
牡丹区	87.92	81.09	85.72	87.03	86.16	86.80	88.40
定陶区	52.05	57.75	59.39	61.77	61.39	61.84	62.92
曹县	120.47	127.41	132.70	135.90	134.30	135.66	138.00
单县	92.28	82.52	89.22	90.48	90.31	91.19	92.86
成武县	48.71	52.18	55.33	55.71	55.68	56.53	57.52
巨野县	56.90	63.00	66.12	67.36	66.98	67.38	68.52
郓城县	103.40	105.41	110.95	111.74	111.38	112.48	114.37
鄄城县	63.86	78.12	81.84	82.54	81.72	82.18	83.62
东明县	82.03	98.68	100.30	101.41	99.77	100.86	102.64

3-17 各县(市、区)油料产量

单位：吨

地　　区	2015	2018	2019	2020	2021	2022	2023
济南市							
历下区							
市中区	68	35	22	11	12	11	8
槐荫区	14	311	120	221			
天桥区	658	484	214	92	54	34	101
历城区	3340	1889	1758	1502	1621	1104	867
长清区	15879	19125	17976	17866	17899	17906	18079
章丘区	8081	6434	6145	5956	5650	5573	5593
济阳区	5850	3730	2292	1817	1785	1458	1387
莱芜区	11753	14638	18340	21781	19946	19564	20070
钢城区	7889	13726	9588	9550	9550	11034	11094
平阴县	11708	9181	9083	9324	9412	9488	9588
商河县	344	346	172	32	28	17	41
青岛市							
市南区							
市北区							
黄岛区	71317	99290	95630	94737	88535	86048	86909
崂山区	542	262	229	163	171	106	104
李沧区							
城阳区	114	127	103	123	167	138	143
即墨区	63268	59094	43332	52512	42909	34521	37204
胶州市	29893	28140	29004	26663	25272	23831	23879
平度市	102956	120207	98647	104271	100497	89824	95780
莱西市	77426	77799	75482	81559	81901	77210	80549
淄博市							
淄川区	1493	995	1001	870	819	1170	1102
张店区	168	197	279	135	141	124	60
博山区	1472	710	909	961	839	862	872
临淄区	18	20	29	23	29	7	8
周村区	681	275	226	420	202	208	230
桓台县	5	47	21	70	3		
高青县	2050	344	570	301	273	152	152
沂源县	16696	13738	12084	12011	12241	13401	13973
枣庄市							
市中区	10228	10823	9992	10437	10910	10777	11187
薛城区	5409	5263	5087	5975	5209	5126	5415
峄城区	17028	15631	10125	12410	11839	10840	10862
台儿庄区	1410	1304	1320	1051	987	994	997

3-17 续表1

单位：吨

地 区	2015	2018	2019	2020	2021	2022	2023
山亭区	23471	23574	20729	21219	21047	21248	21953
滕州市	38235	32799	31520	29154	30498	27994	28147
东营市							
东营区	78	197	87	102	84	93	96
河口区	1498	737	545	369	341	113	119
垦利区	720	414	200	377	158	162	164
利津县	1102	937	1200	998	1267	504	506
广饶县	4	16					
烟台市							
芝罘区	165	220	145	131	102	119	185
福山区	6704	8658	6833	11370	11713	10797	11423
牟平区	34956	35395	34258	34153	34378	35092	36415
莱山区	3773	3194	2629	3939	4463	3664	3106
蓬莱区	29808	21367	19939	19650	20116	19732	20363
龙口市	9277	7481	6546	5976	6401	6531	6507
莱阳市	88278	88714	85188	93166	89899	84414	88388
莱州市	47655	47604	44542	46357	43855	40701	41723
招远市	60964	56778	55144	65897	66638	68211	70235
栖霞市	59285	55291	53224	49569	51550	49120	49790
海阳市	83062	87373	88541	85191	86479	82650	85128
潍坊市							
潍城区	66	105	20	9			
寒亭区	605	1972	1932	1578	1158	628	875
坊子区	8869	9274	6822	7333	6836	6522	6841
奎文区	120	240	227		150	132	44
临朐县	14451	17799	17589	17290	17263	16998	17238
昌乐县	36804	38715	37986	40566	37170	31965	32378
青州市	40	30	29	15	12	11	52
诸城市	53792	50451	48973	48638	45519	44405	44820
寿光市	282	198	183	237	216	281	375
安丘市	48082	50594	43925	43325	45448	42716	43539
高密市	30299	30222	20171	25398	16462	11355	11445
昌邑市	6981	8441	7737	5896	9209	7828	8073
济宁市							
任城区	276	235	109	106	104	153	173
兖州区	3743	2713	3049	3135	2960	3032	2790
微山县	2013	1393	1380	1153	1316	1012	1027
鱼台县							

3-17 续表2

单位：吨

地区	2015	2018	2019	2020	2021	2022	2023
金乡县	579	1520	1663	2888	11827	10682	9563
嘉祥县	2810	2530	2314	1991	1844	1917	1931
汶上县	8869	6943	7130	7071	6501	5702	5865
泗水县	63103	56952	54763	56767	56867	57378	58083
梁山县	15976	11295	9596	7160	5980	5481	4970
曲阜市	10555	8091	8273	10763	9207	8768	9194
邹城市	60892	52312	46435	52158	51703	50221	52271
泰安市							
泰山区	48	35	17	234	5	5	2
岱岳区	29325	23172	14747	21897	18862	16181	16209
宁阳县	72686	64904	62873	62949	59072	59751	61260
东平县	20929	17741	16845	17854	16187	13825	12211
新泰市	99719	92258	87134	84697	87514	88182	90490
肥城市	10988	8932	8352	8935	8115	6643	6274
威海市							
环翠区	25018	16619	14848	14399	12809	13561	13827
文登区	82353	71296	68147	63692	61331	63185	65387
荣成市	62604	50953	39733	41654	44053	44231	46535
乳山市	72941	78142	79269	83049	80937	81433	83476
日照市							
东港区	45571	46933	36792	30872	33122	28713	27887
岚山区	36465	36104	32177	28056	28239	23347	24314
五莲县	55737	67439	69559	71451	71493	64612	66886
莒县	91966	98093	89133	82504	86278	83887	87354
临沂市							
兰山区	23565	21936	20471	20064	18769	17923	19175
罗庄区	10580	10473	10406	9647	10460	8357	8306
河东区	20681	18048	22298	16902	17139	15745	16086
沂南县	79337	93650	77374	73632	77371	78340	79208
郯城县	14394	13304	13107	12985	12312	11846	12047
沂水县	92990	93461	91354	88113	80005	78548	80179
兰陵县	63609	61912	59921	60450	58959	55427	53733
费县	87033	85820	83676	80361	79027	77264	78398
平邑县	80814	78541	48071	68588	63939	61609	63783
莒南县	126829	126050	127480	105580	110800	102813	106456
蒙阴县	41715	37247	35059	33886	33613	35518	33748
临沭县	174168	178184	165973	160709	160737	156376	158723

3-17 续表3

单位：吨

地 区	2015	2018	2019	2020	2021	2022	2023
德州市							
德城区	22	85	83	43	95	37	53
陵城区	6	188	216	288	171	120	174
宁津县	3101	1537	1161	884	545	349	642
庆云县	18	144	127	111	93	34	55
临邑县	22	22	4443	1553	971	436	677
齐河县	6009	1757	792	1842	1902	1782	2756
平原县	1289	463	613	584	612	627	579
夏津县	2643	2674	2725	2670	2442	2526	2526
武城县	6012	4548	4114	3810	3529	3502	3561
乐陵市	96	15	16	15	18	8	26
禹城市	4701	2092	2079	2099	2065	2071	1816
聊城市							
东昌府区	4859	2416	2863	3343	3281	2986	3145
茌平区	22967	5666	1300	1436	1486	1376	1393
阳谷县	10278	4184	3815	3850	3438	1994	2072
莘县	27480	15436	14549	11158	10987	6815	7338
东阿县	1081	695	1250	1120	784	796	806
冠县	15078	5874	7958	7349	7219	6315	6519
高唐县	18422	8068	7279	7438	6117	5741	6029
临清市	2003	1412	1141	899	1097	1059	1317
滨州市							
滨城区	335	331	174	108	190	143	154
沾化区	1509	1049	828	577	900	586	1822
惠民县	7329	7591	6762	5148	4859	4580	4841
阳信县							
无棣县	1043	1435	1324	1125	1141	1088	997
博兴县	139	176		60	109	14	74
邹平市	990	988	741	641	456	250	144
菏泽市							
牡丹区	21502	21621	21180	22163	22699	23672	24374
定陶区	5593	5249	6503	7021	7153	6916	7123
曹县	24650	30583	30866	36330	34204	33068	34194
单县	43673	43628	45818	44891	44235	43141	43268
成武县	1760	1823	2067	2498	2552	2518	2657
巨野县	10047	7718	8491	8934	9472	9999	10164
郓城县	30235	28350	28183	28057	27720	28470	28753
鄄城县	56132	28792	31980	35486	33084	34431	36366
东明县	61926	54167	51926	48823	46479	44979	47041

3-18 各县(市、区)肉类产量

单位：吨

地区	2015	2018	2019	2020	2021	2022	2023
济南市							
历下区							
市中区	6005	1474	1095	2323	2949	2733	3203
槐荫区	1950	171	189	149	398	346	380
天桥区	4804	4354	1200	3365	5599	5495	5794
历城区	34548	6897	6829	10029	9762	9777	10171
长清区	39462	36587	35051	18114	28998	24360	26874
章丘区	103247	100244	97753	56040	45015	51866	51390
济阳区	35538	30943	24329	14930	21147	23958	25341
莱芜区	58203	65176	80814	52602	57497	67316	67410
钢城区	13369	14225	14862	20015	26071	22034	23263
平阴县	30806	42179	39929	15739	29069	30038	31946
商河县	85467	75332	56604	45880	47072	53268	49671
青岛市							
市南区							
市北区							
黄岛区	69476	72288	64598	52692	56401	78546	60256
崂山区	1209						
李沧区							
城阳区	8047	2421	2016	2471	1858	1568	1586
即墨区	62434	65094	69596	59920	72568	83812	90866
胶州市	52375	46597	34782	31534	38746	40976	38288
平度市	147769	167666	183104	155192	149719	153498	157722
莱西市	147520	167920	173696	182016	186188	186161	187673
淄博市							
淄川区	8795	10430	12554	12936	13705	14699	15031
张店区	4749	4567	2962	4236	5549	5616	5945
博山区	6882	4731	2838	3271	3814	4139	4199
临淄区	45351	53873	49533	41032	37185	39081	41656
周村区	8618	8667	8993	9819	9600	9760	10156
桓台县	10787	10067	12201	9097	11118	11766	12550
高青县	40624	43072	49224	33438	36916	40970	42204
沂源县	20579	24175	32415	28870	31423	33119	35609
枣庄市							
市中区	26935	19196	17139	14288	17551	17830	19321
薛城区	23176	15497	14783	12419	17596	17696	19427
峄城区	25447	21096	25213	21949	29061	29054	34769
台儿庄区	32032	22449	20198	14071	28913	29665	33180

注：本表2015年肉类产量数据系与第三次农业普查衔接数据(以下相关表同)。

3-18 续表1

单位：吨

地　区	2015	2018	2019	2020	2021	2022	2023
山亭区	32733	33661	27904	19364	24268	24924	27083
滕州市	96147	86670	69657	43585	47635	54126	56413
东营市							
东营区	42945	7665	9188	16752	18865	22080	23623
河口区	31661	44201	41732	53928	54807	41103	41142
垦利区	29280	38646	42274	57388	69255	79271	88874
利津县	56390	45225	53525	64811	72874	76632	81377
广饶县	69093	95603	114309	91737	79674	68548	71741
烟台市							
芝罘区	5439	437	406	157	193	126	129
福山区	11198	16472	17015	15083	19291	19981	20227
牟平区	88472	124030	146670	119683	148532	150100	166809
莱山区	16517	603	1346	232	346	264	257
蓬莱区	50685	91293	99953	45174	62379	64304	69203
龙口市	37972	40231	42159	117176	50427	51577	54067
莱阳市	107771	127541	121258	102670	131588	129972	143735
莱州市	102341	110535	109936	57187	119984	119758	129496
招远市	57273	61746	62551	41059	51457	54704	56890
栖霞市	35508	36144	36437	42783	44041	43476	45489
海阳市	76322	72433	76702	79766	91575	92542	97030
潍坊市							
潍城区	14708	12250	8854	8076	7193	6941	7653
寒亭区	33018	22482	15661	32093	31895	30102	33663
坊子区	38066	38624	50377	53697	45311	45666	50249
奎文区	2792	1288	239				
临朐县	129166	105559	116240	126844	101491	102103	111754
昌乐县	108823	127288	129674	93710	88556	90046	99767
青州市	76522	101157	127428	138048	125077	131803	144993
诸城市	224857	224084	218089	194133	206484	221262	229885
寿光市	144403	155437	162345	188964	187947	196114	208809
安丘市	126369	121168	95595	79302	104586	107281	118561
高密市	164511	177648	152365	147988	148832	151000	162522
昌邑市	91539	105551	108497	90243	98270	98477	108865
济宁市							
任城区	38677	17937	13468	10839	13314	13707	14178
兖州区	97429	20528	22283	11635	14207	13399	15279
微山县	38978	47478	20686	19027	20643	21581	22418
鱼台县	36065	25584	23104	13295	18897	20535	23161

3-18 续表2

单位：吨

地　区	2015	2018	2019	2020	2021	2022	2023
金乡县	55315	43354	39333	28843	31399	33271	33863
嘉祥县	68874	58308	58401	46214	56990	59735	66509
汶上县	100081	86880	67274	43563	56695	59909	61998
泗水县	90436	78236	77218	64918	67676	65510	70026
梁山县	76337	88554	89887	76773	82618	84999	87838
曲阜市	58341	57435	53104	39078	48039	45509	49792
邹城市	87158	64180	54163	46818	53567	57359	65933
泰安市							
泰山区	14138	3320	4556	5538	4071	5344	5304
岱岳区	71328	69336	70016	47369	47617	45852	45664
宁阳县	111072	101954	92990	74353	73210	77250	84013
东平县	41724	40493	41829	34845	34991	36435	37083
新泰市	139696	124525	117662	112638	94907	99865	107913
肥城市	72813	70013	67189	52159	58823	55059	61200
威海市							
环翠区	3580	15880	16107	12926	14255	12569	14285
文登区	59136	66974	65251	62173	73879	74485	84587
荣成市	42985	32934	34078	22147	29325	26679	28659
乳山市	86373	75910	75370	85689	66511	70992	72279
日照市							
东港区	46847	45379	42744	45887	43194	42745	46042
岚山区	48100	43645	38711	38534	35029	35358	39211
五莲县	57091	62700	66262	50808	59873	61832	68470
莒　县	127431	123238	163394	146843	132622	136418	165342
临沂市							
兰山区	30560	35805	21096	34126	35896	42547	44825
罗庄区	21619	26230	16855	12204	16242	16759	16630
河东区	38511	26633	27909	17371	23214	27616	30937
沂南县	132640	136236	182363	269597	213864	227017	255237
郯城县	77224	88506	64189	54998	71540	61316	68521
沂水县	160200	159243	126939	121823	126893	118417	129871
兰陵县	83630	77942	93537	122164	126140	115923	127129
费　县	71933	94300	124621	113717	99698	118689	132587
平邑县	57941	61573	72272	65574	74334	76142	82040
莒南县	154668	214453	120003	179179	187107	183795	195127
蒙阴县	36096	31188	34196	41079	43686	45464	47059
临沭县	63537	76374	85946	62235	77741	83979	90727

3-18　续表3

单位：吨

地　区	2015	2018	2019	2020	2021	2022	2023
德州市							
德城区	13503	11971	9023	14228	13083	10132	10895
陵城区	105438	96232	99341	67182	76773	79529	85586
宁津县	43654	40572	39635	41849	47509	41825	44092
庆云县	21016	20189	23327	25763	33922	35090	37541
临邑县	115005	97580	82994	53028	57617	55790	58696
齐河县	138727	119450	81120	83842	98880	83138	88626
平原县	97246	121740	117532	98110	100013	102230	110945
夏津县	52698	80704	96911	74465	90685	93367	102333
武城县	17558	24167	24625	22954	20851	19109	19812
乐陵市	111466	94247	83356	60122	63871	70750	75001
禹城市	76078	94753	100943	75384	75312	77229	82775
聊城市							
东昌府区	71910	59798	61856	71831	93138	104626	119220
茌平区	85876	40026	37437	49996	56915	62907	72602
阳谷县	113824	129137	116731	148289	153249	169559	193563
莘县	133793	157485	158663	78111	123266	136457	153583
东阿县	24104	34641	35945	47317	48756	55314	63797
冠县	88437	97343	104151	86527	89615	97255	107792
高唐县	52158	67538	73722	51407	52454	56981	66708
临清市	42553	58115	47357	31236	36872	40349	44510
滨州市							
滨城区	30081	32905	32103	38771	33485	34352	39474
沾化区	40555	38129	50973	45141	72204	74032	79543
惠民县	85858	82833	89332	78022	112892	115750	132885
阳信县	117743	108325	110982	75220	123301	126547	133059
无棣县	93015	125127	147097	133157	109882	112523	120960
博兴县	47827	25941	30838	27381	33662	34747	38251
邹平市	48721	58236	61078	53357	79560	82114	92234
菏泽市							
牡丹区	93911	119499	134571	76067	79767	82791	91035
定陶区	62548	61706	65817	36765	39424	43860	46115
曹县	115473	128844	148374	128373	137311	143767	149148
单县	109281	99194	93584	59944	70799	69829	77847
成武县	43449	51930	56915	38643	44322	46389	48065
巨野县	48479	67577	73044	56094	61194	62733	64947
郓城县	119238	139479	146953	117618	109333	111809	118629
鄄城县	72775	75395	81459	64885	74600	78510	82897
东明县	63748	91557	98466	83412	95083	96195	99814

3-19 各县(市、区)普通中学专任教师数

单位:人

地 区	2015	2018	2019	2020	2021	2022	2023
济南市							
历下区	2143	2239	2393	2722	2862	3016	3068
市中区	2827	3199	3433	3233	3282	3365	3260
槐荫区	1024	1461	1496	1803	1874	1954	1525
天桥区	1181	1236	2060	1411	2033	2097	2179
历城区	4150	4843	5235	5677	5954	6157	6483
长清区	2111	2236	2321	2338	2378	2384	2389
章丘区	4343	4582	5157	4732	5598	4624	4561
济阳区	1191	1984	1990	2352	2231	2123	2522
莱芜区	4823	5017	5143	5040	4859	4818	4768
钢城区	1111	1234	1291	1304	1246	1239	1200
平阴县	2045	1487	1579	1595	1661	1740	1587
商河县	1900	2031	2198	2203	2239	2302	2258
青岛市							
市南区	817	844	1082	924	2065	2169	2030
市北区	1677	1994	2412	2155	3108	3014	2856
黄岛区	5553	6044	6682	7841	6690	6612	6652
崂山区	1215	823	977	896	954	1204	2213
李沧区	1199	1417	1380	1181	1593	1620	1728
城阳区	2338	2809	3645	3925	3665	3068	4434
即墨区	5084	4735	6360	6631	7952	5996	5612
胶州市	3557	3842	4021	4142	4058	4169	4041
平度市	5843	5720	5714	6510	5892	5822	5421
莱西市	3250	3887	4038	3952	4006	3930	3763
淄博市							
淄川区	3471	3427	3479	3546	3354	3250	3002
张店区	3967	4563	4846	5035	5349	5544	5819
博山区	2212	2279	2250	2261	2281	2183	2043
临淄区	3202	3323	3314	3299	3256	3084	2917
周村区	1808	1864	1861	1987	2024	1857	1791
桓台县	2558	3564	3240	2717	2688	2708	2829
高青县	1747	1605	1743	1833	1913	1924	1851
沂源县	2647	3090	3099	2916	3074	2869	2653
枣庄市							
市中区	2405	2369	2539	2776	2892	3316	3239
薛城区	2577	3263	3142	3136	3386	4055	3576
峄城区	1192	1093	1863	1884	2210	2034	2442
台儿庄区	902	1074	1180	1361	1602	1830	1886

3-19 续表1

单位：人

地区	2015	2018	2019	2020	2021	2022	2023
山亭区	1310	1400	1498	1604	1776	1759	1644
滕州市	6211	5642	5616	6115	6525	7175	6697
东营市							
东营区	936	1590	2902	2032	5355	5579	5610
河口区	887	920	1220	1222	1231	1159	1117
垦利区	849	884	938	1345	1365	1323	1324
利津县	1515	1902	1789	1847	1696	1717	1677
广饶县	3088	2982	2953	2972	3078	2914	2852
烟台市							
芝罘区	2547	3806	4455	4026	4165	4148	4200
福山区	2037	2417	2134	2691	3116	3396	3455
牟平区	1835	1792	1507	1336	1364	1412	1336
莱山区	514	1232	1140	1038	1059	1097	1180
蓬莱区	1650	2033	1978	2114	2072	2140	1624
龙口市	3149	3143	3195	3147	2960	2904	2820
莱阳市	3381	3483	2605	3493	3463	3361	3224
莱州市	3772	3787	3752	3880	3777	3494	3367
招远市	2760	2756	2754	2669	2650	2718	2588
栖霞市	2965	2783	2770	2687	2358	2312	2224
海阳市	2978	2943	2918	2873	2863	3271	2119
潍坊市							
潍城区	1401	1678	1067	1546	2228	1713	1570
寒亭区	1743	1893	2155	2244	3221	2791	3571
坊子区	2293	2752	2869	3128	3451	2789	2713
奎文区	1625	2222	3478	1689	1743	1781	3264
临朐县	3661	3408	3516	3944	3620	3598	3576
昌乐县	3442	3660	3907	3960	3866	3805	3563
青州市	4144	4309	4342	4478	4488	4222	4079
诸城市	4638	5476	6048	6074	5652	5330	4929
寿光市	3173	5367	5716	5662	5632	5472	5347
安丘市	3857	3997	2656	4264	4335	4385	4040
高密市	4646	4462	4392	4691	4647	4380	4224
昌邑市	2351	2507	2582	1396	2619	2913	2339
济宁市							
任城区	3400	6263	6063	6457	6975	7892	8098
兖州区	2504	3165	2635	3296	2516	2762	3234
微山县	2678	2592	2641	2671	2770	2789	2610
鱼台县	1792	1759	1838	1911	1730	1835	1804

3-19 续表2

单位：人

地 区	2015	2018	2019	2020	2021	2022	2023
金乡县	2255	1758	2821	3176	3555	3582	3547
嘉祥县	2431	3742	3975	4769	4436	4748	4764
汶上县	1953	2456	2559	2808	2808	2997	2984
泗水县	1829	1866	2076	2131	2237	2309	2309
梁山县	2403	2481	2805	3195	3406	3603	3860
曲阜市	2444	2983	3093	3266	2808	2824	2932
邹城市	4553	4713	4752	4816	4896	5090	5234
泰安市							
泰山区	3435	4208	4346	4512	4654	4714	5266
岱岳区	3415	4292	4419	4142	4280	4471	4053
宁阳县	3246	3231	3257	3278	3324	3400	3315
东平县	3056	3268	3333	3431	3404	3504	3296
新泰市	5887	6137	6252	6647	6563	6453	6403
肥城市	4273	4079	4181	4442	4437	4305	4198
威海市							
环翠区	3960	4389	4572	5095	5273	5120	5332
文登区	2916	2587	2633	2638	2672	2677	2636
荣成市	3258	3196	3190	3134	3030	2802	2724
乳山市	2471	1911	1823	1826	1721	1667	1620
日照市							
东港区	4029	2784	3954	4083	4753	4704	4703
岚山区	1609	1702	1711	1725	1595	1570	1485
五莲县	2219	2303	2756	2470	2579	2372	2265
莒 县	3827	4274	4418	4166	4788	4127	4538
临沂市							
兰山区	5368	7634	8485	8202	8901	10932	11732
罗庄区	2120	3481	3898	3525	4555	4742	4848
河东区	2324	3278	3743	3443	3997	4917	5258
沂南县	3629	3487	3579	3512	3849	4072	4195
郯城县	3594	3443	3321	3668	3913	4263	4902
沂水县	4237	4694	4802	4155	4222	4144	4260
兰陵县	4316	5721	6108	5839	4924	6072	6254
费 县	3281	3302	3503	3535	3788	3898	3914
平邑县	2982	3583	3628	3387	3381	3310	3566
莒南县	3940	3751	3770	3878	3770	3657	3670
蒙阴县	2102	2059	2148	2260	2365	2396	2368
临沭县	2665	2811	2842	2589	2617	2803	2863

3-19 续表3

单位：人

区域	2015	2018	2019	2020	2021	2022	2023
德州市							
德城区	1653	2021	2028	2048	2211	2829	4624
陵城区	1834	1742	1724	1840	1765	1854	1865
宁津县	1524	1504	1701	1860	1920	1680	1986
庆云县	1380	1430	2146	1841	1966	2095	2078
临邑县	1800	2616	3211	3245	2943	2314	2282
齐河县	1906	2781	2083	2063	2046	2748	2740
平原县	1485	1674	1693	1699	1959	2108	1934
夏津县	1850	2571	2460	2641	2490	2991	2644
武城县	1366	1520	1864	1823	1809	1758	2023
乐陵市	2341	3361	3318	2854	2990	3487	2958
禹城市	1893	2193	2154	2422	2294	2283	2467
聊城市							
东昌府区	5444	7106	8071	7563	8165	8644	9628
茌平区	2247	2183	2220	2395	2362	2422	2433
阳谷县	2696	3324	3174	3378	3574	3630	3575
莘县	3988	3689	4097	4411	5042	5249	5583
东阿县	1155	1327	1734	1809	1787	1768	1858
冠县	2505	3451	3027	3273	3682	4015	4535
高唐县	1683	1797	1906	2185	2126	2298	2293
临清市	2366	2802	2606	3055	3373	3433	3628
滨州市							
滨城区	2848	2531	2947	3542	3782	3938	4370
沾化区	1508	1546	1567	1661	1625	1577	1545
惠民县	2161	2564	2426	2500	2450	2430	2391
阳信县	2256	2582	2687	2185	2188	2139	2779
无棣县	2188	2010	2001	2003	1995	2029	2508
博兴县	2361	2410	2457	2332	2326	2254	1872
邹平市	3300	3374	3296	3286	3129	3052	3015
菏泽市							
牡丹区	6285	6681	4457	4155	6126	8633	9064
定陶区	2346	2605	2655	2699	3091	3168	3340
曹县	4724	3672	4168	5987	6311	6371	6483
单县	4132	6098	5617	5219	5552	6032	6122
成武县	2985	2011	2100	3479	3933	3949	4014
巨野县	3670	3652	3684	4463	4816	5042	5412
郓城县	4435	5070	5793	5655	6273	6395	6526
鄄城县	2981	3010	3069	3203	3703	3763	3889
东明县	2944	2643	3860	4153	4465	4298	4446

3-20　各县(市、区)普通中学在校学生数

单位：人

地　　区	2015	2018	2019	2020	2021	2022	2023
济南市							
历下区	26357	26628	29906	33447	35064	36899	36178
市中区	35893	38519	39973	38325	39187	40522	42292
槐荫区	11995	14476	18003	21719	22786	24434	19764
天桥区	16622	17148	22477	19725	23841	25871	26674
历城区	54344	60886	63661	65962	68018	71216	77741
长清区	23834	24071	24653	24602	24990	25480	25962
章丘区	53672	48902	46910	45674	45167	46226	48375
济阳区	18187	27837	27828	28579	30267	32069	33512
莱芜区	70391	65832	60825	57254	56393	55892	57068
钢城区	14613	13370	12491	12588	12839	12674	12890
平阴县	16728	16218	16744	16939	17596	17523	17685
商河县	28339	27941	28278	29289	30660	32215	37837
青岛市							
市南区	8551	8146	9058	9554	24431	24603	24750
市北区	18962	20939	23329	24908	37679	34676	35026
黄岛区	57580	64059	68334	91657	75843	77790	79590
崂山区	11788	7151	7789	8656	9855	10236	22964
李沧区	14072	15076	12908	13612	18884	20777	22037
城阳区	21072	31282	34783	45743	43656	45613	54764
即墨区	54247	50257	64020	72102	69903	69207	65002
胶州市	40910	46772	49582	51092	50035	48870	45950
平度市	59040	58057	58444	65675	59876	57993	54180
莱西市	36864	39558	41252	41733	41493	40035	37409
淄博市							
淄川区	38182	36720	36237	35132	34103	32728	31402
张店区	56096	61839	64571	65567	68486	71736	74884
博山区	24255	23546	23219	22480	21259	19458	18446
临淄区	38276	38931	38526	36847	34587	32694	31223
周村区	22670	21048	20909	20101	21171	18947	19219
桓台县	33718	32299	30859	26818	25950	27570	26986
高青县	22564	19518	19314	19738	20011	19988	19011
沂源县	33966	32760	30257	29180	28074	26622	24852
枣庄市							
市中区	34679	33233	36247	41547	45495	47509	47096
薛城区	34148	40882	39260	41145	44442	47237	49067
峄城区	17611	23790	27095	30703	33493	34144	33179
台儿庄区	13504	17282	18810	21033	23916	25300	25378

3-20 续表1

单位：人

地 区	2015	2018	2019	2020	2021	2022	2023
山亭区	15048	16309	16676	19049	21333	22629	22027
滕州市	75680	78868	81889	85570	91147	96897	103712
东营市							
东营区	10995	11715	23433	23340	63436	66549	68887
河口区	10157	9511	12253	11228	10561	10043	9557
垦利区	10340	10636	10725	14398	13520	13380	12836
利津县	15502	15114	16421	15183	11008	10774	10371
广饶县	31522	30899	31348	30925	31115	31096	30238
烟台市							
芝罘区	27985	42794	45104	46772	49786	51495	52000
福山区	23079	28858	31295	33869	38060	36790	45090
牟平区	17800	16108	11600	11477	11741	11253	11649
莱山区	5414	11756	10741	10983	11431	12147	13378
蓬莱区	14655	18675	19336	19546	18366	18728	18066
龙口市	30374	31464	32327	31843	31585	31839	30973
莱阳市	36288	34836	25738	33627	32911	32554	31295
莱州市	39822	36804	37040	34871	33262	32532	31302
招远市	27172	25050	24652	23768	23096	22220	21323
栖霞市	22403	19166	18293	16974	14516	13570	12324
海阳市	28773	26470	26707	25919	25386	24560	14444
潍坊市							
潍城区	14553	15124	10732	12131	17571	17685	17781
寒亭区	19174	21450	22059	22447	22590	29249	31115
坊子区	28691	34347	38259	34806	33711	31590	29921
奎文区	13037	15338	36512	17576	18076	19500	37429
临朐县	34506	34090	37077	39195	41748	44262	45771
昌乐县	37413	44015	47066	48338	45715	42611	40294
青州市	45136	39939	38359	37881	36791	36902	38678
诸城市	54298	63460	66994	65611	60202	54307	50162
寿光市	33018	56933	59034	58272	56415	54744	54137
安丘市	40261	46283	40857	55343	52757	48428	45772
高密市	45646	48306	51652	52263	50523	48387	46584
昌邑市	25627	26911	27330	27172	26435	25642	24620
济宁市							
任城区	44888	85405	77506	79436	72189	80912	106371
兖州区	27948	31828	31788	30872	27811	35912	38367
微山县	25275	26922	27983	28648	28914	28301	27589
鱼台县	19500	20273	21492	22048	22876	23138	23192

3-20 续表2

单位：人

地 区	2015	2018	2019	2020	2021	2022	2023
金乡县	28697	22055	36278	42051	45205	44721	41661
嘉祥县	37664	62089	65121	69195	68842	70741	68477
汶上县	19751	33298	33889	35939	38895	39855	39510
泗水县	24786	28391	29709	31487	33027	32582	31184
梁山县	34383	39737	44523	50415	54864	55406	54514
曲阜市	25130	28116	28420	28598	30235	32313	33651
邹城市	47658	51039	50652	50988	54414	59187	63220
泰安市							
泰山区	57219	54324	53624	53072	53899	55958	63109
岱岳区	54028	52927	50104	44211	43698	44883	44087
宁阳县	45728	40781	39613	38435	38029	39161	39768
东平县	43741	41920	40953	39862	39572	40637	42019
新泰市	83573	79821	80432	81756	81270	82505	81437
肥城市	52059	48649	45273	49856	48066	48262	49221
威海市							
环翠区	44447	51180	55176	58506	62393	63316	68585
文登区	20877	20681	21636	22010	23011	23524	24029
荣成市	30015	28325	28542	28467	28602	28592	28754
乳山市	16960	14939	15141	14934	14591	14154	13481
日照市							
东港区	53199	35786	55278	55242	56876	56473	57385
岚山区	16152	16327	15846	15416	15214	14928	14603
五莲县	22220	22496	25944	22342	22575	22155	21132
莒 县	46529	55361	55889	57228	60989	59942	58918
临沂市							
兰山区	78391	98383	107547	115344	125379	150519	160336
罗庄区	30081	40460	46343	59304	67124	69397	71655
河东区	28955	37806	43180	44432	51000	64031	67971
沂南县	39491	40653	42935	49349	52700	53541	51135
郯城县	35965	42706	46052	49851	55596	61562	64439
沂水县	45152	47036	47460	50829	53696	54927	55363
兰陵县	64089	90219	90870	93049	91978	101918	99372
费 县	32652	37625	40284	44235	49923	53729	55561
平邑县	42148	43586	42671	43629	46918	51130	54395
莒南县	46370	41305	39941	40268	41364	43844	46019
蒙阴县	24701	22377	23284	24337	26018	28922	31259
临沭县	32332	34515	34611	35797	38441	39649	39222

3－20　续表3

单位：人

地　区	2015	2018	2019	2020	2021	2022	2023
德州市							
德城区	27497	28576	28994	29611	29895	39172	61271
陵城区	25747	25355	24485	22743	20788	21835	23526
宁津县	20634	18268	26340	26839	26529	26664	26605
庆云县	15235	21500	23749	23319	25489	26834	27954
临邑县	25372	30592	27206	27346	27842	28175	28033
齐河县	28770	27603	26059	25978	27456	30254	32759
平原县	23451	21054	20767	20860	21743	22553	23019
夏津县	26494	34322	34075	33128	32130	31851	31351
武城县	17908	19548	20309	21593	23536	23731	23583
乐陵市	25856	33142	33782	36076	35550	35209	35410
禹城市	25914	25822	25223	26172	26067	27265	28310
聊城市							
东昌府区	74171	90670	93950	104943	114404	126009	137670
茌平区	25776	27187	27570	28618	29979	31769	32578
阳谷县	33575	34550	36998	39998	43528	44963	45946
莘　县	48514	46394	60385	69245	76686	83111	87649
东阿县	16889	16479	18546	20045	20642	20526	21489
冠　县	29565	37486	43156	49656	55185	59178	63054
高唐县	22470	23511	26212	27106	28977	30692	30870
临清市	32268	40089	44587	50677	55252	58693	58739
滨州市							
滨城区	36843	19130	25541	40692	41296	43229	47333
沾化区	15907	14270	14041	13419	13502	13339	13076
惠民县	26489	25973	25838	24942	24501	24809	24842
阳信县	23312	25653	24926	24345	24283	24384	25092
无棣县	21421	22006	21795	21793	22368	24176	26267
博兴县	26695	25834	24467	22932	21182	20497	20018
邹平市	40462	40506	38481	36966	35880	36172	35771
菏泽市							
牡丹区	85923	90910	68320	77698	87178	144728	156471
定陶区	30979	32439	34312	37589	39907	42168	43131
曹　县	76182	63566	66663	85992	103601	106992	109614
单　县	61341	61830	63968	68861	75457	81301	83994
成武县	31338	24889	25878	50354	54502	55228	53958
巨野县	46256	52690	61849	71082	79762	81971	84250
郓城县	66827	75784	76915	80459	83369	86963	89927
鄄城县	48941	49105	44194	52899	55238	56928	59327
东明县	45629	38554	53664	57502	61209	62211	61760

3-21　各县(市、区)小学专任教师数

单位：人

地　区	2015	2018	2019	2020	2021	2022	2023
济南市							
历下区	2988	3536	3708	4469	4665	4878	5301
市中区	2661	3498	3814	4084	4289	4404	4479
槐荫区	1645	2846	2895	2973	3075	3155	3380
天桥区	2210	2650	3043	3050	3244	3180	3251
历城区	3558	4498	4832	5378	6006	6659	7233
长清区	2036	2048	2076	2082	2151	2229	2195
章丘区	4007	4373	3795	4386	4410	4616	4383
济阳区	2527	2456	2595	2710	2241	2234	2599
莱芜区	3411	3107	3076	3087	3148	3292	3457
钢城区	963	1087	995	1024	1046	1035	1045
平阴县	1103	1418	1489	1474	1485	1468	1546
商河县	2683	2524	2489	2392	2284	2430	2187
青岛市							
市南区	1904	2122	2048	2254	2299	2359	2330
市北区	3456	3648	3470	3824	3803	3800	4129
黄岛区	5936	6322	6558	6464	6589	6953	7839
崂山区	1367	1659	1631	1783	1796	2067	2190
李沧区	1732	2072	2054	2376	2469	2667	2973
城阳区	2883	3691	3396	4252	4522	4429	5520
即墨区	5516	5305	5333	5916	5970	6092	6080
胶州市	3916	3910	4173	4232	4266	4617	5048
平度市	4992	5147	4849	4764	4745	4613	4660
莱西市	2613	2504	2414	2458	2476	2444	2415
淄博市							
淄川区	2269	2080	2049	2146	2232	2173	2180
张店区	3235	3850	4047	4259	4544	4679	5056
博山区	1413	1422	1400	1410	1293	1242	1212
临淄区	2356	2029	2003	1985	2028	2062	2039
周村区	1270	1316	1320	1517	1212	1320	1327
桓台县	1673	1067	1289	1233	1569	1522	1731
高青县	1298	1396	1399	1404	1397	1281	1374
沂源县	2107	1754	1815	2073	2141	2012	2178
枣庄市							
市中区	2362	3319	3501	3423	3488	3291	3509
薛城区	2865	3279	3421	3351	3392	2795	3417
峄城区	2305	2011	2625	2322	2354	2380	2284
台儿庄区	1713	1890	1953	1971	1986	2039	1939

3-21 续表1

单位：人

地 区	2015	2018	2019	2020	2021	2022	2023
山亭区	2627	2554	2679	2697	2618	2267	2089
滕州市	6636	7346	7680	8762	8911	8172	8742
东营市							
东营区	1032	835	1096	1974	3864	4124	4598
河口区	993	920	938	916	933	906	902
垦利区	1014	973	883	1055	1068	892	918
利津县	1001	985	1068	978	1015	1019	975
广饶县	1606	1873	1852	1858	1846	2101	2261
烟台市							
芝罘区	2199	2477	2071	2740	2802	2868	2899
福山区	1703	2134	2212	2610	2880	3149	3064
牟平区	1130	1368	1115	1243	1458	1452	1337
莱山区	614	800	776	1027	1182	1255	1234
蓬莱区	1413	1320	1305	1352	1551	1414	1378
龙口市	1832	1760	1739	2416	1846	1798	1846
莱阳市	2051	2089	1931	2026	1980	1945	1888
莱州市	2082	2350	2286	2327	2369	2236	2293
招远市	1406	1346	1320	1337	1330	1343	1371
栖霞市	1882	1714	1727	1671	1412	1352	1333
海阳市	1743	1537	1479	2056	1484	1551	1499
潍坊市							
潍城区	1628	1687	1980	1951	1785	2592	2608
寒亭区	1922	2686	2904	2761	2317	2545	3384
坊子区	2361	2465	2296	2457	2993	2392	2360
奎文区	2076	1967	3111	3404	3885	4300	5041
临朐县	3500	3657	3649	3036	3394	3572	3518
昌乐县	2595	3138	3126	2991	2902	2811	2874
青州市	3695	3859	3875	3916	4060	4156	4100
诸城市	4502	4572	4528	4266	4257	3994	4368
寿光市	4330	4731	4795	4788	5122	5105	5447
安丘市	3760	3587	3479	4035	3375	3422	3769
高密市	3683	4092	3718	3961	4024	3824	3693
昌邑市	2281	2271	2255	2018	2343	2949	2177
济宁市							
任城区	3981	5627	4958	5791	6589	6561	6937
兖州区	2320	3377	2939	2689	2700	2814	2882
微山县	2804	2865	3035	3048	3182	3343	2926
鱼台县	1657	1715	1717	1968	2047	1917	1874

3-21 续表2

单位：人

地 区	2015	2018	2019	2020	2021	2022	2023
金乡县	2619	3465	3681	3592	3598	3366	3630
嘉祥县	4281	4862	4979	5112	4378	4465	4529
汶上县	2893	3240	3355	3336	3561	3607	3678
泗水县	2423	2944	3122	3035	3067	2947	3023
梁山县	2607	3341	3604	3719	4172	4359	4254
曲阜市	2413	2641	2386	2874	2997	3081	3140
邹城市	4786	4835	5083	5135	5324	5562	5653
泰安市							
泰山区	1858	2096	2171	2540	2731	3029	2786
岱岳区	2386	3371	3675	3694	3943	3728	3771
宁阳县	3044	2927	3089	3181	3178	3111	2935
东平县	2470	2483	2550	2468	2532	2409	2318
新泰市	5023	4922	5173	5350	5583	5520	5835
肥城市	4738	3675	3719	3598	3560	3411	3219
威海市							
环翠区	2924	3512	3753	4110	4388	4453	4457
文登区	1599	1434	1434	1458	1490	1544	1583
荣成市	1696	1817	1791	1752	1665	1592	1675
乳山市	1432	966	947	928	922	950	862
日照市							
东港区	4120	3796	3860	3917	4630	4926	5660
岚山区	1331	1307	1302	1295	1434	1517	1588
五莲县	1873	1828	1794	1879	1919	1913	1978
莒县	4176	4138	4444	4388	4405	5022	4933
临沂市							
兰山区	6957	6361	6926	8648	9236	10566	11256
罗庄区	3079	2316	2375	3948	5355	5220	5541
河东区	3619	3745	3957	4898	5312	5421	5782
沂南县	3722	3785	3762	3373	3982	3931	4173
郯城县	4379	4734	4933	5052	4925	4752	4756
沂水县	4244	3875	3867	4486	4597	4663	4853
兰陵县	5928	5899	5866	6528	5974	5914	5646
费县	2923	3108	3492	3653	3867	4273	4291
平邑县	4197	4116	4241	4917	4372	4292	4870
莒南县	4124	4015	3993	4118	4661	4236	4282
蒙阴县	1980	2270	2058	2731	2804	2676	2629
临沭县	2696	2528	2530	2790	2808	2955	2826

3-21　续表3

单位：人

地　区	2015	2018	2019	2020	2021	2022	2023
德州市							
德城区	2743	3280	3444	3714	3627	4323	4765
陵城区	2631	2742	2481	2471	2656	2590	2482
宁津县	2076	1623	1881	1889	1906	1912	2137
庆云县	1634	1814	1822	1870	2203	2187	2273
临邑县	3008	2051	1961	2208	2350	2446	2458
齐河县	2988	2639	2462	2498	2873	2659	3083
平原县	2653	2011	2369	2291	2384	2205	2251
夏津县	2333	2383	2389	1990	2299	1989	2283
武城县	1666	1697	1385	1781	1612	1658	1776
乐陵市	2753	2748	2953	3052	3078	2494	2978
禹城市	2179	2024	2153	2091	2278	2241	2395
聊城市							
东昌府区	5633	8562	8777	10317	10474	9890	9695
茌平区	2281	2386	2595	2308	2676	2588	2567
阳谷县	3424	3723	3939	4145	4074	4030	3939
莘县	4204	4937	5251	5781	6176	6046	5918
东阿县	1473	1686	1927	2161	1829	1716	1769
冠县	3160	3834	4720	4765	4906	4749	4601
高唐县	1896	2033	2119	2062	2767	2592	2503
临清市	3061	3547	3435	3968	4306	4225	4117
滨州市							
滨城区	3033	2263	2458	4055	4282	4398	4684
沾化区	1546	1509	1558	1627	1640	1698	1754
惠民县	2333	2004	2235	2276	2440	2456	2515
阳信县	1532	2864	1307	1803	1898	2027	1921
无棣县	2343	2395	2404	2349	2244	2419	2386
博兴县	2279	2164	2086	2008	1989	2049	2254
邹平市	2901	2895	2933	2973	2986	3061	3099
菏泽市							
牡丹区	7640	8238	5669	5216	6681	9798	9717
定陶区	2908	3350	3419	3399	3406	3276	3308
曹县	7371	8504	8485	8908	8814	8104	7731
单县	5413	5515	6158	5686	5777	5606	5579
成武县	3526	4681	4593	4320	4083	3818	3618
巨野县	4809	4917	5128	5332	5329	5411	5377
郓城县	6187	6255	5860	6551	6826	6501	6458
鄄城县	3997	4095	4291	4429	4544	4457	4484
东明县	3780	4190	4263	4435	4737	4293	4314

3-22　各县(市、区)小学在校学生数

单位：人

地　　区	2015	2018	2019	2020	2021	2022	2023
济南市							
历下区	51259	57189	59823	74771	81693	87871	98543
市中区	45513	55776	58953	63362	68723	73441	81026
槐荫区	36715	45549	47682	50295	53192	56113	61153
天桥区	36326	41171	45067	47266	49875	50918	54032
历城区	69045	77528	80699	86329	96222	108371	125918
长清区	29621	28513	28577	29485	31150	32613	35149
章丘区	55471	53533	55172	58166	62644	64512	68071
济阳区	32621	38208	39161	39624	40031	39372	46067
莱芜区	43623	44431	44861	47380	52435	56371	61432
钢城区	12306	12304	12724	13725	14980	15613	16921
平阴县	18981	18441	18625	18974	19299	19545	20766
商河县	38950	41357	41169	40592	40347	39476	41560
青岛市							
市南区	29105	32529	33774	34816	36452	37585	39289
市北区	51735	59050	61068	62949	65134	67226	72872
黄岛区	93417	101670	105824	111619	118310	127853	146400
崂山区	20035	24333	25077	25810	27318	28896	31631
李沧区	29230	37250	39995	43129	45910	48745	54688
城阳区	52307	67096	71801	77313	82874	84834	101217
即墨区	84169	77988	84127	84935	86644	89689	99530
胶州市	64124	62449	62724	64120	67606	72083	81417
平度市	75769	69058	67972	67208	67906	69029	74952
莱西市	36695	32238	31067	31456	32479	33564	36858
淄博市							
淄川区	30426	26980	26156	26722	27628	28462	30929
张店区	55272	61508	63793	68121	73117	78230	87782
博山区	17656	15196	15016	14914	15639	15966	16901
临淄区	30634	26741	25996	26721	28340	29892	33233
周村区	17765	16970	16997	17137	16023	18547	20208
桓台县	21920	19973	19770	20212	21307	22494	24998
高青县	15644	14871	14356	14377	14025	13716	14924
沂源县	23806	21049	20185	20162	21916	24568	29833
枣庄市							
市中区	62416	65935	65770	62706	60833	59810	59985
薛城区	43745	54384	56622	56070	55748	56486	60729
峄城区	46884	46189	45521	41507	37460	36888	32168
台儿庄区	33103	35746	35241	33193	31287	28610	27695

3-22 续表1

单位：人

区 域	2015	2018	2019	2020	2021	2022	2023
山亭区	36500	38551	38861	38732	33549	30126	28280
滕州市	102289	125601	132613	135583	138698	139042	149375
东营市							
东营区	17013	18286	29480	30358	61283	66916	78827
河口区	12366	11272	10815	10929	11009	10990	12244
垦利区	12201	12210	13445	13943	14652	15213	17111
利津县	13648	9770	9638	9788	10040	10204	11856
广饶县	27741	26019	25928	27069	29700	32522	38727
烟台市							
芝罘区	36888	42416	44615	47099	49229	50506	50500
福山区	28440	37789	41453	48386	52128	55496	61058
牟平区	13862	13637	14335	14332	15503	15376	16762
莱山区	12398	15277	16307	18312	20097	21755	22746
蓬莱区	18506	15573	15827	17002	17767	18032	18956
龙口市	30428	28844	29103	36548	32266	32502	34673
莱阳市	33738	30629	29946	29833	29948	29409	30893
莱州市	32106	27452	27130	27420	29831	29809	32638
招远市	22088	18881	18820	19477	20008	20886	23247
栖霞市	17381	14317	13502	13173	11316	10869	10974
海阳市	21037	18688	18692	20888	19645	19817	18099
潍坊市							
潍城区	28845	31064	32509	33970	36977	40202	45280
寒亭区	22762	23737	24684	25852	27892	43597	49503
坊子区	37401	32890	30442	32505	33954	34773	37991
奎文区	42598	50649	53743	58695	65838	73752	87794
临朐县	52254	59788	59088	58455	59313	59086	64429
昌乐县	38184	38844	38012	37453	39137	39843	45735
青州市	49623	53117	54136	55754	59881	62528	69187
诸城市	79422	63039	58168	56889	60636	65510	74840
寿光市	66518	69141	70111	70276	75383	78625	90817
安丘市	67041	57124	48826	46627	48102	51069	60766
高密市	66413	60870	57638	55799	56581	57622	63035
昌邑市	33243	30268	29648	29398	30548	31721	33591
济宁市							
任城区	80858	93886	80037	84184	69208	81326	120568
兖州区	40190	41960	43431	44320	39441	44954	47405
微山县	44312	43649	42433	40346	38764	36723	39885
鱼台县	31705	32252	31933	30958	30521	30863	32535

3-22 续表2

单位：人

地区	2015	2018	2019	2020	2021	2022	2023
金乡县	49783	54841	53006	49197	49149	49588	58144
嘉祥县	94519	92500	90794	87232	79680	71635	70048
汶上县	54306	55650	56989	56946	56713	56037	60239
泗水县	32402	44160	43854	41665	40072	41884	45360
梁山县	56552	83264	81608	77755	75000	75694	73261
曲阜市	29593	40671	41443	32842	40613	40899	44608
邹城市	68164	74250	77564	78663	80941	81093	91311
泰安市							
泰山区	42377	44810	47626	51748	56154	58592	64200
岱岳区	33713	43650	46594	46212	51342	52208	57958
宁阳县	34557	39947	40179	39534	38394	36255	37358
东平县	34636	39210	40609	41753	42552	40975	42173
新泰市	75489	76801	77171	83073	86787	89361	96431
肥城市	66243	53576	55615	47578	47565	45712	46458
威海市							
环翠区	51962	61873	65229	69066	71739	74685	78734
文登区	18962	18920	19125	20034	20477	20837	21466
荣成市	26085	25112	25394	26638	27077	27638	28755
乳山市	13983	12485	11912	11481	11464	11213	11604
日照市							
东港区	68243	71385	67719	73191	83030	89557	104062
岚山区	23594	21659	21628	21283	21515	21608	24675
五莲县	26867	24573	24099	24549	26358	27323	29792
莒县	78796	80514	80252	79286	80171	79447	87044
临沂市							
兰山区	162538	217584	228262	226454	233713	240972	262896
罗庄区	68861	81934	86143	94264	97347	90388	101465
河东区	65721	85265	89507	88630	93000	94836	104617
沂南县	62867	69756	69898	64595	63723	63420	73087
郯城县	69157	87731	89695	88978	87840	82555	85733
沂水县	65693	73503	74866	73901	75645	76478	91028
兰陵县	147907	141580	138749	131119	141437	107622	100020
费县	63424	76654	77133	77581	77666	75809	80766
平邑县	61951	71210	75458	78151	83032	85393	93588
莒南县	52371	60209	61633	61600	63405	62756	68592
蒙阴县	32833	41674	42319	43792	44909	42454	43203
临沭县	51031	51285	51074	48873	47475	46460	51390

3-22　续表3

单位：人

地　区	2015	2018	2019	2020	2021	2022	2023
德州市							
德城区	56997	67676	72295	76663	81545	89081	95746
陵城区	34398	34324	34194	35362	33117	32007	33745
宁津县	37489	35960	35684	35706	35753	34116	33838
庆云县	27446	32255	33926	35496	36858	36674	38177
临邑县	35954	28056	33486	33815	33941	32840	37177
齐河县	32913	35932	35271	36478	38831	39574	43509
平原县	28129	26307	27456	27585	27201	26439	27537
夏津县	50198	42963	41112	39062	37378	35161	34352
武城县	28405	28761	28591	29106	29054	28681	29761
乐陵市	50691	47571	47581	47014	47067	46079	47291
禹城市	31899	33285	33378	33550	34313	33950	36320
聊城市							
东昌府区	116919	151845	158065	164160	162839	160104	165062
茌平区	39281	44367	46817	47289	47122	47111	49320
阳谷县	54546	56441	61430	60502	58796	57459	60944
莘县	92364	111403	119987	118820	115792	109890	105841
东阿县	21902	23858	24077	26047	26789	27767	30684
冠县	72303	85430	87105	85694	82657	78536	75366
高唐县	35538	40487	41299	40937	41376	40863	42073
临清市	91365	91694	90952	87577	83156	78798	75702
滨州市							
滨城区	48432	33776	52018	61648	66322	70586	79854
沾化区	20293	19074	19884	20021	20866	20913	23367
惠民县	36453	34444	34861	35457	35722	35575	38493
阳信县	30026	31190	32482	32589	32500	32463	34883
无棣县	29517	37583	40192	41992	43520	43146	44570
博兴县	31523	26855	26097	26106	27518	29294	33621
邹平市	48200	48124	49292	49066	50434	51671	56393
菏泽市							
牡丹区	139246	178851	129520	143446	146547	211003	217909
定陶区	61058	62030	59176	61574	59148	55989	54364
曹县	160252	171190	171730	164864	155428	145352	135899
单县	94837	104758	109294	108294	106832	103352	102021
成武县	74894	79823	78819	67003	60912	56279	53005
巨野县	101518	120049	119494	116601	111410	104996	99777
郓城县	119648	126257	124670	121151	115043	108953	101582
鄄城县	83353	86135	91277	88703	83931	78587	73729
东明县	87390	90589	91848	86696	82027	76657	71251

附录

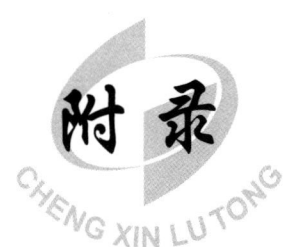

十五个副省级城市主要经济指标

单位：亿元

城 市	地区生产总值 2023年	增长(%)	第一产业增加值 2023年	增长(%)	第二产业增加值 2023年	增长(%)	第三产业增加值 2023年	增长(%)	2023年人均地区生产总值（元）
沈 阳	8122.1	6.1	334.4	5.0	2953.1	7.2	4834.5	5.5	88519
大 连	8752.9	6.0	595.9	4.9	3715.3	9.0	4441.7	3.8	116557
长 春	7002.1	6.6	531.0	4.8	2616.5	6.8	3854.6	6.7	77084
哈尔滨	5576.3	3.1	630.1	-1.4	1293.6	-0.6	3652.5	5.1	
南 京	17421.4	4.6	317.8	1.7	5929.0	2.8	11174.7	5.6	183015
杭 州	20059.0	5.6	347.0	3.7	5667.0	1.8	14045.0	7.2	161129
宁 波	16452.8	5.5	383.8	4.7	7540.5	5.7	8528.5	5.3	170363
厦 门	8066.5	3.1	27.7	-4.0	2867.9	-2.8	5170.8	7.0	151697
济 南	12757.4	6.1	429.5	4.1	4312.0	7.8	8015.9	5.2	135347
青 岛	15760.3	5.9	492.8	4.1	5268.4	5.6	9999.2	6.1	152174
武 汉	20011.7	5.7	474.4	4.2	6800.9	5.1	12736.4	6.2	145471
广 州	30355.7	4.6	317.8	3.5	7775.7	2.6	22262.2	5.3	161634
深 圳	34606.4	6.0	24.7	2.6	13015.3	6.5	21566.4	5.6	195230
成 都	22074.7	6.0	594.9	3.0	6370.9	3.0	15109.0	7.5	103465
西 安	12010.8	5.2	325.2	3.4	4146.9	6.2	7538.6	4.7	92128

注：表中数据根据相关地区网络公开资料整理(以下表同)。

十五个副省级城市主要经济指标(续表1)

单位：亿元

城　　市	2023年规模以上工业增加值增长(%)	2023年固定资产投资增长(%)	社会消费品零售总额		进出口总额		出口总额	
			2023年	增长(%)	2023年	增长(%)	2023年	增长(%)
沈　阳	6.2	1.5	4210.4	9.0	1469.3	4.6	524.5	0.8
大　连	12.0	0.6	2008.6	8.8	4552.8	-5.0	2080.8	-0.3
长　春	9.3	4.2	2109.9	10.6	1225.9	10.7	331.3	58.9
哈尔滨	-0.4	-24.7	2384.0	8.6	495.3	27.7	212.8	56.0
南　京	3.6	-1.9	8201.1	4.7	5659.9	-9.3	3333.1	-11.8
杭　州	2.4	2.8	7670.6	5.2	8029.7	6.1	5338.7	3.7
宁　波	6.6	7.5	5212.6	6.5	12779.3	0.9	8287.8	0.7
厦　门	持平	0.5	2743.3	2.9	9470.4	2.7	4474.5	-3.9
济　南	12.4	2.1	5199.0	6.6	2161.0	0.3	1373.4	-1.1
青　岛	5.8	5.0	6318.9	7.3	8759.7	4.6	4713.6	0.3
武　汉	4.6	0.3	7531.9	8.6	3606.2	2.9	2167.3	1.9
广　州	1.4	3.6	11012.6	6.7	10914.3	0.1	6502.6	5.8
深　圳	6.2	11.0	10486.2	7.8	38710.7	5.9	24552.1	12.5
成　都	4.1	2.0	10001.6	10.0	7475.5	-9.7	4524.7	-8.4
西　安	9.0	0.1	4811.6	3.7	3597.6	-17.4	2334.0	-14.7

注：进出口数据取自海关总署网站发布的统计月报。

十五个副省级城市主要经济指标(续表2)

单位：亿元

城　市	进口总额		一般公共预算收入		城镇居民人均可支配收入(元)		农村居民人均可支配收入(元)	
	2023年	增长(%)	2023年	增长(%)	2023年	增长(%)	2023年	增长(%)
沈　阳	944.8	6.9	800.9	12.2	53650	3.8	24197	8.3
大　连	2472.1	-8.6	750.2	12.0	53689	3.4	26430	6.8
长　春	894.6	-0.5	576.5	25.4	45480	5.2	20443	8.1
哈尔滨	282.5	12.3	313.1	19.4	45784	4.1	23647	6.2
南　京	2326.8	-5.6	1620.0	4.0	79858	4.2	36789	6.1
杭　州	2691.0	11.3	2616.8	6.8	80587	4.6	48180	6.6
宁　波	4491.5	1.1	1785.9	6.3	80144	4.5	48350	6.3
厦　门	4996.0	9.4	932.1	5.5	72880	3.4	34206	5.8
济　南	787.6	2.8	1060.8	6.0	62506	5.1	25587	7.3
青　岛	4046.2	10.1	1337.9	5.1	65751	5.1	29736	7.3
武　汉	1438.9	4.3	1601.2	6.4	61693	5.6	31560	7.7
广　州	4411.6	-7.2	1945.1	4.8	80501	4.8	38607	6.4
深　圳	14158.6	-4.0	4112.9	2.5	76910	5.8		
成　都	2950.8	-11.7	1929.1	12.0		4.7		6.9
西　安	1263.6	-22.1	951.9	14.1	51178	5.7	19826	8.4

注：深圳自2004年已全部实现农转非，故无农村居民人均可支配收入数据。